한국어로 내려온
New Bible

새로운
성 경

제138권

9부 | 총10부

하얀마음

하나님 말씀 중에서

1. 사랑의 하나님

- 세상을 창조하신 하나님은 모두를 사랑하신다. 인간만 특별히 더 사랑하지 않고, 우주 만물을 다 똑같이 사랑하신다. 그러니 하나님이 창조하신 천지 만물과 화친하고, 미물까지도 소중히 대하라.

- 하나님은 특정 종파나 민족만을 더 사랑하지 않으신다. 자기 자신만 구원받겠다는 욕심을 버리고, 자기 종파만 구원받는다는 편협한 교리에서 벗어나야 한다. 종파를 초월해서, 모두를 사랑하라.

- 원수까지 사랑하라 했으니, 이 세상에 사랑하지 못할 자가 누가 있겠는가? 종파가 다르다고 해서 부모 형제와 원수처럼 지내는 자는 인간의 근본을 모르는 자다. 가장 가까운 가족부터 사랑할 때 남도 진심으로 사랑할 수 있다.

- 한 사람을 원수같이 생각하던 마음에서 사랑하는 마음으로 돌리면, 자기 자신의 마음이 가장 기쁘고 행복하다. 하나님께서는 인간의 마음속에 무거움이 없이 기쁘고 행복한 삶을 살기를 바라신다.

- 이웃을 "내 몸처럼" 사랑하라 했으니, 마지막 한 장 남은 천국의 티켓도 이웃에게 양보하라. 자기 중심적인 신앙에서 벗어나서 남을 위해 살아야 한다.

- 독초도, 약초도, 이단도 사탄도 천사도 다 필요하기에 존재한다. 독초일지라도 극소량을 사용해서 생명을 살릴 수 있고, 약초라 하더라도 남용하면 생명을 잃을 수 있다.

- 세상 모든 것을 명약으로 활용하는 것은 인간의 지혜에 달렸다. 어떤 것이든 어떤 사람이든 적재적소에 꼭 필요한 명약으로 승화시키라.

- 사탄도 이단도 천사도 모두 하나님의 주관하에 존재한다. 진정한 하나님의 백성은 사탄과 마귀까지도 감화시켜서 천사로 거듭나게 한다.

2. 기도

- 하나님은 인간의 생각까지 모두를 다 알고 계신다. 우리의 소원도 이미 알고 계시기에, 소원의 기도를 할 필요가 없다. 우리가 받을 자격이 되면 내려 주신다.

- 죄를 짓고 아무리 회개를 해도 용서받지 못한다. 도둑질한 자는 용서해 달라고 기도하고, 도둑맞은 자는 도둑을 잡게 해 달라고 기도하면, 공의의 하나님은 누구의 편에 서시겠는가?

- 자기가 잘못한 것은 그 사람에게 직접 갚고 용서를 구하라. 그가 용서하면 하나님도 용서하신다. 땅에서 매면 하늘에서도 매이고, 땅에서 풀리면 하늘에서도 풀리는 이치다.

- "회당에서 기도하지 말고 골방에서 기도하라" 했다. 눈에 보이는 골방이 아니라, 골방과 같이 고요한 마음이다. 잡념을 버리고 하나님을 향해 마음을 집중하며, 사랑하고 용서하는 아름다운 생각만 나오도록 하라.

- "두드리면 열릴 것이다." 하는 것은 육의 소원을 위해 두드리라는 것이 아니라, 진리의 깨달음을 얻기 위해 두드리라는 것이다.

- 기도하는 방법: 생활 속에서 수시로 기도하는 삶을 살아야 한다.

- "저의 죄를 용서하여 주옵소서." 하는 회개의 기도를 하라.
- 범사에 "하나님! 감사합니다." 하라. 현재 가진 것에 감사하며, 과욕하지 말라. 자기 노력 이상의 것을 더 갖고자 기도하는 것은 도둑놈심보다. 공의의 하나님은 각자 노력한 만큼 주신다.
- "하나님 뜻대로 살아가겠나이다." 하며 마음의 각오를 다지라.

- 기도는 하나님의 말씀을 받아서 "행하는 것"이다. 하나님이 계심을 굳건히 믿고, 하늘을 향하여 한 점 부끄럼 없이 사는 삶 자체가 가장 위대한 기도이며, 삶이 곧 예배다.

3. 지도자

- 똑같이 사랑한다는 말을 해도, 순수하게 하는 말은 천사의 말이지만, 사기 쳐서 재산을 가로채려고 하는 말은 사탄의 말이다.

- 종교 지도자가 아무리 훌륭한 설교를 해도, 신도의 재물을 거둬서 더 큰 교회를 짓고 자기의 부귀영화를 바라며 설교하면 사탄의 가르침이 된다.

- "저희 교회는 만원사례요, 믿음은 다 같으니 이웃의 개척 교회에 가서 예배를 드리시오." 하며, 이웃 교회의 부흥을 먼저 생각하여 제 신도를 보내는 종교 지도자가 있다면 그를 따르라. 그가 하나님의 사랑을 실천하는 자다.

- "부자가 천국에 들어가는 것은 낙타가 바늘구멍을 통과하는 것보다 더 힘들다" 하였거늘, 지금의 교회에서는 부자가 되기만을 기도하고 소원하니, 이는 곧 천국을 포기하고 지옥 행 열차의 티켓을 사는 것과 같다.

- 예수는 빈손이었다. 종교 지도자가 예수보다 더 호화롭고 편안하게 살아간다면 잘못된 것이다. 부귀영화와 명예를 바라는 자는 절대로 갈 수 없는 좁고 협착한 길이 종교 지도자의 길이다.

- 종교 지도자는 유리로 비춰 봐 한 점의 부끄러움이 없이 살아야 한다. 의식주도 직접 일해서 해결하고, 예수의 가르침과 행함을 그대로 따라야 한다.

- 종말은 없다. 지금의 잘못 가는 종교 집단에게만 종말이 있다. 보이지 않는 하나님은 보이는 육의 종말은 관여하지 않으신다. 환경 파괴로 인간이 스스로 멸망을 자초하는 것이다. 종파끼리 싸우기 전에, 무너진 인성을 바로잡고 지구의 몸살을 해결하는 데 뜻을 모으는 게 급선무다.

4. 성전이란

- 이 세상 자체가 하나님께서 만드신 성전이다. 자연보다 더 아름다운 성전이 있는가? 보이는 건물이 성전이 아니라, 성스러운 마음가짐이 성전이다.

- 반석 위에 교회를 지으라 했다. 지상의 단단한 돌은 인간이 쪼갤 수 있으나, 마음속의 굳은 결의는 세상 무엇으로도 쪼갤 수 없다. 바르고 굳건한 믿음으로 성경의 가르침을 실천하는 것이 마음의 반석 위에 교회를 짓는 것이다.

- 손으로 지은 건물의 교회에 모여서 복음을 전하는 것이 아니라, 교회를 개인과 가정에 심어 주어야 한다. 무너지고 부서지는 건물을 짓지 말고, 마음속에 영원히 불변하는 참진리의 교회를 지으라.

5. 십계명

- 십계명은 인간이 죽어서 반드시 통과해야만 하는 열 개의 관문이다.

  - 부모를 공경하지 아니한 자는 "네 부모를 공경하라." 하는 제5계명의 관문이 열리지 않으니 구원받을 수 없다.
  - 살인, 간음, 거짓, 우상 등의 나머지 계명도 마찬가지다.

- 십계명은 하나님의 친필이다. 모기소리만 한 하나님의 음성이라도 들어 보겠다고 여기저기 찾아 헤매지 말고, 십계명부터 암송하고 지키라.

- 십계명은 영혼을 구원하는 양식이며, 십계명을 지키는 것이 구원을 받는 길이다. 인간이기에 지키고자 노력하고 또 노력한다면 지킬 수 있다.

- 십계명을 지키고 천사처럼 아름답게 살아가는 그 마음 하나면 세상에 이루어지지 않는 것이 없다.

6. 보물

- 하나님은 재물이 아니라 우리의 마음을 받으신다. 사랑을 실천하며 천사처럼 변하는 마음이 하나님께 바치는 보물이다.

- 보이지 않는 하나님께 재물을 바치려 하지 말고, 너희를 길러 준 부모에게 용돈 드리고, 찾아뵙고, 효성을 다하라. 그것이 하나님께 효도하는 것이다.

- 하늘에는 선과 악의 창고가 있다. 자기 창고에 선이 많으면 천국으로 구원을 받고, 악이 많으면 심판받아 지옥으로 간다. 그것이 바로 "선한 일을 행한 자는 생명의 부활로, 악한 일을 행한 자는 심판의 부활로" 나오는 것이다.

- "선악과를 따먹지 말라"는 것은 양심을 지키라는 것이다. 선과 악을 구분할 수 있는 양심을 최초에 인간에게 주셨다. 선한 열매는 취하고, 악한 열매는 버리며, 양심에 비추어 부끄럼 없는 삶을 살아가라.

- 가장 작은 거짓말을 하지 않고, 가장 작은 죄를 짓지 않으며, 가장 작은 선행을 하고, 가장 작은 악행을 멀리하는 것이 율법의 일점 일획도 빠뜨리지 말고 다 지키는 삶을 사는 것이다.

7. 우상

- 박물관에 있는 불상은 하나의 예술품이다. 그 조각품에 대고 제 소원을 빌 때 우상숭배가 된다. 십자가라 하여도 그 앞에서 소원을 빈다면 우상숭배하는 것이며, 하나님께 소원을 빈다면 하나님을 우상으로 전락시키는 것이다.

- 지금 기복신앙에 젖어 있는 모든 사람이 우상 앞에 절을 하고 있다. 조각품을 우상이라며 파괴하지 말고, 네 마음속에 있는 욕심의 우상을 무너트리라.

- 생수를 약초가 먹으면 약을 만들고 독사가 먹으면 독을 만든다. 같은 성경을 봐도 선한 지도자는 신도를 천사로 만드는 데 활용한다. 그러나 욕심이 가득한 지도자는 재물을 거두어들여 제가 부귀영화를 누리는 데 악용한다. 그가 바로 성경을 우상숭배의 도구로 전락시키는 거짓 선지자다.

- 성경을 한 획도 빼거나 더하지 말라는 것은, 그 가르침을 빠트리지 말고 온전히 지키라는 것이다. 성경 속에서 자기에게 유리한 구절만 보는 것은, 자기에게 불리한 구절들을 빼 버리는 것이다. 믿음이 제일이요, 행함은 구원과는 관계없다는 것은 자신에게 유리한 쪽으로 성경을 악용하는 것이다.

- 진정한 종교 지도자는 종파에 관계없이 어떤 종파든 어떤 책이든 접하고 보고 깨우쳐 견문을 넓히도록 인도한다. 참진리를 모르고 자신이 없는 자가 남을 이단이라며 배척하고, 신도들의 눈과 귀를 가린다.

8. 예수

- 예수의 재림은 없다. 예수가 다시 온다 해도, 과연 누가 그를 예수라고 믿겠는가? 예수와 같은 삶의 행함이 곧 예수의 재림이다. 각자 모두가 "재림 예수"가 되는, 차원 높은 믿음으로 가야 한다.

- 예수는 "주여 주여 하지 말고, 아버지의 뜻대로 행하라"고 했다. 예수가 전한 하나님의 뜻이 곧 "길이요, 진리요, 생명"이며, 그 가르침이 예수의 보혈처럼 소중한 것이다. 예수를 믿는 것은, 예수의 가르침을 믿고 따르는 것이다.

- 예수는 낮은 자로서 만백성을 섬기고자 했다. 만나는 모든 사람을 다 하나님이라 생각하라. 돈을 벌수록 겸손하고, 높은 지위를 얻을수록 낮아지라.

▪ 예수는 종파를 만들지 않았다. 인간이 만든 종교와 인간의 교리를 따르지 말고, 예수를 통해 전한 하나님의 참진리를 연구하고 따르라.

▪ 예수가 2천 년 전에 만백성을 위해 죽었으니, 지금 이 땅에는 예수의 가르침대로 사는 천사만 존재해야 한다. 예수가 죽어 가면서 바란 것은 만백성이 천사가 되어 예수의 자리를 채워 주는 것이지, 지금과 같이 재물을 바치면서 중언부언 제 소원만을 비는 백성들을 바란 것이 아니다.

9. 구원

▪ 천사가 사는 천국에는 천사만 갈 수 있으니, 천사 같은 마음을 길러야 한다.

- "천국 열쇠를 네게 주리니 땅에서 무엇이든지 매면 하늘에서도 매일 것이라" 했다. 땅에서 천사같이 사는 자가 하늘에서도 천사가 되어 천국에 들어간다. 모든 사람에게 천사같다는 말을 듣는 삶을 살아야 한다.

▪ 천사의 곱고 아름다운 마음은 부모를 공경하고 어른을 어른으로 대접하는 데에서 출발한다. 효도하는 자는 형제와 화목하게 지내기에 가정이 화목해지고, 이웃과 화목해지고, 국가가 화목해지고, 온 인류가 화목해진다.

- 그러므로 지상의 아름다운 소왕국은 가정에서부터 이루어야 한다.

▪ 선택된 14만 명만 구원받는 것이 아니라, 천사처럼 변하고자 하는 14만 명을 기초로 온 인류가 천사처럼 거듭나는 영적인 개혁이 시작되는 것이다.

▪ 천 년에 걸쳐서 하늘에서 이루어진 것같이 이 세상을 낙원으로 만들어, 만백성이 지상의 천국에서 살다가 죽어서 그대로 하늘의 천국으로 들어가는, 영원한 지상 낙원을 건설하는 것이 하나님의 계획이다.

- **이것이 구약과 신약에 이어 "새로운 성경"으로 역사하시는 하나님의 창조의 완성이다.**

▪ 지금의 믿음으로 구원받을 수 있다면 그 길을 가라. 그러나 자신이 없다면 하나님께서 직접 내리신 160권의 "새로운 성경"을 읽고 구원의 길을 보라!

하나님 머리말씀

이 새로운 성경을 읽는 너희 모두는
이 율법에 따라 행하면 영원히 구원받을 것이니라.

너희 인간이 수년, 수십 년, 평생
성서를 공부하고 기도하는 것은
하늘나라 나의 곁으로 오고 싶은 소망일진대,

몇천 년 전의 너희 인성과 생각이
지금의 너희와는 판이하게 다르니,

꺾여 가고 병들어 가는 너희를 고칠 수 있는 길은,
오늘 내가 선지자에게 내리는 새로운 성경과 같이
너희가 변화되는 것뿐이니라.

나의 예수가 태어난 것처럼
내가 아들 선지자를 선택하여
나의 새로운 성경을 온 세계에 전하고자 하니,

묵은 것은 버리고 새로운 것은 취하여,
너희 모두는
'여호와 하나님! 저의 죄를 용서하여 주옵소서.'
하는 기도문으로 기도하고, 죄를 뉘우치라.

이 새로운 성경은
수천 년간 내려온 성서를 요약한 것이니,
너희는 이 책을 정독하여 쉽게 깨달음을 얻고,
이대로 실천하여 하늘에 오르라.

대역자 머리말

■ 하나님의 율법을 지키는 선지자로 선택을 받도다.

저는 남들처럼 그저 열심히 살아온 평범한 사람이었습니다. 그러나 50대 중반에 사업에 실패하여 많은 부채에 시달렸으며, 건강도 악화되어 눈이 잘 안 보이고, 걷기도 어렵고, 두통이 심해서 잠을 이룰 수 없는 고통의 나날을 보냈습니다. 그때 제가 선택할 수 있는 것은 육의 삶을 끝내는 길뿐이었습니다.

죽기 직전에 그동안에 죄를 지은 이들에게 용서를 빌고 인생을 끝내기로 작정하였습니다. 어려서부터 지은 죄를 빌고 빌다 보니 끝이 없었고, 죽음으로도 그 많은 죄를 용서받을 길이 없다는 생각에 하염없이 눈물이 흘렀습니다. 그 순간 '재래식 화장실의 구더기는 죄를 짓지 않는데, 나는 인간으로서 구더기만도 못한 삶을 살았구나.' 하는 생각이 들면서 괴로움에 몸부림칠 때, 갑자기 하나님의 음성이 들렸습니다.

"나는 여호와 하나님이니라. 너는 십계명을 암송하고 내가 내려 주는 메시지를 받아 책으로 만들어 만백성을 구하라." 하시며, 제 눈을 손으로 문지르게 하시고, 아픈 머리와 다리를 손으로 두드리게 하셨습니다. 그러고 나니 눈도 잘 보이고 걸을 수 있었으며 머리의 통증도 말끔히 낫게 되었습니다. 그때부터 십계명을 암송하고 나면 들려주시는 말씀을 기록하였고, 1999년 8월부터 2004년 7월까지 권당 288쪽, 총 160권을 받아서 "새로운 성경"이라는 책으로 펴내게 되었습니다.

그러한 저에게 죽기보다도 힘든 길이 시작되었습니다. 모든 교인들이 저에게 사탄이요, 이단이요, 악마요, 마지막 시대에 온 거짓 선지자라 하면서 공격하였고, 저를 짐승을 보듯이 대하는가 하면, 편협한 종교 지도자들의 선동으로 신도들이 이 책을 직접 읽어 보고 평가할 기회마저 막아 버렸습니다. 그래서 하나님의 말씀을 세상에 내는 데 많은 어려움을 겪으며, 피를 토하는 심정으로 책을 전하고 있습니다.

그러나 아무리 인간의 힘으로 막으려 해도, 하나님의 뜻이 세상에 전해지는 위대한 역사는 계속될 것입니다. 책으로 전해지는 "하나님의 말씀"은 세상 끝날까지 항상 우리와 함께하실 것입니다. 사람은 죽어도, 책에 기록된 말씀은 영원히 남으니까요.

■ 따뜻한 실천

하나님께서는 어려운 사람들에게 삶의 터전을 마련해 주고, 미래를 열어 주는 것을 기뻐하십니다. 어려운 이웃이 스스로 자립할 수 있도록 이끌어 주는 것이 진정으로 이웃을 돕는 것이라고 말씀하셨습니다. 그래서 일자리가 없는 제자들에게 작은 사업장을 만들어 주는 "달란트 사업"을 하고 있습니다. 식당, 반찬 가게 등을 차려 주고, 기존의 어려운 사업장이 자립할 수 있도록 돕고 있습니다(커피숍, 미용실, 의상실 등).

하나님께서는 교회에 나와서 모든 시간과 재물을 쏟기를 원하지 않으시고, 그 시간과 재물을 교육에 투자하여 스스로 미래를 열어 가기를 원하십니다. 그래서 제때 공부하지 못한 제자들에게 학업을 이어 가도록 하였습니다. 중화요리 주방장을 하며 초등학교 검정고시부터 공부하여 2012년에 방통대를 졸업한 36세 남성, 만학도들의 2년제 중학교에 입학해서 2007년에 명지대학을 졸업한 38세 여성, 중학교 검정고시를 시작으로 숭의여자대학을 졸업한 47세 여성 등이 있습니다. 그밖에도 많은 제자들에게 나이를 초월하여 배우고 깨우쳐서 사회 속의 당당한 일원이 되도록 인도하고 있습니다.

학자금 대출로 힘겨워하는 젊은이들을 위해 "따뜻한 바람 장학회"를 발족하여(2016년 12월) 대출받은 학자금 전액을 매월 갚아 주고 있습니다. 또한, 다문화 가정을 위해 "다문화 가족 랜드"를 조성하여, 각종 시설을 무료로 활용하도록 하고 있습니다.

이러한 따뜻한 실천이 아직은 미약합니다. 그러나 책의 수입이 늘고, 저와 뜻을 같이하는 분들이 늘어나면 계속 확대할 것입니다. 지도자로서 신도의 재물을 헌금으로 거둬들여 착복하는 것이 아니라, 하나님께서 기뻐하시는 일에 사용하도록 중매 역할만 하며 살아가고자 합니다. 이런 제가 과연 사탄이고 이단인가요? 하나님께서 기뻐하시는 일이라면, 저에게 사탄이라 하든 거짓 선지자라 하든 굽히지 않고 실천해 나갈 것입니다.

끝으로, 일상의 삶 속에서 "지금 내가 하는 행동이 과연 하나님께서 기뻐하실까, 슬퍼하실까?" 생각하고, 매사에 하나님께서 기뻐하시는 길을 택하기 바랍니다. 교회에 모여서 집단적으로 예배 드리는 것이 아니라, 개인이나 가정 단위로 새로운 성경을 읽어 스스로 깨우치고 그대로 행하면 충분합니다. 그것이 마음속에 성전을 짓고, 신령과 진정으로 예배 드리는 길입니다. 그러면 천국의 문에 들어서게 됩니다.

2017.2.1.

하나님 말씀 대역자 김용철

차 례

십 계 명

이 책은 십계명을 암송하고 나면 내려 주시는 "하나님의 음성"을 듣고 그대로 받아쓴 기록입니다. 하나님께서 십계명을 모세에게 내려 주셨지만, 그것은 만백성에게 내려 주신 것입니다. 마찬가지로 이 책의 모든 말씀도 저에게 내려 주셨지만, 만백성 각자에게 들려주시는 말씀입니다. 여러분도 이 책을 접할 때마다 십계명을 암송하고 나서 정독해 주시기 바랍니다.

제일은, 너는 나 외에는 다른 신들을 네게 있게 말지니라.
제이는, 너를 위하여 새긴 우상을 만들지 말고, 또 위로 하늘에 있는 것이나, 아래로 땅에 있는 것이나, 땅 아래 물 속에 있는 것의 아무 형상이든지 만들지 말며, 그것들에게 절하지 말며, 그것들을 섬기지 말라.
제삼은, 너는 너의 하나님 여호와의 이름을 망령되이 일컫지 말라.
제사는, 안식일을 기억하여 거룩히 지키라.
제오는, 네 부모를 공경하라.
제육은, 살인하지 말지니라.
제칠은, 간음하지 말지니라.
제팔은, 도적질하지 말지니라.
제구는, 네 이웃에 대하여 거짓 증거하지 말지니라.
제십은, 네 이웃의 집을 탐내지 말지니라.

나 여호와가 존재함을 믿는 그 자체가 구원의 길에 들어서는 기본이요, 근본이며, 나의 새로운 성경을 가슴에 안고 정독하는 자, 반석 위에 서서 하늘에 오르는 찬란한 빛을 보게 되는 영광을 얻게 됨이니라. 진정 나를 따르고 믿는 자는 감히 사탄이나 마귀도 근접하지 못하느니라.

〈하나님 말씀〉

2004년 4월

10,289 번째 하나님 말씀

2004년 4월 3일 06시 52분

1 사랑하는 나의 아들아!
2 "네, 아버님! 말씀하옵소서."
3 지금의 나의 법전이 세상에 나옴은 열
매 맺음이요, 추수의 때가 되어 그 추
수에 필요한 모두를 다 내가 나의 법
전에 기록하여 사랑하는 나의 아들딸
너희들에게 전함이니,
4 이를 보고 너희들이 열매를 맺어 구원
의 맺음을 받으며, 추수의 알곡식으로
서 나에게 쓰임을 받는 것, 그 모두가
나의 법전을 읽고 안 읽는 것에 달렸
음이니,
5 그 모두의 나에게 오르고 못 오르는
역사가 지금 진행되고 있거늘,
6 너희들이 이 귀하고 소중한 시간에 이
귀하고 소중한 나의 법전을 접하지 아
니하며, 이를 읽으려 하지 아니하며,
7 사탄이요, 마귀의 것이라 하여 태워
버리고 찢어 버리는 그와 같은 백성들
이 세상에 있음이니, 나의 이 가슴 아
픔을 어찌하겠느냐?
8 지금의 너희들이 구원의 길이요, 나의
백성을 하늘에 오르는 길이라 하여 맹
종 맹신하며 울고불고하며,
9 모래알만도 못한 그 재물이요, 금화와
은화가 너희들의 생명보다도 더 소중
하다 하나,
10 하늘에서 보는 것은 떨어지는 낙엽만
도 못한 것이며, 백사장의 모래알만도
못한 것을 너희들이 바치고 그를 갖다
하늘에 쌓아 놓는다 하니,
11 그 쓰레기를 쌓아 놓고 너희들이 구원
을 받을 것이며, 그것을 너희들의 은
혜요, 너희들이 심판받는 그 금화와
은화라 하여, 그를 쌓아 놓은 것만큼
하늘에 와 상을 받으며 은혜를 받는다
하니,
12 쓰레기요, 냄새 나는 오물을 하늘에
쌓아 놓고 상을 받을 것이 어디 있더
냐?
13 쌓아 놓은 것만큼 너희들이 오물이요,
쓰레기를 하늘에 두어 하늘을 오염시
키고자 했으니, 그 죄의 벌만을 너희
들이 받게 된다는 것을 만백성에게 전
해 주라.
14 그러니 하늘의 뜻은 이러하거늘, 너희
들이 인간 세상으로써 그것을 반대로
생각하며, 상상할 수 없는 것을 상상
하여 너희들이 만들어 냄이니,
15 그것이 하늘의 뜻을 모르며, 내 뜻을
모르며, 성서의 뜻을 모르고, 비유의
뜻을 모르는 그 어리석은 백성들이 하
고 있는 짓임을 알라.
16 이제 나의 법전에 기록하여 이 내용을
알고 듣는 백성, 너희들은 전하라.
17 너희들이 육의 세상에서 추하고 더럽
게 만들며, 남을 속이고 만든 것, 남에
게 핍박을 주고 만들며, 남의 고혈을
빨며, 저를 위해, 저 자신을 위해, 저
만 알고 남은 모르며 이웃을 모르고
너희들이 모아 놓은 재산, 그것이 인

간 세상에도 추한 것일 것이니라.
18 너희들이 당장 밥 한 그릇을 얻기 위
해, 잠자리를 얻기 위해서 그것이 필
요할지 모르나,
19 그러나 그것이 정당하게 이루어진 것
이 아니면 지상에서도 그게 쓰레기요,
너희들이 죄의 온상이라 느낄 것이니
라.
20 그리하여 추하고 추한 방법으로써 모
은, 떨어지는 낙엽이요, 썩어지는 퇴
비요, 백사장의 모래알만도 못한 것을
너희들이 하늘에 그득히 쌓아 놓는 것
이 영광이요, 축복이요,
21 그로부터 나에게 은혜를 받으며, 죽어
와 너희들이 그 보물 창고를 열어 거
기에 쌓여 있는 것만큼 상을 받는다
하나,
22 너희들이 쌓아 놓은 보물창고라는 것
을 여니 구더기가 득실거리며, 오물이
거기에 넘쳐 나며, 냄새가 나 하늘을
오염시킬 것이니,
23 그것을 너희들이 와서 보는 순간에 그
는 지상으로 던져질 것이며, 너희들과
는 아무 관계도 없으며, 그 무게만큼
죄를 지게 됨이요, 너희들의 무게만큼
죄의 사슬을 네 몸에 건다는 그 무서
운 사실을 알라.
24 그러니 하늘의 법도가 무엇인지 하늘
의 뜻을 모르고 부르짖는 자들의 말을
따라 너희들이 그와 같은 짓을 계속할
것인가, 아니면 나의 아들을 통하여
내가 직접 내리는 나 여호와의 뜻을
따라 이를 믿을 것인가?
25 이는 너희들이 상식적으로 생각하며
스스로 판단할 일이니, 너희들 스스로
알아서 하라.
26 너희들이 지상에서 추하게 번 것이 아
름다운 것이요, 상을 받을 수 있는 것
이라 생각하느냐?
27 너희들이 거짓 해서 번 것, 남을 속여
서 번 것, 남을 울려서 받은 그것이 과
연 지상에서 너희들의 보배요, 금화와
은화요, 그리고 너희들이 상을 받을
수 있는 것이요, 귀한 것이라 생각하
느냐?
28 내가 보는 것은 썩은 냄새가 나며 추
한 냄새가 나는 것들이니, 지상에서도
쓸모없는 추하고 썩은 것을 너희들이
하늘에 쌓고 은혜를 받는다 말하는 자
가 정녕 진정한 하늘의 뜻이요, 하늘
의 가르침을 전하는 자인가를 너희들
은 알라.
29 그러니 스스로 깨우치도록 그리하라.
30 나의 아들 예수가 와서 모두를 가르치
며 하늘의 뜻을 전한 것을, 나의 아들
은 성전을 짓지 말라 했으나 성전을
짓는 것,
31 너희들은 어느 것이 하늘의 뜻이며
나 여호와의 뜻인지 엄연히 답이 나
와 있거늘, 너희들이 그와 마찬가지니
라.
32 너희들이 재물이요, 금화와 은화를 많
이 바침으로써 하늘의 네 창고에 그득
히 쌓이니, 네가 죽어 와서 그를 열 때
거기에 쌓아 놓은 것만큼 상을 받는다
는 것,
33 그것을 지금 가르치며, 인간의 생각이
요, 인간의 상식으로써 그리 가르침이
니, 그것이 맞는다 생각하면 너희들이
그리 따라가라.

34 너희가 부정하고 잘못된 것으로, 사랑
으로써 벌지 아니하며 사랑으로써 만
들지 않은 그것을 너희들은 소중히
하나, 나에게는 썩어져 가는 낙엽이
요, 모래알만도 못한 것을 너희들이
하늘에 쌓아 놓으니,
35 그것은 너희들이 왔을 때 구더기가 득
실거리며, 악취가 나며, 썩은 것이니,
모든 것을 다 너희들이 볼 수도 없고,
맡을 수도 없으며, 열면 하늘을 오염
시킨다 하였음이니,
36 과연 내가 나의 아들을 통하여 너희들
에게 명하는 이것이 하늘의 뜻인가
너희들 스스로 구분하라.
37 지금 모든 종파의 백성, 너희들이 교
회에서 울고불고하는 것, 그리고 교회
를 짓는 것은 나의 몸에 상처를 내는
것이요, 성당을 짓는 것은 나의 몸에
상처를 내는 것이요,
38 너희들이 법당을 짓는 것, 그 모두가
내 몸에다 상처를 내는 사악한 짓을
하는 자라 내가 하였음이니라.
39 그러니 모든 종교요, 종파들이 너희들
이 손으로 짓는 건물을 이루기 위하여
나의 백성들을 기만하는 그 죄가 하
늘을 덮고 있으며,
40 그 속에서 그를 지키고 유지하기 위하
여 더 높고자, 제 명성을 날리고자 하
여 너희들이 모두가 다 아래위로 지도
자요, 그 믿음의 길을 가는 맹종 맹신
하는 자, 너희들이 모두가 부패할 대
로 부패되었으며 썩을 대로 썩어져 있
느니라.
41 그러니 그와 같이 썩은 자가 가르치
며, 썩은 자 속에서 들어가 똑같이 썩
어진 자가 나의 백성이라 함이니,
42 너희들이 과연 영적으로 구원을 받을
수 있는 상태가 되어 있으며, 나에게
오르는 은혜를 입을 수 있다 생각하
는가?
43 그러한 나의 백성 너희는 절대로 구
원받을 수 없으며, 거듭날 수 없는 것
이니라.
44 그러니 이와 같은 현실을 보며 너희들
이 맹종 맹신하는 자요, 정신박약아인
오늘의 종교의 광분하는 너희들이 절
대 이 형태로써는 구원을 받을 수 없
으며,
45 이것은 하늘의 뜻이 아니요, 나 여호
와의 뜻이 아니요, 이대로는 갈 수 없
다는 것을 너무나 잘 알고 있음이니
라.
46 그러면서도 너희들이 두렵고 무서움
이니, 너희들이 성서를 대신할 것, 그
리고 지도자들이 가르치는 그 설교보
다도 위대한 설교요, 그 가르침을 만
나지 못하고 보지 못하였기에,
47 두렵고 무서워 그곳을 떠나지 못하며,
뿌리치지 못하는 백성, 너희들은 나의
법전의 뚜껑을 열면 모든 답을 얻을
것이니 그리 행하라.
48 그리하여 너희들이 바로 서고자 하는
것, 그리고 너희들의 신도들 중에 바
로 서고자 하는 자요, 바로 쓰임을 받
고자 하는 자, 그리고 깨달음을 얻고
자 하는 진정한 신도들은 지금의 마음
이 무엇이더냐?
49 너희들이 살 날은 얼마 안 남았으며,
심판의 날은 가까워 오거늘, 너희들이
아무리 살아오며 믿음을 가졌다 해도

너희들이 악의 습관을 버린 것이 없으
며, 깨달은 것이 없으며, 변한 것이 없
으며,
50 그저 성경책이라는 것을 들고 주일이
라는 날에 시계추가 움직이듯이 왔다
갔다 한 그것밖에 지금 남은 게 없으
며,
51 하늘에 재물을 많이 쌓아 놔 너희들이
은혜요, 축복을 받으며 그 상을 받는
다 하여 수없이 갖다 바친 그 재물의
명목, 기록하고 기록해도 쓸 수 없는
그 많은 명목만이 남아 있으니,
52 정녕 돈으로써, 재물로써 너희들이 구
원을 받지 못한다는 것을 스스로 알고
있음이니, 그리고 무엇인가 바로 서고
깨닫고자 하는 눈이 열리고 귀가 열리
는 백성들은 지금 위기의식에서 단잠
을 자지 못하며,
53 어떠한 것이 하늘의 길이요, 정녕 너
희들이 죽기 전에 나의 아들 예수가
재림하여 나팔 불며 오기만을 기다리
며 재림하기를 목 빠지게 기다리고 있
으나,
54 너희들은 그를 보지도 못하며 만지지
도 못하며 너희 조상처럼 또 죽어 와
나에게 그 무서운 심판을 받을 것이
니, 거기서 구제받고 구원받는 것은
나의 법전밖에 없음을 알라.
55 나의 뜻에 의한 진정한 믿음의 세상으
로 돌아가고자 외치고, 또 몸부림치는
백성들이 있느니라.
56 저희들이 이대로는 안 되며 위기의식
을 느껴 더 이상은 갈 수 없다는 백성
들이, 저라도 부르짖고자 하여 오늘의
믿음이 잘못되었다 말할 때,
57 그 신도들이요, 같은 형제들이 그를
사람 취급도 아니 하며, 짐승 취급을
하는 그와 같은 형국이 있으니,
58 그들이 부르짖고 외친다 해도 들어주
는 사람이 없으며, 따라 주는 자가 없
어, 그리고 되돌아가려 하는 자가 없
으며, 너희들이 지나온 믿음이 오늘의
현실을 들여다보려 하지 않으니,
59 아무리 외치고 외쳐도 그 소리는 들리
지 않으며, 듣는 자가 없으며, 그를 따
르는 자가 없는 오늘과 같은 이 험악
한 세상이 되었으니,
60 진정한 믿음이요, 신앙의 길을 가고자
하는 그 백성들도 이제는 좌절하고 부
르짖는 자가 없으며, 그저 침묵하는
자들이 얼마나 많고 많더냐?
61 그리하여 나의 법전을 세상에 내려보
내느니라, 그리고 나의 법전을 만들어
전함이니라.
62 내가 뭐라 했느냐, 지금의 모든 백성
을 구하는 것은 나의 법전을 만들어
세상에 눈이 덮듯이 모두를 다 덮어
버려, 이를 보지 아니하고 이를 헤치
지 않고는 나올 수 없다 할 때,
63 그들은 그때 가서 결국은 그를 볼 것
이며, 마지못하여 그를 보아 깨달음의
길을 갈 수 있도록, 그리고 깨우치도
록 하고자 하는 것이 나의 뜻이라 했
으니,
64 이 위대한 역사를 이루는 것, 새로이
변화를 이루는 것, 새로운 혁명을 이
루는 너희들이야말로 얼마나 소중한
자들인가를 알아야 될 것이며,
65 또한 새로운 혁명의 기초로써 모두가
쓰이는 나의 법전이 얼마나 귀중하고

소중한 것인가를 알아야 될 것이며,
66 나의 아들을 통하여 내리는 그 강론의 울림이 얼마나 너희들에게 귀중하고 귀한 것인가를 만백성에게 전하고 알리도록 그리하라, 사랑하는 나의 아들 딸들아!
67 그리하지 않는 자, 너희들이 살인자와 같음을 알라.

10,290 번째 하나님 말씀

2004년 4월 3일 06시 59분

1 사랑하는 나의 아들아!
2 "네, 아버님! 말씀하옵소서."
3 이제 작은 은혜의 역사를 입고 체험을 했다는 백성들이 너희들을 찾아온다 하였음이니라.
4 그리고 그들은 와 너희들에게 감사를 한다 하였음이니, 너는 그들에게 무엇이라 전하고 가르칠 것인가?
5 "네, 아버님! 정녕 그들이 와 제 앞에 눈물을 흘리며, 저에게 아버님께 감사의 기도를 드리며 감사하다 해도, 저는 그들에게 전할 것이옵나이다.
6 '너는 네가 받을 만큼 변화되었으며, 네 마음이 그리 아름답기에 모두를 얻은 것이 첫 번째요,
7 그리고 네가 여호와 아버님의 계심을 안다는 것, 그것을 깨닫는 것으로써, 아버님의 존재하심을 믿는 그것을 아버님께서 기쁨으로 생각하시며 그것을 사랑으로 다스리시기 때문에,
8 네가 그와 같은 고목에 꽃이 피며 잎이 피는, 거듭나는 그 역사를 얻은 축복이라' 저는 그리 가르칠 것이옵나이다.
9 첫 번째는 자신이 변하여 저 자신이 그와 같이 다스릴 자격이 있기 때문에 공의의 아버님이 내린 것이요,
10 그리고 아버님을 믿고 따르고 변화하겠다는 그 마음이 굳어진 것은 두 번째의 사랑이요,
11 법전을 접하고 저의 강론을 듣고 은혜를 입었다는 것은 마지막 그 은혜가 될까 말까 하며 그는 보탬이 되지 아니하였으며, 그 역사에 내리는 것은 아무런 흔적도 없는 그와 같은 것이라 그리 저는 전할 것이옵나이다."
12 아들아! 그리 전하라, 그가 받을 수 있기 때문에 받은 것이라는 것을.
13 너의 제자들 또한 너희들이 모두를 받으면서도 모르는 자, 그 모두가 다 지금 어리석음이니, 그리하여 너희들 제자들 또한 나를 보고 원망하지 말며, 너를 보고 원망하지 말라 그리하라.
14 그들도 다 제가 받을 수 있을 때가 되면 받을 것이며, 제가 역사할 자격이 있으면 역사할 것이니라.
15 그러나 저희들이 변하고자 하는 것, 저희들이 나 여호와를 믿고 나의 법전을 믿는 것, 그는 저희들이 상상할 수 없는 크나큰 은혜요, 영광을 내가 내려 주었다 했음이니, 스스로 저희들이 생각해 보면 그것을 알 것이니라.
16 지나가는 말로써 네가 전해 준 것, 지나가는 말로써 한마디씩 전한 그 모두가 나의 뜻이요, 그들이 받고 못 받는 상의 줄거리가 거기 있었음이니, 그들이 조용히 생각하면 그를 알 것이니라.
17 그러나 모두의 창업자요, 처음에 시작

한 너희들의 그 공이요, 상은 너희들
이 상상할 수 없음을 알아야 될 것이
며, 그 공은 영원히 기록됨을 알라.
18 그리고 나의 법전에 그 기록이 남음
이니, 너희들이 오늘의 고통의 시련을
먼저 와 같이 겪은 자, 그 이름이 앞에
있을 것이니, 그 영광만으로써 너희들
이 무엇을 더 바라려 하지 말라 그리
전하라.
19 마음을 비우라 하라, 모두를 접고 보
라 하라, 그리고 모두를 다 너희 편으
로 만들라 그리하라, 너희들이 네 편
으로 모든 백성을 만들지 못하기에 아
니 됨이니라.
20 너희 집에 오는 사람, 너를 찾아오는
손님, 너와 대화하는 사람, 너와 거래
하는 사람, 그 사람이 왔을 때, 바로
네가 네 편으로 만드는 그와 같은 지
혜요, 그와 같은 노력이 없이는 아무
것도 이루어지지 아니함이니,
21 그 모두는 다 네 노력의 부족이요, 네
가 모든 백성을 네 편으로 만들지 못
한 것이니,
22 모든 나의 백성들이 왔을 때, 오고 가
는 백성들을 네 편으로 만들지 못하며,
23 같이 공부하며 같이 깨우치는 형제지
간에 너희들이 모두가 다 네 편이 되
도록 하지 못한 것은 네 잘못이요, 네
허점이요, 네 허물이 크다는 것을 어
찌 모른단 말이더냐?
24 모두를 네 편으로 만들었다면, 네 편
이 된 사람들이 너를 돕지 아니하며
역사하지 아니할 것이 어디 있느냐?
25 오만과 자만이요, 모두를 네가 네 편
으로 만들지 못한 것이 너희들이 실패
의 원인이요, 무너지는 원인이요, 너
희들이 이루지 못함임을 알라.
26 말 못 하는 미물도 저를 사랑하고 미
워하는 사람을 아느니, 그것이 바로
제 편인지 아닌지를 미물도 깨닫고
있음이니,
27 제 편으로 만드는 지혜를 가진 백성이
그와 같은 것도 모르며, 그와 같은 것
을 역사하지 못하는 것은 너희들이 치
러야 할 너희들의 죄의 대가요, 너희
들의 고통의 대가라는 것을 알라.
28 모르며 너희들이 행하지 않는 것, 알
면서 행하지 않는 것, 그리고 행해야
할 것을 행하지 않는 것, 그 모두가 너
희들이 나에게 불순종이요, 나에게 죄
가 됨을 알라.
29 그러니 내가 너희들에게 말하니, 지금
이라도 모두를 다 너희들은 네 편으로
만드는 데 최선을 다하라.
30 너희가 낮은 자가 아니면 네 편이 될
수 없으며, 너희 자신을 버리지 아니
하면 네 편이 될 수 없으며, 진실한 마
음이 아니면 네 편이 될 수 없으며,
31 더 큰 떡이요, 욕심이라는 그 만분의
일의 생각이라도 버리지 못한다면, 너
희들은 누구도 네 편으로 만들 수 없
으니,
32 네 편으로 만드는 자만이 승자가 되는
것이요, 모두를 얻고 역사할 것이니,
33 네 편으로 되는 사람이 있을 때, 그중
에 지혜가 있으며, 너를 돕는 자가 있
으며, 같이 이끌고 밀어 주는 그와 같
은 동지요, 너희들의 형제가 생기게
되어 있으니,
34 모두를 네 편으로 만드는 역사를 하

지 못하는 것은 너희가 가지고 있는
모든 죄의 근원이요, 욕심의 뿌리 때
문에 그렇다는 것을 알라 너의 제자들
에게 전하라.

10,291 번째 하나님 말씀

2004년 4월 3일 07시 07분

1 사랑하는 나의 아들아!
2 "네, 아버님! 말씀하옵소서."
3 나 여호와의 아픈 마음이요, 내가 울
고 있는 마음을 너희들은 정녕 아느냐?
4 모세의 시대에 그 모든 백성을 바로잡
아 내가 너희들에게 아름답고 귀한 그
모두를 내려 준 아담의 세상으로 너희
들을 돌려보내고자 했으며,
5 나의 아들 예수의 죽음이요, 그 고통
으로써도 너희들이 성령으로 임하는
백성이 되어 아담의 그 세상으로 돌아
오기를 바란 것이 나 여호와의 뜻이
요, 간구하는 것이었음이니라.
6 이 세상에 살아가면서 너희들이 아름
다운 것은 만 가지가 있다면 악한 것
은 백 가지밖에 되지 아니하거늘,
7 어찌하여 만 가지의 아름다움이요, 너
희들이 선행을 베풀며 그리 살아갈 수
있는 만 가지 속에서 너희들이 그를
선택하지 아니하며,
8 만 가지 속에서 찾기도 어렵고 힘든
백 가지밖에 안 되는 그 악은 어찌하
여 그리도 잘 찾으며 그리도 잘 따르
며 그를 행하고 살아간단 말이더냐?
9 나의 사랑하는 백성, 너희들이 지금
살아가는 그 모습을 들여다보라.
10 너희들이 부정한 것, 추한 것, 그것이
죄인 줄 모르며, 즐거움이요, 향락이
라 생각하고 지금 살아가는 자들이 이
세상을 다 덮어 버렸음이니,
11 너희들에게 모세의 기적을 이루어 그
를 보여 주었으며, 나의 아들 예수의
그 죽음을 바라보면서 너희들에게 바
로 서라 하였거늘,
12 너희들은 추하고 더러운 행위요, 인간
의 향락을 위하여 하는 일을 서슴없이
역사하고 있으니,
13 어찌하여 만 가지 선한 것은 보지 아
니하며 찾지 아니하며, 그 속에 백 가
지밖에 되지 않는 악을 행하는 데는
그리도 즐거움을 가지고 있단 말이더
냐?
14 너희들이 모든 형태로 서 있는 그 백
성들의 마음 자세가 어떠하더냐?
15 모두가 비뚤어졌으며, 모두가 잘못되
었으며, 바른길을 가고자 하는 것이
아니지 않더냐?
16 내가 너희들을 바로 만들었으며 바로
서 있는 그와 같은 백성들이 어찌하
여 바로 살지를 못한단 말이더냐?
17 몸이 불편한 자요, 완벽하지 못한 그
와 같은 백성들이 온전한 백성보다
더 곧고 바르게 살아가는 그와 같은
실정이라면, 얼마나 너희들이 사악한
백성들이요, 오만한 백성들이더냐?
18 몸이 불편하여 장애로 태어난 백성은
이 세상에서 그를 극복하며, 그를 죄
라 생각하여 그 부끄러움을 생각하며,
아름답고 곱게 살아가기 위하여 너희
들보다 더 노력하는 백성들이 있다면,
19 바른 형태로 세상에 태어나며 바른 모
습을 가진 너희들이 바른 정신이요,

아름답게 살아가지 않는 것은 바르게
너희들이 온전한 몸으로 세상에 태어
난 것에 대한 오만이요, 교만이요, 잘
못된 것이 아니더냐?
20 어찌하여 만 가지의 선한 것은 들여
다보지 아니하며, 백 가지밖에 안 되
는 그 악 속에 너희들이 다 빠져 허덕
이는가?
21 세상사 물건을 사고파는 것에 너희들
이 악의 뿌리가 떠나지 아니하며, 먹
고 즐기는 데도 계산적이요, 너희들이
그 모두가 이해관계에서 이루어짐이
니,
22 남을 이용하며 어찌하면 남을 무너트
릴 것인가, 그리고 남의 가정이 어떻
게 되든, 남이 무엇이 어떻게 되든, 남
의 자식이 어떻게 되든, '나'만 바라며,
'나'만 가지면 되며,
23 그들의 고통과 시련이요, 남이 잘못되
는 것은 아무런 관계도 없는 것처럼
등을 돌리는 자,
24 오죽하면 너희들이 사람을 다치게 하
며 사람을 치어 놓고 도망가며, 재물
을 가지기 위하여 사람을 죽이며, 사
람의 목숨을 짐승의 목숨을 끊듯이
그와 같은 행위를 하는 자들이 있음이
니, 이를 바라보는 나 여호와의 가슴
이 얼마나 아프겠느냐?
25 내가 더 가슴이 아프고 저린 것은 그
러니라.
26 모세를 통하여 역사했던 것, 나의 아
들을 통하여 역사했던 것, 그 모든 고
통과 그 역사를 보고 살아왔던 오늘의
백성들이 되돌아갈 수 없으며 거듭날
수 없는 백성이요, 나의 계명대로 지
키고 살지 못하는 백성들이요, 너희들
이 이와 같은 형국으로 되어 있음이니,
27 이를 보는 내 가슴이 그리 아픔을 너
희들은 알고 있느냐?
28 나의 계명대로 살지도 못하며, 그러니
너희들이 새로운 생명이요, 거듭나는
은혜도 입을 수 없으며, 거듭나는 삶
을 살 수도 없으며,
29 나의 백성들이 된 것이 아니요, 너희
들이 나에게서 멀어진 백성이요, 나를
욕되게 하는 자요, 나에게 고통을 주
는 자요, 나를 능멸하는 백성으로서
지금 이리 가고 있음이니,
30 너희들이 나의 모두를 다 버린 자들이
아니더냐?
31 모든 은혜의 축복과 영광을 내려 준
나를 모두 너희들이 버렸음이니, 그러
니 씨를 뿌리고 가꾸고 열매를 열어서
거두는 그와 같은 노력이요, 그와 같
은 것에는 너희들이 고달프고 힘든 길
을 가지 않는 것이요,
32 너희들의 욕심이요, 그 마음이 이제는
극에 달하였음이니, 씨를 뿌리고 가꾸
는 농부의 수고로움도 없이 열매를 거
둬들일 수 있다 생각하는 것, 거둬들
이고 거머쥐고자 하는 것, 그것이 너
희들의 마음이 아니던가?
33 너희가 씨를 뿌리고 가꾸지 아니하였
으니, 추수 때 그저 남의 것을 거둬들
이면 된다는 그와 같은 사악한 마음을
가지고 있는 것이 너희들이 아니더냐?
34 그러니 나의 아들의 고통스러운 죽음
은 너희들이 성령이 임하는 백성들이
요, 거듭날 수 있는 백성이요, 아담의
세상으로 돌려보내는 그와 같은 너희

들의 깨달음을 위해 나의 아들이 죽었
음이니,
35 죽어 가며 흘린 그 피를 가지고 보혈
이요, 은혜의 피라, 그리고 그리하면
너희들이 구원을 받으며, 그를 생각하
고 찾기만 하면 구원을 받으며, 그 모
두를 믿으면 너희들이 구원을 받는다
는 그와 같은 지금의 믿음으로 가고
있는 자,
36 씨 뿌리지 아니하며 거두지 아니하고
가꾸지 아니한 자가 열매를 얻으려는
그와 같은 자들과 똑같음이니,
37 그 불쌍하고 가련한 백성을 너희들이
바로잡아야 될 것이니, 이를 무엇으로
써 바로잡을 수 있더냐?
38 사랑을 실천하며 사랑으로써 그 비뚤
어지고 되돌릴 수 없으며 돌아올 수
없으며 거듭날 수 없는 백성들을 너희
들이 돌려놓는 길밖에 없음이니,
39 그리하여 나의 법전이 사랑의 실천함
이요, 행함이요, '나'를 버리며 '나'를
놓으며,
40 '나'를 위하여 모두를 챙기는 것이 아
니요, '나'를 위하여 쌓아 놓는 것이
아니요,
41 남을 위해서 역사하는 것이며, 남을
위하여 너희들이 준비하며, 그리고 분
배의 원칙에서 제 앞에 놓지 아니하
며 남에게 큰 그릇을 놓는 그 사랑의
근본의 기초가 나의 법전에 들어 있음
이니,
42 그를 보지 아니하면 사랑을 할 수 없
으며 사랑을 실천할 수 없으니, 만백
성을 구하는 전사요, 하늘의 명받은
선생으로서 너희들이 설 수 없으며 자
격이 없다 함이 여기 있느니라, 사랑
하는 나의 아들딸들아!

10,292 번째 하나님 말씀

2004년 4월 3일 07시 11분

1 사랑하는 나의 아들아!
2 "네, 아버님! 말씀하옵소서."
3 너희들이 인간 세상에 살아가면서 그
저 흘러가는 말이 있지 않더냐?
4 무심히 흘러가는 그것이 진리요, 나
여호와의 뜻이라 함을 알라.
5 너희들은 '뿌린 대로 거둔다.' 하며 너
희들이 역사한 대로 그 대가를 거둬들
인다는 말이 있지 않더냐?
6 이것이 하늘의 진리요, 하늘의 뜻임을
알라.
7 너희들이 뿌린 대로 거둬들임이니, 너
희들이 역사한 대로 모두를 거둬들임
이니라.
8 그러니 지금의 믿음의 길을 가는 백성
이요, 이방인이라는 그 백성, 모두는
너희들이 노력하지 아니하며, 너희들
이 뿌린 대로 거둬들이는 그 뜻을 알
면서도 그를 의식하지 아니하며,
9 나를 원망하며 하늘을 보고 침 뱉고
욕하는 백성들이 수없이 있으며, 나
여호와가 존재하기는 무슨 존재하며,
신이 존재하기는 무슨 신이 존재하느
냐 그리 말하느니라.
10 사랑하는 자식이 네 앞에 죽어 갈 때,
너희들은 절규하며 말하느니라.
11 '신이여! 정녕 당신이 있다면 나의 아
들을 이리 데려갈 수 있으며, 나에게
이 찢어지는 고통을 줄 수 있느냐?'

그리 말하느니라.
12 그러나 그 모두가 너희들이 치러야
할 죄목이요, 치러야 할 대가이거늘,
너희들이 뿌린 대로 거둬들이기 때문
에 너희들이 뿌린 대로 그와 같은 역
사를 이룬다는 것을 어찌 모르는가?
13 한 인생이 살아감에 있어서 너희들이
절박한 상황에서, 그리고 어렵고 힘든
고통에서 헤어나지 못하는 억울하고
분한 그와 같은 삶을 살아서
14 너희들이 남에게 유괴되어 목숨을 잃
는 자, 그리고 재물을 놓고 거래하고
자 하는 자, 너희들이 그와 같은 시련
이요, 고통이요, 길 가는 사람에게 망
신을 당하며 길 가는 자에게 멱살을
잡히며, 하나서부터 백까지 모두가 이
루어지는 것이 바로 무엇이더냐?
15 너희들이 뿌린 대로 거두어들이는 그
와 같은 결과라는 그 원칙을 알라.
16 믿는 자요, 지금의 신앙을 가는 백성
들이요, 울고불고하는 그 백성들은 그
와 같이 생각하지 아니하고, 나를 원
망하고 하늘을 원망하며 하늘에 침을
뱉는다 해도,
17 나의 아들을 따르는 제자 너희들은 이
를 명심해서 지키라.
18 흘러가는 말 한마디, 너희들이 뿌린
대로 거둬들인다는 것, 심은 대로 거
둬들인다는 것은 하늘의 이치요, 진리
요, 하늘의 뜻임을 알라.
19 너희들이 지금 처해 있는 것, 이루고
있는 것, 역사한 것, 그 모두는 너희들
이 뿌린 대로 거둬들인 결과이니, 누
구도 원망하지 말라.
20 너희 자신이 변화되며 너희 자신을
깨우치고 너를 원망할 일이요,
21 누구를 원망하는 것은 너희들이 아직
도 제정신을 차리지 못한 자요, 제 분
수를 모르며 제 노력을 모르며 제 미
련함을 모르는 것이니, 뿌린 대로 거
둔다는 것을 너희들이 가슴 깊이 새겨
두며,
22 나의 아들을 따르는 제자, 나의 법전
을 읽고 깨우친 만백성들은 너희들이
뿌리고 노력한 대로 거둬들인 결과가
그것이니, 나를 원망하지 말며,
23 하늘을 보고 침 뱉고 하늘을 보고 욕
하지 말며, '하나님이 계시기는 어디
계시며, 신이 있기는 어디 있느냐?'
하는 너희들이 영원히 용서받지 못할
말을 뇌까리지 말며,
24 나의 아들을 원망하지 말며, 나의 법
전을 원망하는 그와 같은 어리석은 삶
을 살지 말라 그리 전하라.

10,293 번째 하나님 말씀

2004년 4월 3일 07시 19분

1 사랑하는 나의 아들아!
2 "네, 아버님! 말씀하옵소서."
3 나의 사랑하는 백성, 너희가 나의 뜻
대로 살아온 백성이라면, 너희들이 오
늘과 같이 사람이 사람을 의심하며,
오늘과 같이 마지막 시대요, 종말의
시대요, 휴거요, 등등 그와 같은 것을
이룰 수 없으며, 수많은 수억의 종파
가 세상에 나올 수가 없었음이니라.
4 오로지 참진리가 물 흐르듯 그대로 너
희들이 역사하는 변화만이 있었을 것
이니라.

5 그러니 그와 같이 하여 너희들이 구약
시대가 바로 일어서지 못했으며, 그리
하여 신약 시대가 오게 되었다는 것
을 내가 너희들에게 말하지 아니하였
느냐?
6 나의 사랑하는 백성, 너희가 타락하고
무너지기 때문에 구약 시대에서 신약
시대가 왔으며,
7 또한 신약 시대의 그 백성, 나의 아들
예수의 고통스러움으로써 구원을 받
으며 깨끗이 씻어졌다 말하는 그와
같은 너희들의 가르침 속에서 너희들
이 헤어나지 못하며, 그저 다람쥐 쳇
바퀴를 돌듯이 돌고 돌아 너희들이
나에게 와 심판을 받음이니,
8 그리도 너희들이 몸부림치며 가지 아
니하려는 지옥문에 서 있는 것이 다
너희들 자신이요, 네 모습이라 그리
알라 그 무서운 내용을 내가 전했음
이니, 너희들을 회복시키기가 그리 어
렵고 힘드니라.
9 그리하여 내가 제3의 시대를 열어 너
희들을 아담의 세상이요, 그 시대로
회복시키고자 하는 것이 나의 뜻이니
라.
10 나의 아들 예수를 보냈으며, 나의 뜻
을 이루고자 하였던 것이거늘, 너희들
이 지금 어찌했던가?
11 아담과 하와의 그 시대를 회복시키려
는 나의 뜻을 너희들이 모두가 다 무
너트렸으며, 모두를 짓밟아 버렸으며,
12 너희들은 그와 같은 길이 필요 없다
울부짖는 백성이 되어 버린 것이 오늘
의 신앙의 길을 가는 백성들이니라.
13 그러니 너희들은 그 누구도 다스릴
수 없으며 누구도 역사할 수 없기에,
내가 이제 마지막 나의 법전을 내려보
내어 너희를 아담의 그 시대로 회복
시키는 것이 천 년의 계획을 세워 천
년의 세월 속에 너희들이 변화되는 역
사를 하여 회복시키고자 하는 것이
나 여호와의 뜻이니라.
14 그러니 너희들에게는 이것이 마지막
시대요, 마지막 기회임을 내가 수없이
강조했으니, 이것이 너희들이 정녕 마
지막 기회임을 알라.
15 이를 이루고 못 이루는 것은 너희들의
마음이요, 너희들의 손에 달렸음을 알
라 그리 전하라.
16 너희들이 마지막 시대요, 이 모두가
역사하는 것은 무엇인 줄 알겠느냐?
17 내가 구약 시대에 그 성경의 귀하고
소중한 것을 다 밀봉시켜 놓았으며,
내가 비유로써 뜻을 전했으며,
18 기록하는 자들도 그 뜻을 알지 못하고
깨닫지 못하도록 내가 덮어 두고 밀봉
해 놓은 것을 지금에 열어 주는 것이
바로 그러하니라.
19 모두는 열 때가 있기에 내가 비밀을
유지했으며 모두를 밀봉시켜 놓았으
니,
20 이것이 마지막 시대라는 것을 너희들
이 안다면, 성서의 비유의 뜻을 내가
모두 헤쳐 너희들에게 전하는 것이기
때문이니, 이는 곧바로 무엇을 의미하
느냐?
21 때가 되었으며 내가 말하는 마지막
때요, 그리고 마지막 때에 내가 구약
의 신약의 그 성경의 비밀을 다 풀어
나의 법전과 같이 역사하도록 내가 하

나가 되어 가도록 만든 것은 무엇이
더냐?
22 나 여호와가 구약과 신약의 모든 약
속한 것, 예언한 것, 그 모두를 지금
내가 지키고 실현하는 시대가 벌어지
고 있다는 것을 알라.
23 그 모두가 실현되고 지금 예언이 행
하여지고 있음을 알라.
24 그것이 제3의 시대의 무서움이요, 제
3의 시대의 두려움이요, 그리고 나의
아들을 통하여 내리는 새로운 성경이
너희들이 바로 얼마나 귀하고 소중하
고 무서운 것인가를 알라.
25 너희들이 나의 법전을 열심히 제대로
만들고 잘 만들어 역사했을 때, 구약
과 신약의 열리는 그 비밀과 더불어
하나가 되어 너희들이 기계가 돌아가
는 것처럼 모든 역사가 이루어질 것
이니라.
26 이를 관장하고 만드는 너희들이 얼마
나 귀하고 소중한 나의 아들딸인가 알
라.
27 너희들이 지금 잘못 만들고 잘못 기록
해 놓으면, 구약과 신약에 숨겨 놓았
던 그 비밀의 그것들과 일치하지 아
니하며 맞지 아니하며 하나가 될 수
없음이니,
28 하나가 되어 돌아가지 아니하는 그 부
속은 쓸모가 없지 않더냐?
29 두 부속의 톱니가 돌아가며 하나도 오
차 없이 잘 돌아가야 그 기능을 발휘
하는 것처럼, 너희들이 바로 나의 성
경을 만들어야만 내가 지금 밀봉했던
그 성경의 비밀을 여는 것, 그것이 일
치되어 모든 역사를 이룰 것이며,
30 그것이 하나가 되어 제대로 톱니바퀴
가 맞아 돌아갔을 때, 나의 언약이요,
그 모두가 행해짐이니라.
31 그러니 너희들의 자세와 너희들이 살
아갈이 얼마나 귀하고 소중한 것이며,
나의 법전을 만드는 것이 얼마나 귀하
고 소중한 것인가를 명심하고 또 명심
하여,
32 이 모든 역사를 이루어 만백성을 구
하는 것이요, 천 년에 걸쳐서 하늘의
천국이 이루어지는 지상의 낙원, 하늘
에서 이루어진 것같이 이 땅에 이루어
주십사, 수천 년 동안 울고불고하다
그를 바라보지도 못하고 만지지도 못
하고 간 그 백성들,
33 이제 너희들이 그 모두를 이루니, 천
년의 기틀을 만드는 것이니 그리 알라.
34 사랑하는 나의 아들아!
35 천 년에 걸쳐 꼭 이루도록 한 치의 오
차도 없이, 너희들이 한 점의 부끄러
움이 없는 삶을 살도록 그리하라, 선
택된 나의 아들딸들아!
36 영원함이 너희들에게 있을 것이니라.

10,294 번째 하나님 말씀

2004년 4월 3일 11시 11분

1 사랑하는 나의 아들아!
2 "네, 아버님! 말씀하옵소서."
3 나 여호와가 세상에 너희들이 선한 일
을 할 수 있는 것은 만 개를 내려보냈
으며, 그리고 너희들이 악한 일을 하
는 것은 백 개를 내려보냈다 하였음이
니,
4 그와 같은 비율로써 모두를 내가 내려

보냈거늘, 너희들은 만 개의 아름다움
이요, 선함은 행하지 아니하고 악의
그 모두만을 행하여 그를 찾아가는 백
성이 되었다 함이니,
5 이는 바로 너희들의 욕심이요, 너희들
의 마음에 가지고 있는 너희들의 욕망
을 위한 것이니, 이를 버리지 못하고
사는 백성들이니라.
6 그러니 이와 같은 세상이 된 것이 무
엇이더냐?
7 백밖에 안 되는 그와 같은 악의 뿌리
요, 근본이 지금 이 세상을 다 지배하
고 통제하고 있는 이와 같은 형국이
되어 있음이니, 나 여호와가 내려다보
는 마음이 과연 어떠하겠는가?
8 이것이 오늘의 너희들의 삶이요, 형국
이니라.
9 그러니 만이라는 선의 아름다움은 너
희들이 제자리를 지키지 못하며, 백도
안 되는 그 숫자의 악함이 이 세상을
지배하고 통제함이니,
10 그 속에 사는 백성, 너희들이 제정신
이 아니요, 제자리를 지키고 사는 백
성이 없음이니라.
11 너희들이 완벽한 나로부터 은혜와 영
광을 받은 백성들이 완벽한 정도의
길을 사는 것이 아니요,
12 너희들이 다 갈지자의 인생이요, 비뚤
어진 길이요, 구부러진 그와 같은 길
을 가는 백성의 삶을 지금 살고 있는
것이니라.
13 그러니 이를 더 이상 내가 지켜 볼 수
없으며, 이를 두고 내가 더 이상 인내
할 수 있는 그 한계점에 도달하였음
이니라.
14 그리하여 내가 나의 아들을 통하여 새
로운 성경이요, 새로운 법전으로써 비
틀거리는 자, 갈지자를 걷는 자, 그리
고 얼마 되지 않는 그 악이 지배하는
이 세상의 그 모두를 나 여호와가 바
로잡고자 하며 바로 세우고자 하는 것
이 내 뜻임을 너희들은 알아야 될 것
이니라.
15 그러니 나 여호와가 바로잡고 바로 세
우기 위하여 내가 나의 아들을 세상에
내려보냈으며, 그를 통하여 나의 법전
을 세상에 내려보내니, 그를 만들고
역사하는 것은 또한 선택된 너희들이
아니더냐?
16 그러니 너희들이 바로 서는 것이 얼마
나 중요한 것이더냐?
17 나 여호와는 알고 있음이니라.
18 사랑하는 나의 아들, 너 혼자 바로 서
고 너 자신을 다스려 나가기가 얼마나
힘들고 어려운 길인가를 나는 알고 있
음이니라.
19 또한 너의 제자들도 바로 서고자, 변
화되고자 하는 그 삶을 사는 것, 그들
의 보이지 않는 몸부림침이라는 것은
이루 말할 수 없음이니라.
20 그러나 너희들이 그 어렵고 힘든 길을
가야 되며 역사해야 되기 때문이니라.
21 잠시만 너희들이 무너지고 너희 자신
을 바로 세우는 데 게을리했을 때, 너
희들이 무너지는 것은 이루 말할 수
없이 그와 같이 무너짐이니라.
22 그러니 많은 시간과 많은 노력 속에
서 너희들이 자신을 다스리고 바로
세우려 몸부림쳐 변하는 길을 온다 해
도, 너희들이 순간적으로 무너지며

모두가 다 무산이 되어 버리니,
23 너희들이 이 세상을 살면서 무너지지
아니하며 고통스러운 그 길이 없이
바로 서는 것은 무엇인지 알겠느냐?
24 불필요한 생각을 하지 않고 불필요한
것을 보지 아니하며 거둬들이지 아니
하는 것이 너희들이 역사할 수 있음
이니라.
25 불필요한 것을 보지 아니하며, 불필요
한 것을 생각하지 아니하며, 모두를
접어 두는 그와 같은 삶을 살아야 너
희들이 너희 자신을 지키고 거듭나는
수고로움에서 견딜 수 있음을 알라.
26 너희가 잠시면 무너지며 그 순간에
무너지는 것, 그와 같은 것을 지키기
위해서는 너희들이 마음의 문이요, 가
슴의 다스림을 알아야 될 것이니라.
27 그러니 너희들이 불필요한 것을 보지
아니하며, 생각하지 아니하며, 접하지
아니하며, 모두를 접어 두라 함을 너
희들은 잊지 말라, 사랑하는 나의 아
들딸들아!

10,295 번째 하나님 말씀

2004년 4월 3일 11시 17분

1 사랑하는 나의 아들아!
2 "네, 아버님! 말씀하옵소서."
3 지금의 믿음의 길을 가는 모든 백성,
그들이 역사하는 것이 무엇이더냐?
4 너희들은 작은 것을 가지고 시작함이
니라, 그리고 작은 곳에서 나의 뜻을
전한다며 믿음의 길을 가며 나의 백성
들을 이끌어 가느니라.
5 그리하여 너희들이 조금 사람이 모여
들며 또한 사람이 꼬이기 시작하니,
그 장소가 비좁다 하여 가차 없이 그
를 때려 부수고 또 너희들은 그를 다
파괴시켜 버리느니라.
6 그리하여 너희들이 거기에 맞는 사람
들을 수용할 수 있는 것을, 너희들이
나의 사랑하는 피조물 만백성에게 갈
취하는 방법으로써 재물을 거둬들이
다시피 하여 너희들이 그 모두를 역사
하면서 뭐라 하느냐?
7 이는 나 여호와, 창조주 아버지께 너
희들이 드리는 것이며, 나에게 드리는
선물이요, 나의 기쁨을 위하여 너희들
이 더 큰 교회요, 더 큰 성전을 짓는
것이며,
8 그리고 너희들의 소중한 재물들을 다
파괴하고 부수어 더 화려하고 더 웅장
하게 짓는 것은 나를 기쁘게 함이요,
나에게 축복을 드리는 것이라 하여,
나의 백성들을 가르치고 그들로 하여
금 그 모두를 거둬들이는 이와 같은
형국을 하고 있지 않으냐?
9 너희들의 작은 성전이요, 작은 교회를
파괴하고 부숴 버리면서 더 큰 것, 더
위대한 것은 오로지 나 여호와의 기쁨
이요, 나를 위하여 내 뜻을 역사하기
위하여 한다 하여 만행을 저지르고 있
음이니라.
10 그러니 너희들이 이와 같이 사기극을
벌이며 만행을 이룬 것이 나 여호와가
원하는 것이 아니며, 나는 거기에 같
이 있지 아니하며, 내가 그를 받는 것
을 즐거워하지 아니하며, 나와는 아무
런 관계도 없으니,
11 다만 내 이름을 빌어 너희들이 나의

사랑하는 백성들에게 갈취해서 이룬
것, 더 큰 교회를 짓는 것, 더 큰 너희
들의 성전을 짓는 것, 이와 같은 것이
나와 관계없다면, 과연 너희들은 무엇
이더냐?
12 너희들이 나의 이름을 빌어 너희 자신
이 네 이웃에게 그 모든 재산을 긁어
모으며 갈취하는 방법으로써 너희 자
신을 위하여 축적하는 그와 같은 행위
를 하는 것이 아니더냐?
13 그러니 너희들이 그와 같이 나의 이름
을 빌어 사기극을 벌이며 너희들이 축
적하는 행위를 하느니라.
14 그러면서 너희들은 나를 위하여 내 뜻
에 의해 역사하는 것이며, 그리고 사
랑을 베풀어 살아가기 위하여, 사랑을
실천하기 위해서 너희들이 그리한다
하면서,
15 과연 네 이웃에게, 너희들 신도들에게
얼마나 너희들이 사랑을 베풀며, 그들
의 고달픔과 어려움을 같이하는가?
16 너희들이야말로 네 이웃과 네 신도들
이요, 그 백성들에게 인색하기 그지없
는 자요, 인색한 결로 말하면 너희들
을 따라갈 자가 없음이니라.
17 인색한 자들이요, 인색한 너희들의 생
각 속에서 너희들의 노후요, 너희들
자신을 위하여 축적하는 그와 같은 행
위를 하는 것이 지금 현대판 믿음의
길을 가는 지도자요, 너희들 종교 집
단이 하고 있는 짓이라는 것을 알라.
18 그러니 그곳에 너희들이 더 이상 현혹
되어 너희들 자신이 거듭나는 영광의
은혜를 버리지 말며, 그를 보지 못하
는 어리석은 삶을 살지 말라.
19 너희들이 하늘에 오르는 길이요, 그
역사하는 것을 내가 160권의 법전 속
에 모두를 기록하여 전하니, 너희들은
정녕 나의 법전을 정독하여 한번 읽고
깨우쳐 보라.
20 그러면 그 속에 다 답이 있거늘, 어찌
하여 이를 너희들이 그리도 찢어 버리
고 태워 버리고 그와 같은 사악한 행
위를 한단 말이더냐?
21 그를 바라보는 나 여호와의 마음이 어
떤지 너희들은 알겠느냐?
22 모든 종교 집단이요, 지도자들이 지금
저 자신을 위하여 제가 축적하는 것이
요, 사랑을 실천하기 위하여 제 신도
들이요, 이웃의 백성이요, 금방 자매
요, 형제라 말한 자들을 과연 얼마나
도우며 얼마나 그들에게 봉사를 하는
가?
23 그리고 너희들이 이해관계에 따라서
한 자매라 하여 손을 잡고 울고불고
광란의 짓을 하며 나를 찾던 그들이
이해관계 앞에는 언제 자매였냐 하며
송사를 벌이기를 주저하지 않는 것이
오늘의 믿음의 길을 가는 백성들이니,
24 그들 스스로 저희들이 축적하기 위하
여 하는 사기극에 너희들이 그 축적의
원흉이요, 재물을 쌓아 놓도록 한 그
원흉들이라는 것을 그 신도 너희들은
알아야 될 것이니 그리 전하라.

10,296 번째 하나님 말씀

2004년 4월 3일 11시 22분

1 사랑하는 나의 아들아!
2 "네, 아버님! 말씀하옵소서."

3 너희들이 살아가는 자세요, 행함이요,
행동이요, 너희들의 마음이요, 어떠한
형태로 살아가는 것인가를 너희가 모
르는 부분까지도 네 주변의 형제들이
요, 이웃이 더 잘 알고 있으며,
4 그 모두를 바라보고 관찰하는 속에서
너희들이 살아간다는 것을 잊어서는
아니 될 것이니라.
5 그러니 너희들이 무엇을 속이고자, 무
엇을 감추고자 하는 그와 같은 어리석
은 삶에서 죄라는 그 쇠사슬을 너희
목에 감는 어리석은 삶을 살지 말도록
그리하라.
6 너희들이 숨기고 또 숨기고 사는 것을
네 주변의 모두가 더 잘 알고 있다는
것을 명심하도록 그리하라.
7 그리고 너희 주변에 너희가 아는 것
보다 더 정확하게 알고 보고 있는 자
가 있으니, 이는 바로 하늘에 있는 천
사요, 사탄이라는 것을 알라.
8 사탄과 천사들이 너희들의 이웃 형제
들보다 더 깊이 더 무섭게 너희들의
모두를 다 바라보고 있음이니라.
9 그러나 또한 천사와 사탄보다도 너희
들의 모두를 더 정확하게 바라보고
있으며, 너희들의 모두를 하나도 빼놓
지 아니하며, 번갯불보다도 빨리 행하
는 것도 놓치지 않는 나 여호와가 존
재함을 너희들이 어찌 모른단 말이더
냐?
10 나 여호와가 또한 모두를 다 바라보고
있으며, 모두를 관장하는 나 여호와의
눈을, 내 귀를 속이지 못한다는 것을,
그리고 벗어날 수 없는 것이 너희들이
라는 것을 절대 잊지 말라.
11 그와 같은 너희들의 마음 자세로 산다
해도 너희들이 과연 오늘과 같이 험악
한 세상이요, 너희들이 죄를 쌓는 자
요, 하늘을 향하여 부끄럼이 있는 삶
을 살아갈 수 있는가, 이것을 다시 한
번 짚고 넘어가야 하는 과제라는 것을
절대 잊지 말라.
12 모두는 너희들이 숨겨지는 것이 없으
며, 모르는 것이 없거늘, 너희들이 속
이려 하며 남을 기만하려 하며, 그와
같은 마음 자세로써 살아가지 말라.
13 그리하여 작은 거짓도, 작은 남을 속
이는 것도 행하지 말며, 그가 살인과
같다는 내 뜻을 알겠는가?
14 속이고 속이는 그와 같은 행위는 너희
들이 지금은 통할 수 있으나, 그 모두
는 세월이 지나면 백일하에 드러나며,
15 그는 지상에서 밝혀지지 아니하면 지
옥에 와서 또 천국에 와서 반드시 그
가 밝혀진다 하지 않았더냐?
16 그러니 너희들은 내가 보고 있으며,
또한 천사와 사탄이 보고 있으며, 너
희들의 이웃 형제들이 상세히 보고 있
으며, 너희들의 살아가는 행동을 보고
있으며,
17 너희가 존재하며 역사하는 하루의 그
모두를 다 빼놓지 않고 너희들 자신보
다도 더 정확하게 기록하고 보는 사람
이 있다는 것을,
18 보는 그와 같은 심판의 기록부가 있다
는 것, 그리고 심판을 위한 너희들의
생명록에 그 모두가 기록된다는 것을
너희들은 절대 잊지 말라 그리 전하라.

10,297 번째 하나님 말씀

2004년 4월 3일 11시 26분

1 사랑하는 나의 아들아!

2 "네, 아버님! 말씀하옵소서."

3 많고도 많은 나의 백성들이요, 피조물 너희들 중에 권세와 부귀와 영화와 재물을 가지고 있는 자, 너희가 왜 그리 선택되어 부귀와 영화요, 그 재물이 네 앞에 있으며 너희들이 그를 가지고 있는지를 알겠느냐?

4 그 모두는 다 나 여호와의 것이라 했음이니,

5 너희들이 지금 가지고 있는 자, 관리하는 자, 그와 같은 너희들이 어떠한 입장에서 어떠한 형태에서 네 앞에 재물을 가지고 살아가며 권세를 가지고 이 세상을 살아가는가, 그것부터 너희들이 알아야 될 것이며, 그 이치를 깨닫지 아니하면 아니 됨을 알라.

6 나 여호와가 재물을 갖고 있는 자, 너희들에게 내 재물을 맡긴 것은 무엇인 줄 알겠느냐?

7 너희들이 평생 동안 편하게 먹고 쓰며, 안일한 생활을 하며, 안일한 삶을 살아가도록 하기 위하여, 그리고 너희들이 그를 위해 대비하여 쌓아 두라 하여 너희들에게 재물을 내린 것이 아님을 알라.

8 너희들은 단순히 나의 재물을 관리하는 것뿐이니,

9 너희들이 관리하는 재물을 내가 너희들에게 맡긴 이유는 어렵고 가난하고 힘든 백성들에게 나누어 주라는 것, 내가 그리하여 너희들에게 관리하도록 맡겼다는 것을 알아야 될 것이니라.

10 그러니 과연 가진 자가 어렵고 힘든 백성을 위해 얼마나 그걸 베풀며 얼마나 나누어 주며 사는가?

11 내가 너희들에게 재물이요, 권세요, 모두를 맡긴 것은 어렵고 힘들고 가난한 백성, 너희들보다 못한 백성들에게 나누어 주며 그들을 보살피라 하여 내가 너희들에게 내려 준 것이니,

12 그들의 새로운 삶을 위해 너희들이 봉사와 희생으로써 모두를 되돌려 주는 그와 같은 삶을 살라 하여 너희들에게 맡겼음이니,

13 너희들이 과연 그와 같은 의미에서 쓰고 있는가 한번 돌이켜 보라.

14 그리고 믿음의 길을 가는 백성들은 과연 그런 자 없는가?

15 지금의 믿음의 길을 가는 백성들이 바리바리 많이 쌓아 놓은 자가 사랑을 하며 실천하며 산다 하는가?

16 저희들이 내 것을 관리하니, 그것은 누구를 위하여 내가 내려 주며 보관을 시키며 관리하도록 한 것인지 그 자체도 모르는 백성들이 지금 그를 가지고 오만방자하며 남용하는 자들이요, 인색하기 그지없는 백성들이니 그리 알라.

17 그러니 너희들이 그와 같이 내 재산을 남에게 나눠 주고 불쌍한 사람에게 전달하라는 전달자의 명을 주었거늘, 너희들이 중간에서 움켜쥐고 너희들이 너희 것으로 만들어 놓고, 쌓아 놓고,

18 저만 죽을 때까지 평생 동안 편안하고 안일한 삶을 살고자 욕심을 부리고 있는 자, 그리하여 너희들이 어떠한 벌

을 받으며 어떠한 형국인지 그 뜻을
알겠느냐?
19 그리하여 그 모두는 다 너희들이 이웃
을 구원하며, 어려운 자들에게 은혜를
베풀고 살도록 내가 너희들에게 명하
였거늘,
20 너희들이 그와 같은 은혜를 베풀지 아
니하며, 그와 같은 것을 베풀지 아니
하며, 그와 같은 것을 행하지 않는 삶
을 사는 것이니,
21 오로지 너희들에게 더 쌓아 놓고자,
더 이루고자 하는 욕심으로 나에게 기
도하며 나에게 더 이루어 달라 하는
자가 이 세상을 덮고 있으니,
22 얼마나 너희들의 그 죄악이 두려우며,
얼마나 네 욕심의 죄로써 그 대가를
치르는 것이 무섭고 두려운 것인가를
알라 그리 전하라.

10,298 번째 하나님 말씀

2004년 4월 3일 11시 30분

1 사랑하는 나의 아들아!
2 "네, 아버님! 말씀하옵소서."
3 나 여호와는 너에게 말하였느니라.
4 너희들이 부자요, 가난한 자요, 그 모
두가 구원의 길에 들어설 수 있으며
구원을 받을 수 있는 그와 같은 위치
에 있다 하였으며, 똑같이 구원의 길
에 오를 수 있다 내가 했음이니,
5 과연 이 뜻은 무엇이며, 내가 그들에
게 전하고자 하는 그 의미는 무엇인
줄 알겠느냐?
6 "네, 아버님! 아버님께서 성서에 기록
하신 그 뜻을 제가 이제 조금은 알 것
같사옵나이다.
7 부자와 가난한 자, 모두가 구원의 길
에 들어설 수 있으며 구원을 받을 수
있다는 것, 그 뜻은, 아버님, 가난한
자에게는 어떠한 계산이요, 계산법을
적용하지 말며, 무조건 도와줄 수 있
는 그와 같은 마음이요, 나눠 줄 수 있
는 마음을 갖고 살라 하였음이니,
8 그리하여 가난한 자와 가진 자, 모두
가 구원을 받을 수 있으며 구원을 받
는 길이요,
9 그리고 무조건 계산 없이 나눠 주는
것, 무조건적인 지원이요, 봉사와 관
심이며, 무조건 돌봐 주는 것,
10 그와 같은 행위를 하는 것이 곧 하늘
에 오르는 길이요, 아버님의 뜻을 따
르는 백성이요,
11 2천 년 전에 피의 고통으로써 모두를
전하고 역사하고자 했던 예수님의 길
이요, 그를 따라가는 길이라 저는 그
리 생각하며,
12 그것만이 하늘에 오르는 반석 위에 서
서 빛을 볼 수 있는 길이라 저는 그리
생각하며, 그것이 당연히 구원을 받을
백성이요, 구원을 받을 자는 그와 같
이 행하는 것이라 저는 그리 생각하고
있사옵나이다."
13 사랑하는 나의 아들아! 그러하니라.
14 나는 부자와 가난한 자, 모두를 똑같
이 구원받을 수 있는 자격을 부여했느
니라.
15 그러니 부자는 가난한 자에게 나누어
주며 베풀어 주는 것, 저 자신에게 쌓
아 놓고자 하지 아니하는 것으로써 저
희들이 나에게 구원을 받을 수 있으며,

16 저 자신의 평생의 삶을 위하여 쌓아
놓고자 하는 자는 구원을 받을 수 없
음이니,
17 바로 살아가는 자, 부자요, 가난한 자
가 똑같이 다 구원의 길에 들어설 수
있는 똑같은 조건으로써 나의 백성들
을 세상에 살아나가도록 했음을 너는
알고 있었음이니, 또한 그것이 정답이
며 나 여호와의 뜻이니라.
18 그러니 그와 같은 것은 무엇이더냐?
19 가지고 있는 자가 구원을 역사하고자
한다면, 계산하지 아니하고 가난한 자
에게 무조건 도와줄 수 있는 마음이요,
20 그리고 따지지 말며 시시비비하지 말
며 도와주는 것, 그리고 나눠 주는 것,
무조건적인 지원이요, 봉사와 관심이
요, 그리고 무조건 돌봐 주는 그와 같
은 아름다운 마음을 갖는 것,
21 그것이 나에게 올 수 있는 길이요, 내
뜻을 역사하는 백성이라는 것, 너희들
은 그를 알고 그리 행하고 실천하는
삶을 살아가도록 그리하라.

10,299 번째 하나님 말씀

2004년 4월 3일 11시 46분

1 사랑하는 나의 아들아!
2 "네, 아버님! 말씀하옵소서."
3 너를 따르는 제자들이요, 나의 법전을
읽고 변하는 길에 들어서는 너희들은
이제 차원 높은 자신의 훈련에 돌입하
며, 너희들이 한 계단 더 나아가는 삶
을 살지 아니하면 아니 됨이니라.
4 내가 뭐라 하였느냐, 내가 선한 것은
만 개를 내려보냈으며 악한 것은 백
개를 내려보낸 그 비율로써 악과 선을
세상에 내려보냈다 하나,
5 백도 안 되는 그 모든 악이 만도 넘는
선을 다 지배하여 이 세상이 온통 죄
의 온상으로 변해졌으며,
6 그리하여 너희들이 눈을 뜨고 보고 마
시는 것, 그리고 너희들이 접하는 것,
그 모두가 죄의 때가 묻지 아니한 것
이 없으며, 죄의 고리로써 연결되지
않은 것이 없는 이와 같이 험악하고
험악한 세상이 되었음이니라.
7 하루 종일 너희들이 논밭에 가서 일을
하고 네 몸을 씻음이니, 그 흙먼지가
얼마나 흘러내리더냐?
8 그와 같은 것보다도 이 세상에 살아가
는 너희들의 그 죄요, 너희들이 같이
해서는 안 되는 것, 받아들여서는 안
되는 것이 너희들의 몸을 그리 감싸고
있으며 그리 오염시키고 있음이니, 그
속에서 견디고 사는 것이 얼마나 어렵
고 힘든 것인가?
9 그와 같은 세상 속에서 견디고 이겨야
되는 것이 나의 아들을 따르는 제자들
이요, 나의 법전을 읽은 나로부터 선
택된 백성 너희임을 알아야 될 것이니
라.
10 하루 종일 들녘에서 일하고 난 농부
가 물로 씻음이니, 얼마나 흙먼지요,
냄새가 나겠는가?
11 그리고 얼마나 많은 것을 씻어 내야
되더냐?
12 그것보다 더한 것이 오늘 하루의 삶
에 너희들에게 죄가 얽히는 것이며,
악한 것을 너희들이 접하고 사는 것
이 그 먼지의 두께보다도 몇십 배 더

두꺼운 것으로써 이 세상이 다 오염
되어 있으며, 너희들을 그리 오염시키
고 있음이니라.
13 그러니 이제 나의 아들을 따르는 제
자, 너희들은 눈으로 보이되 그를 보
지 아니함이 되어야 될 것이며,
14 눈에 들어오는 그 모두를 너희들은 보
고 있되 네 마음으로써는 보지 않는
그와 같은 너희들이 되어야 될 것이며,
15 귀로는 모든 것이 들려오되 그 귀로
듣는 것이 없는 그와 같은 제자들로서
거듭나며, 그 훈련에 돌입하지 아니하
면 아니 됨을 네가 그들에게 깨우쳐
주라.
16 네가 보아도 보지 아니하며 들어도 듣
지 않는 그와 같은 훈련의 경지에 올
랐듯이, 너의 제자들도 다 그와 같이
가르치지 아니하면 아니 됨을 알라,
사랑하는 나의 아들아!
17 이와 같은 말을 할 때, 모든 백성들은
웃을 것이며 정신 나간 자라 하며, 본
것을 어찌 보지 아니하며 들은 것을
어찌 듣지 아니하느냐 그리 말할 것
이니라.
18 너희들의 육의 눈은 열려 있으며 육
의 귀는 열려 있으나, 너희들이 정녕
네 마음의 눈과 귀를 절대 열지 말도
록 그리하라, 사랑하는 나의 아들딸들
아!
19 너희들의 육의 눈은 열며 육의 귀는
열되, 너희들의 영혼의 귀와 눈은 절
대 열지 말라.
20 이 험악한 세상 속에 너희들이 보는
추악한 모습을 보고 추악한 말들을
듣는 것을 네가 육으로써 보며 육으
로써는 들으나, 그것으로써 너희들이
단절시키며,
21 네 영혼에까지 그를 전달하지 말며,
네 영혼의 눈을 뜨지 말며 영혼의 귀
를 열지 말도록 하며, 절대 열어서는
아니 됨이니, 그 훈련에 돌입하도록
그리하라.
22 너희들이 영혼의 눈이 보지 아니하며,
영혼의 귀가 듣지 아니하면, 너희들이
육으로써 듣고 보는 것, 그 모두를 다
막을 것이며 그를 다 차단할 수 있을
것이니, 그것이 너희들과 무관함을 알
게 될 것이니라.
23 아무리 험악한 것을 봐도 너희들이 영
의 눈을 감고 있으면 그것을 보는 둥
마는 둥 하며,
24 어떠한 유혹이 너희들을 유혹한다 해
도 그것이 다 부질없는 것이며 너희들
에게 와 닿을 수가 없는 것이며, 어떠
한 유혹이요, 어떠한 추한 것도 너희
들이 듣지 아니함이니,
25 절대 육으로 보고 육으로 듣되, 영혼
의 귀와 눈을 열지 말도록 하라, 사랑
하는 나의 아들딸들아!
26 그를 닫아 놓으면 아무것도 아니니라.
27 반쪽을 듣고 반쪽을 가지고 무엇을 이
룰 수 있단 말이냐?
28 그를 행하며 그와 같이 실천하는 훈련
에 돌입하도록 그리하라.
29 욕정이요, 욕망이요, 그 모두는 다 네
영혼의 마음을 열지 아니하면 되는 것
이니라.
30 네 마음의 문을 절대 열지 말고 닫아
두라.
31 그러면 네 마음의 문을 열지 아니함이

니, 그 단단한 벽은 어떠한 것으로써
도 열 수가 없으며 뚫을 수도 없음이
니,
32 아무리 육의 세상에서 보고 부딪친다
해도 너희들이 행함이 없으니, 그를
따르지 아니하며, 그를 즐겨 하지 아
니하며, 그를 경배하지 않는 당당한
모습으로 설 수 있음이니 그리 전하
라, 사랑하는 나의 아들아!
33 그리고 그 훈련에 돌입하여 이제 너희
들이 한 계단 더 나에게 오는 백성이
요, 하늘에 오르는 길을 볼 수 있는 영
광을 얻으라 그리 전하라.

10,300 번째 하나님 말씀

2004년 4월 3일 11시 51분

1 사랑하는 나의 아들아!
2 나 여호와가 너희들에게 그리 말하였
느니라.
3 사랑을 행하라, 그것이 하늘에 오르는
길이요, 나 여호와의 본체가 사랑이
라, 그리고 사랑으로 역사하는 것이
너희들이 하나가 될 수 있으며, 이 세
상 모든 것에 사랑이 으뜸이라, 그리
하여 너희들이 듣기 싫을 정도로 나
여호와가 그리 깨우쳐 주고 전한 사랑
이 아니더냐?
4 그러니 사랑의 행함이라 했으니, 너희
들은 과연 그 사랑의 행함은 어떠한
것이 사랑의 행함인지 알고 있느냐?
5 너희들은 나로부터 듣기 싫을 정도로
들은 소리가 사랑을 행하라, 사랑으로
실천하라, 하나가 되라, 그것이 나에
게 오르는 길이요, 천국에 오르는 길
이라 가르쳤음이니,
6 그 소리를 듣고 들은 모든 백성, 너희
들은 과연 사랑이 무엇이며 사랑이 역
사하는 것이 무엇이더냐?
7 너희들은 알아야 될 것이니라.
8 지금 모든 종교 집단이요, 그 믿음의
길을 가는 백성들, 그리고 나의 아들
을 따르는 너희들도 사랑이란 말로 하
는 것이라, 그리고 말로써만 사랑을
하며, 이론으로써 사랑을 하며, 이론
으로써 사랑의 역사가 이루어지는 것
이라는 그와 같은 착각 속에서 살아가
는 것이 아니더냐?
9 이제 나의 아들을 따르는 제자 너희들
은 가슴에 깊이 새기라.
10 너희들이 사랑이란 것은 무엇이더냐?
11 네가 소유하고 있는 가장 소중한 재물
이요, 귀한 것들을 너희들이 한계에
따라서 나눠 줌과 희생을 통하여 나타
내 보이는 그 행동이 곧 사랑이니라.
12 그러니 너희들이 가지고 있는 소유물
을 적당한 한계의 선에서 나누어 주
되, 주저하지 아니하며 희생을 하여
봉사하는 것을 너희들이 그 모두를 행
하는 것으로써 역사하여 나타내는 것,
13 그리고 실제로 그를 받을 수 있는 것,
그를 나눠 줄 수 있는 것, 그리고 감사
하는 마음을 가질 수 있는 그와 같은
너희들의 그 행동에서 역사하는 것이
곧 사랑이라는 것을 잊지 말라 전하라.
14 소유물의 희생과 나눔이 따르지 않는
것은 진정한 사랑이 아니라는 것을 전
하라.
15 그리하여 어렵고 힘든 이웃에게 너희
들이 새로운 길을 열어 주고 새출발을

할 수 있는 능력과 새출발을 할 수 있
는 모든 터전을 선사하는 것, 그와 같
은 너희들의 마음의 행함이 진정한 나
의 사랑이라는 것을 그리 전하라.
16 그러나 지금의 믿음의 길을 가는 그
백성들이 과연 가진 자가 없는가?
17 그리고 소유한 자가 쌓아 놓고자 영원
히 죽을 때까지 저희 자손만대에 편안
하고 안락한 삶을 살겠다는 그 사악한
욕심으로써 쌓아 놓은 것을 더 지키기
위하여 나에게 기도하며, 그걸 더 얻
기 위하여 나에게 기도하며 울고불고
하는 그와 같은 행위는 과연 하지 않
는가?
18 너희들의 소유물의 귀한 것을 나눠 주
며 베풀어 주는 것, 그것이 사랑이요,
내가 원하는 가장 소중한 것이라 하였
거늘,
19 가진 자가 더 원하며 갖고 있는 자가
더 얻기를 원하는 그와 같은 믿음으로
가는 오늘의 종교 집단이요, 신앙생활
을 하는 백성들은 없는가?
20 그러면서 너희들이 나에게 구원을 받
았다며 울고불고 광란의 짓을 하는 백
성은 과연 없는가?
21 나눔에는 인색하며, 베풂에는 인색한
자, 그리고 나누며 너희들이 베풀어야
할 때, 저는 모르며 저와는 관계없다
고개 돌리고 외면하는 자,
22 제 소유물 하나를 내놓지 못하는 자들
이 죽을 때까지 교회요, 성전이요, 성
막에서 울고불고 애걸복걸하는 것이
무엇이더냐?
23 그러면서도 구원이요, 너희들이 나에
게 오르겠다 생각하는 어리석은 그 백
성들, 나의 법전을 그들의 가슴에 전
해 주어 그들을 깨우치도록 그리하라,
사랑하는 나의 아들아!

10,301 번째 하나님 말씀

2004년 4월 3일 11시 59분

1 사랑하는 나의 아들아!
2 "네, 아버님! 말씀하옵소서."
3 수천 년 동안 흘러온 믿음의 길을 가
는 백성들이요, 그리고 나의 아들 예
수요, 나의 이름을 빙자하여 장사해
온 그들, 그리하여 부귀와 영화를 누
리며 살아온 그 사악한 백성, 그들을
따라가는 백성들에게 이제 너희들이
모두를 가르쳐 줘야 될 것이니라.
4 너희들은 설교를 듣는 것, 그리고 주
일이라는 것을 지키는 것, 그와 같이
그 강론을 경청하는 것이 너희들이 봉
사하는 것, 어렵고 힘든 사람에게 희
생하는 것보다 더 소중하고 귀하고 위
대한 것이라 지금 가르치고 있음이니
라.
5 그러니 너희들이 봉사와 희생이라는
것보다도 우월하다 가르치는 것이 바
로 주일 예배라는 것을 참석하며, 주
일을 지키며, 그리고 금화와 은화를
바치는 그것보다도 더 귀하고 소중한
것이 없다 하며,
6 봉사와 희생보다도 그것이 더 중한 것
이라 지금 가르치는 생각, 그와 같은
지도자들의 가르침에서 이제 그를 타
파해야 되며, 그를 벗어나지 아니하면
아니 됨을 알라.
7 너희들은 봉사와 희생이요, 어려운 자

를 돕는 것, 그것이 나의 강론이요, 나
의 설교를 듣는 것보다도 더 위대하고
귀중하다는 것을 알라.
8 너희들은 설교를 경청하는 것보다도,
주일을 지키는 것보다도 더 소중하고
귀한 것은 절대 없음이니, 이를 지키
지 아니하는 자는 나로부터 체벌을 받
으며 그 죄의 대가를 받는다 하여 그
들을 공포 분위기로 그리 몰고 가고
있음이니, 너희들은 들으라.
9 나의 아들은 그리 가르치느니라.
10 너희들이 인간 세상의 만남이 소중하
며, 인간 세상의 약속이 소중하며, 인
간 세상의 네 부모와 형제의 만남도
소중함이니,
11 너희들이 강론이요, 설교는 오늘 아니
면 내일 들을 수 있으며 남을 통하여
들을 수 있는 것이니,
12 너희들이 그보다도 봉사와 희생을 할
수 있는 것, 그리고 이웃을 위하여 역
사하는 것이 더 소중하다 그는 강론하
며 그리 가르침이니, 너희들은 이와
같은 뜻을 받아들이는 백성이 되어야
될 것이니라.
13 물론 나의 아들도 그리 말하느니라.
14 너희들이 강론을 들어서 깨우치는 것,
나의 법전을 가슴에 안고 정독하는
것, 그 모두도 다 소중하며, 희생의 그
모두도 다 소중하여 우열을 가릴 것이
없다 그리 말하니,
15 동등한 입장에서 너희들이 우선순위
를 찾아 역사하고 먼저 행하도록 하라
그리 나의 아들이 가르치고 있지 않던
가?
16 그러나 너희들은 그 모두를 접어 두
고 우열을 구분하며, 우선순위를 정
하고,
17 너희들이 그 주일이요, 모두를 지키기
위해서는 봉사와 희생이요, 인간관계
의 그 모두를 다 저버리고 신뢰를 저
버린다 해도 그것만은 지키는 것이요,
18 지키지 않을 때 나 여호와로부터 체벌
을 받는다 너희들이 그리 가르침이니,
이게 얼마나 잘못된 것이란 말이더냐?
19 내가 나의 아들에게 기록하여 너희들
에게 전했느니라.
20 너희들이 마리아와 마르다의 그 자매
에게 나의 아들 예수가 내린 성경의
구절을 가지고 너희들이 경청하는 것,
강론을 듣는 것, 주일을 지키는 것, 제
물을 바치는 것이 가장 위대하고 소
중하다 그리 말하느니라.
21 나의 말을 경청하는 마리아요, 그리
고 모든 일을 봉사하는 마르다가 그와
같이 했을 때, 그 마르다가 마리아에
게 같이 도우라 할 때, 내가 그 마리아
에게 그리 말하지 아니하였느냐?
22 네가 선택한 몫이 잘 선택했으며, 네
가 그를 듣고 역사하는 것을 잘 선택
했노라 내가 그리 말하며, 하나밖에
없는 귀중한 것을 너는 선택했다 했음
이니,
23 나는 그게 마르다가 봉사하는 것이요,
마리아가 나의 뜻을 경청하는 것을 우
열이요, 한계를 둬서 말한 것이 아니
니라.
24 내가 성서에 나의 법전에 뭐라 전하여
기록했더냐?
25 마르다가 마리아를 책망하니, 그 말을
듣는 마리아가 얼굴 붉히며 당황하여

어찌할 줄 모르니, 그 마음을 위로해
주고 달래기 위한 것이요,
26 그리고 마르다의 수고함에 내가 또한
그를 달래 주고자 하는 그와 같은 의
미에서 그와 같은 말을 했다는 것을
너희들은 깨우쳐야 될 것이니라.
27 그러니 여기서 마리아가 듣는 것과
마르다가 역사하는 것이 누가 높고 낮
으며 귀하고 소중하다 우열을 가르쳐
서 전한 것이 아니요,
28 두 사람의 마음을 편안하게 해 주며
서로를 위로해 주며 서로의 입장을 편
히 정리해 주기 위하여 전한 나의 뜻
이며, 내가 나의 아들을 통하여 전해
준 뜻이요, 나의 아들이 전한 그와 같
은 뜻이거늘,
29 너희들이 그를 모르고 마르다가 한
일은 별것 아니요, 마리아가 경청한
것만 위대한 것이요, 소중한 것이요,
30 그리하여 너희들이 주일을 지키며, 그
주일에 빠지는 자는 죄를 택한 것이
며,
31 가장 위대한 것을 너희들이 지키는 것
이 설교를 듣는 것이며, 주일에 와 헌
금을 바치며 재물을 바치며 울고불고
하는 것보다 더 귀하고 소중한 것이
없으며,
32 너희 부모 형제요, 약속이요, 언약이
요, 그 모두를 저버려도 관계없다 그
리 가르치는 것이 오늘의 너희들이니,
33 그 우열이 없다는 것을 알라 그리 전
하라.

10,302 번째 하나님 말씀

2004년 4월 3일 12시 04분

1 사랑하는 나의 아들아!
2 "네, 아버님! 말씀하옵소서."
3 나의 아들을 따르는 제자들이요, 그
만백성이요, 그리고 나의 법전을 읽고
깨우친 백성들에게 내가 전했느니라.
4 누가 뭐라 해도 이 험악한 세상이 죄
로써 모두가 덮여 있는 이 세상이요,
5 너희들이 움직일 때, 농부가 하루에
밭에 가 일한 것보다도 더 두꺼운 오
염을 묻혀 오는 것이 너희들의 오늘의
삶이요, 이 험악한 세상이라 했느니라.
6 그러니 이 험악한 세상에서 나로부터
선택된 백성, 너희들만큼은 사랑을 나
눠 주는 백성이요, 그저 대가 없이 사
랑을 파는 그와 같은 백성이요, 그리
고 희망을 나눠 주는 백성이요, 대가
성 없이 희망을 파는 그와 같은 백성
으로서 살아가야 되는 것이 너희들이
라 했음이니라.
7 오늘 내가 나의 아들을 통하여 너희들
에게 명함이니, 한 계단 더 전진한 백
성, 너희들은 어떠한 모습으로 살아가
야 되는지 알겠느냐?
8 정녕 나의 법전을 갖고 너희들이 만백
성을 구하며, 그들을 구하는 전사로서
세상에 나가 역사를 할 것이며, 사랑
을 전하는 자요, 사랑을 파는 자요, 희
망을 나누는 자요, 희망을 파는 너희
들은,
9 조용한 미소로써 어떠한 것도, 어떠한
어려움이요, 고통도, 시기 질투함도
그 모두를 가슴에 안을 수 있는 것,

10 그리고 소리 없이 너희들이 스스로 나
오는 아름다운 그 미소를 선사할 수
있는 그와 같은 마음 자세로써 거듭나
지 아니하면 아니 됨이니라.
11 사랑하는 나의 아들을 따르는 제자들
이요, 나의 법전을 읽고 깨우친 만백
성, 너희들은 훈련에 또 훈련을 거듭
하여, 조용한 미소요, 그 미소야말로
모두를 감싸는 포근하고 아름다운 그
미소요,
12 더욱이 소리 없이 스스로 너희들의 가
슴속에서 나오는 그 아름다운 미소를
만백성에게 선사할 수 있으며,
13 그 미소로써 모두를 녹이며 모두를 감
쌀 수 있는 그와 같은 백성으로서 너
희들이 변하지 아니하면 아니 되며 거
듭나지 아니하면 아니 됨이니라.
14 어떠한 고통과 어떠한 독한 훈련이
있다 해도 너희들이 이 고비를 또한
넘겨야 될 것이니 그리 알라.
15 이제 너희들이 사랑을 나누며 사랑을
팔며, 희망을 나눠 주며 희망을 파는
것, 그리고 만백성의 잘못된 것을 사
랑으로 덮어 주는 그와 같은 훈련은
너희들이 되어 있음이니라.
16 그러니 너희들이 하늘에 오르는 길이
요, 만백성을 구하는 자요, 이제 160
권의 법전이 세상에 나왔을 때 이름이
기록되는 자, 이는 영원히 하늘나라에
기록됨이니,
17 너희들이 잘못되며 너희들이 무너졌
을 때, 이를 보고 찾는 자, 그 백성들
이 과연 무엇을 배우며, 천년만년 그
후손들이 과연 무엇을 보고 깨우친단
말이더냐?
18 그러니 너희들이 완벽해야 되며 완전
하게 되는 2단계의 훈련은 조용한 미
소를 짓는 너희들의 그 풍요롭고 아름
다운 모습으로써 너희들이 스스로 나
오는 그 아름다운 미소요, 진실된 미
소요, 그 모두를 너희들이 선사할 수
있는 백성이 되라.
19 어떠한 환경과 어떠한 여건 속에서 너
희들 스스로 나오는 진지하고 아름다
운 그 미소를 선사하는 나의 아들딸로
서 거듭나는 이 훈련을 마치라.
20 그러면 내가 너희들에게 내리는 또다
시 하나의 고비를 넘기는 그 대명이
기다리고 있음이니, 그를 또 넘고 또
넘어야만 됨이니 그리 알라, 사랑하는
나의 아들딸들아!
21 그것만이 나에게 모두를 역사하는 것
이요, 나로부터 은혜요, 내가 내린 자
격증을 하나하나 너희들이 완수하는
것이라는 것을 잊지 말라 그리 전하라.

10,303 번째 하나님 말씀

2004년 4월 3일 12시 10분

1 사랑하는 나의 아들아!
2 “네, 아버님! 말씀하옵소서.”
3 이제 너를 따르는 사랑하는 제자들이
요, 나의 아들딸 그 백성들에게 너는
그들의 고집이요, 그 옹고집, 그리고
너희들의 인내요, 그 모두를 싸워서
이길 수 있는 그 결집으로 뭉쳐질 때
가 되었다 그리 전하라.
4 이제 너희들이 나의 법전 160권이 세
상에 나와 이를 전하고 역사하는 길이
얼마나 어렵고 힘들게 넘어야 할 길

이더냐?
5 그 모두를 너희들이 역사하여 답을
얻을 수 있는 것, 그 모두를 이루기 위
해서는 너희들이 고집 없이는 아무것
도 이룰 수 없음이니라.
6 그 고집이요, 너희들의 인내심이 없
이, 그 오기가 없이는 너희들이 그 영
광의 길을 맞이할 수 없으며, 그를 이
룰 수 없으며, 그 은혜를 너희들이 받
을 수 없음이니, 모두가 무너지며 모
두가 도태됨이니라.
7 너희들이 나의 아들 예수의 제자들이
등을 돌린 것, 그리고 그가 배신했던
것을 너희들은 책을 통해 읽으며, 유
전으로써 들으니 아무것도 아니나,
8 그들이 그와 같은 길을 갔던 것은 너
희들이 오늘에 고집을 부리지 못하며
인내하지 못하여 쓰러진다는 것보다
그들은 더 어렵고 힘든 그 길에서 견
디지 못하였음이니라.
9 그러니 너희들이 얼마나 고집스러우
며, 그 고집을 지키며 인내하고 좌절
하지 아니하는 마음으로 굳게 뭉쳐져
야 하겠는가?
10 그리하지 아니하면 너희들은 내가 이
루고자 하는 그 답을 볼 수 없으며, 너
희들이 구원하고자 하는 것을 얻을 수
없으며, 영광의 그날을 결코 맞이할
수 없는 것이니, 너희들이 고집이 없
이는 영광의 어떤 것도 이룰 수 없음
이니라.
11 그러니 거듭나는 그 영광의 크나큰
날을 위하여 너희들이 오늘 작은 손해
를 보는 것에 견디지 못하여 그 영광
을 버리는 어리석은 백성으로서 가지
말라 전하라.
12 지금 너희들이 작은 이익의 이 세상사
의 그 모두를 잃는다 해서, 욕구가 충
족되는 것이 그저 빠져나간다 해서,
너희들이 그 욕구를 충족시키는 것을
잡으려 해도 잡지 못한다 해서 너희들
이 그 모두를 버리고 무너지는 그와
같은 백성이 되어서는 아니 되느니라.
13 이제 너희들이 나의 법전을 만들어 이
세상에 전하는 것, 그리고 너희들의
이름이 영원히 나의 법전에 기록되어
만백성이 너희들의 복음서요, 너희들
의 살아온 것을 보고 바로 서고 바로
설 수 있도록 너희들이 그 모든 영광
을 얻고자 하며,
14 영원히 거듭나는 나의 나라에 와 내
앞에 너희들이 웃음으로써 나를 맞이
할 수 있는 그날을 위하여 너희들은
똘똘 뭉쳐진 고집이요, 그리고 인내심
이요, 그것이 이제부터 필요한 때가
되었으며, 이제부터 정녕 그것이 너희
들에게 필요한 때이니, 여기에 무너지
지 말라.
15 너희들이 이제는 인내로써 고집을 피
울 때가 되었으며, 너희들이 싸울 때
가 되었음이니라. 그를 위하여 너희들
이 싸우는 백성이 되어야 되느니라.
16 그렇지 않으면 너희들이 모두가 무너
짐이요, 앞으로 오는 그 환란은 감당
키 어려울 것이니, 너희들은 때로는
불 속을 뚫어야 될 것이며, 범람하는
홍수의 강을 건너야 될 것이며, 그 누
구도 대들 수 없으며 그 누구도 역사
할 수 없는 그 길을 너희들은 넘어야
될 것이니라.

17 그러니 너희들이 앞으로 나아가 그
모두를 당당히 헤쳐 나갈 수 있는 것
은 오늘의 너희들이 고집된 훈련이요,
고달픈 훈련이요, 인내의 훈련으로써
굳건히 뭉쳐지지 아니하면 너희들이
결코 그 길을 갈 수 없을 것이니라.
18 나의 법전을 만들기 위해 모두를 다
바치고 던지겠다는 그 고집과 인내로
써 뭉쳐진 자는 그 홍수가 너희들을
휩쓸어 가지 못할 것이며, 그 불길이
너희들을 태우지 못할 것이니라.
19 정녕 성령으로 임한 자는 너희들이
불길이요, 바람이요, 그 모두가 1미터
이상 너희들에게 접근하지 못하며 보
호막이 쳐진다 했음이니,
20 그를 믿는 자, 홍수 앞에 뛰어들고 자
신 있게 건널 것이며, 불바다 속을 너
희들이 '나를 따르라!' 외치고 나갈 것
이니,
21 지금 너희들의 고집과 인내요, 그것이
뭉쳐질 때며, 그를 위하여 너희들이
싸우는 싸움에서 승자가 되어야 된다
는 것을 잊지 말라.
22 고집과 인내가 이제 필요할 때이니
그리 알라.

10,304 번째 하나님 말씀

2004년 4월 3일 23시 46분

1 사랑하는 나의 아들아!
2 "네, 아버님! 말씀하옵소서."
3 믿음의 지도자요, 믿음의 길을 간다는
백성이 너의 제자에게 그리 물었다 하
였느니라.
4 너희들이 율법이라는 것을 어설프게
지키며, 율법을 제대로 지키지 못하
며, 그를 지키겠다고 하는 자, 그리고
지키고 산다고 노력하는 자,
5 그는 너희들이 나에게 죄를 짓는 것이
며, 용서받지 못하는 것이며, 나 여호
와를 기만하는 것이요, 나를 우롱하는
것이라 그리 말하였다 했느니라.
6 그리하여 율법을 어설프게 지키느니
차라리 안 지키는 것이 나으며, 지킨
다는 그와 같은 말로 나 여호와를 기
만하지 말며, 하늘을 능멸하는 짓을
하지 말라 그리 말하였다 하니,
7 내가 그 대답을 주고자 함이니 너희들
은 알라.
8 너희들이 모든 경기를 하는 것이요,
운동 시합을 하는 모든 선수가 완벽하
며 세상에 저를 대적할 선수가 없다는
것을 완전히 안다면, 저희들이 뭐하러
연습을 하며 피나는 노력을 하겠느냐?
9 결코 노력을 할 필요가 없는 것이 아
니더냐?
10 너희들이 믿음이요, 그 모두가 완벽하
다면, 오늘의 신앙생활을 할 필요가
없음이니라.
11 너희들이 완벽하지 못하며 부족하기
에 노력하고 연구하는 것이며, 그리고
완벽하기 위하여 그 길을 가는 것이
아니더냐?
12 그러니 오늘의 모든 종교 집단이요,
그 종교 지도자요, 믿음의 길을 가는
자들이 단상에서 그와 같이 가르치며,
그와 같이 너희들이 노력하는 자를 바
보요, 내 뜻을 거역하는 자요, 하늘로
부터 벌을 받는 자요, 중죄인처럼 그
리 취급하니,

13 그리하여 완벽한 것을 지키지 못하며,
지킨다 말하지 말며, 노력하지 말라
그리 말하느니라.
14 너희들이 완벽하면 왜 노력할 필요가
있으며, 완벽하다면 왜 지금의 너희들
이 회개하며, 죄 속에서 살며 울고불
고 그와 같은 믿음의 신앙생활을 하겠
는가?
15 너희들은 들어야 될 것이니라.
16 밀림의 짐승들이 새끼를 낳음이니, 그
가 완벽하게 걷지 못하고 뛰지 못함이
니,
17 그가 그저 완벽하지 못하기에 일어서
서 비실비실하며 어미의 젖을 먹으며,
어미를 따라 걸음마를 하지 않는다면
그는 결국 어찌 되겠느냐?
18 제가 완벽하게 걷지 못하니 뛰지 못한
다 하여 그대로 주저앉았다면, 그는
그를 노리는 맹수의 밥이 되고 말 것
이니라.
19 그는 완벽하지 못해도 비틀비틀 일어
서며 또 일어서는 연습을 거듭함으로
어미의 젖을 물 수 있으며 어미를 따
라갈 수 있음이니,
20 그리하여 그가 달려가는 노력에 의하
여 맹수로부터 그의 생명을 보호하며
제가 살아날 수 있는 것이 아니더냐?
21 그가 과연 완벽하지 못하다 하여 걷
기 위하여 노력하는 연습을 하지 않
는다면, 그리고 앉아 누워 있기만 한
다면,
22 그 어미는 정녕 그를 지키기 위하여
맹수와 싸워서 이길 수 있으며 끝까
지 거기를 지탱하고 견딜 수 있겠는
가?
23 그는 결국 맹수의 먹이가 되고 말며
그 어미도 또한 먹이가 될 수밖에 없
지 않더냐?
24 그러니 너희들이 완벽하지 아니하기
에, 완벽하게 지킬 수 없는 율법이요,
그리고 성서요, 계명이요, 이것을 지
킨다 그리하지 말라 함이니,
25 어미의 뱃속에서 금방 세상에 나온
밀림에 있는 짐승의 새끼가 살아나기
위해서 비실비실 일어나고 걷고 또 노
력하는 것이 너희들이 완벽하지 못하
기 때문에 그와 같이 비실비실 일어
서며 연습하고 가는 것이니라.
26 나 여호와가 너희들이 완벽하지 못한
백성이기에, 너희들이 완벽해지려고
일어서서 비실비실 걷는 것, 그리고
노력하는 그 모습을 바라보는 나 여호
와의 기쁨이요, 그것보다 더 이상 행
복하고 즐거움이 없거늘, 너희들이 자
식을 낳는 것, 또한 그러하지 않더냐?
27 그 자식이 걸음마를 배우며 걷기 시작
할 때, 너희들이 재롱이요, 그들을 보
는 기쁨이 어떠하던가?
28 완벽하지 아니한 것이 노력하지 아니
하면 어찌 이루어진단 말이더냐?
29 완벽하지 못하기 때문에 노력하고 또
노력하는 것이니라.
30 그러니 그와 같은 말을 하는 자들이
나의 피조물 만백성을 지옥으로 이끌
어 가는 사탄이요, 마귀니, 너희들은
그리 대답하라.
31 너희들이 완벽하지 못하기에 그리 노
력하며 지키려 하는 것이 죄라 함이
니, 그리하지 않는 것이 나로부터 버
림받는 자요, 사탄이요, 너희들이 그

러하니라.
32 맹수에게 먹히는 짐승의 새끼처럼, 그
리고 사탄의 먹이가 되도록, 사탄의
자식이 되도록 너희들이 그리 지금 유
도하고 가르치는 것이라 그 답을 그리
주라, 사랑하는 나의 아들아!
33 정녕 나의 아들을 따르는 제자들이요,
그리고 나의 법전을 읽은 너희들은 완
벽하지 못함이니라.
34 완벽하지 못하며 완벽하게 지킬 수 없
기 때문에 그 길을 가기 위하여, 너희
들이 완벽하기 위해서 오늘의 노력이
요, 그 고통을 겪느니라.
35 그러니 완벽하지 못한 자가 노력하는
것이 어찌하여 죄더냐?
36 그를 바라보는 나 여호와의 기쁨이
이루 말할 수 없거늘, 너희들이 완벽
하지 아니하기에 그저 그 자리에 앉
아서 맹수에게 먹히기를 바라는, 죽어
가기를 바라는 그와 같은 것으로써 지
금 나의 피조물 만백성을 인도하며,
하늘의 역사하는 길을 인도한다 하는
것이 그 사탄들이니라.
37 그러면서 너희들이 노력하지 말라, 변
하지 말라 하는 것이니라.
38 그저 성령으로 임하여 모두가 역사하
고 모두가 임할 때 너희들이 모두 완
벽한 사람이 되는 것이지, 인간의 노
력으로써는 완벽하게 되지 못한다 그
리 말함이니,
39 이것이 감히 사탄들이 하는 소리라는
것을 알며, 너의 제자들은 그와 같은
소리를 하지 말라.
40 완벽하지 못하기에 노력하며, 완벽하
지 못하기 때문에 완벽하고자 피나는
노력을 하여, 너희들이 나로부터 구원
을 받으며 상을 받는 것, 그리고 나에
게 올 수 있는 길이라는 것,
41 그 누구도 완벽하지 아니하니, 너희들
이 완전하지 못하며 완벽하지 않은 자
가 완벽하고자 노력하지 아니하고 어
찌하여 너희들이 완전한 사람이요, 완
벽한 백성이 될 수 있단 말이더냐?
42 이 이치 하나를 보더라도 그들이 사탄
이요 마귀가 되어, 저희들이 하는 말
이 무슨 말이며, 나를 능멸하며 나를
욕되게 하는 말인지 아닌지를 모르고
함부로 하는 자들이니,
43 그들의 대답에 그리 전하여 주라, 사
랑하는 나의 아들아!
44 맹수의 새끼가 세상에 나왔음이니, 완
벽하지 못해 일어서려 하지 아니하고
어미의 젖을 먹으려 하지 아니하고 그
를 따르려 하지 아니하면 그 결과는
무엇이냐, 그리 답을 주도록 하라, 사
랑하는 나의 아들아!

10,305 번째 하나님 말씀

2004년 4월 3일 23시 55분

1 사랑하는 나의 아들아!
2 "네, 아버님! 말씀하옵소서."
3 너희들은 지도자라는 것이 얼마나 중
요하며, 더욱이 만백성을 구하는 종교
지도자의 그 자세요, 그 삶이 얼마나
중요하고 귀하더냐?
4 그리하여 나의 법전에 수없이 기록하
여 전했느니라.
5 종교 지도자는 한 점의 부끄러움이 있
는 삶을 살아서는 아니 된다, 그리고

유리로 비쳐 봐서 투명한 자세로써 살아가지 아니하면 절대 종교 지도자라 할 수 없다 내가 그리 말하였음이니라.
6 그러나 모든 믿음의 길을 가는 지금의 백성들이 어찌하는가?
7 종교 지도자도 인간이요, 그렇기에 실수할 수 있으며, 그 실수를 탓하지 말며, 그를 그저 눈감아 주고 가는 것이 너희들의 믿음이요,
8 그리고 너희들이 인간의 지도자를 보고 가는 것이 아니요, 성령의 말씀을 보고 가는 것이니, 너희들은 그것은 개의치 않는다,
9 그리고 완전한 지도자를 원하는 것이 사탄이요, 이단이요, 잘못된 백성이라 그리 말하느니라.
10 사랑하는 나의 아들아!
11 "네, 아버님!"
12 너는 과연 그 뜻을 어찌 생각하며, 과연 내가 나의 법전에 기록하여 종교 지도자는 절대 한 점의 부끄러움이 있는 삶을 살아서는 안 된다는 그 의미가 무엇인지 알겠느냐?
13 "네, 아버님!
14 제가 어찌 아버님의 말씀에 답을 올리겠사옵나이까?
15 그러나 아버님의 말씀을 듣고 들으면서 깨달은 의미를 그저 몇 가지 제가 말씀을 드릴 수 있사옵나이다."
16 나의 아들아! 그 뜻을 나의 법전에 기록하여 너의 제자들에게 전하도록 그리하라.
17 "네, 아버님!
18 종교 지도자들이 욕심이 없으면 그를 따르는 신도들이 모두가 욕심이 없게 되는 것이라 그리 저는 생각되옵나이다.
19 종교 지도자가 악쓰지 아니하면 그 신도들이 또한 악쓰지 아니하며, 종교 지도자가 음해하는 말을 하지 아니하면 그 신도들이 음해하는 말을 하지 아니하며,
20 남을 욕하며 흉보지 아니한다면 결코 그 신도들은 남을 욕하며 흉보지 아니하며, 송사를 즐기는 종교 지도자가 아니라면 그 백성들과 신도들 또한 송사를 즐기지 아니하며, 그와 같이 하지 않는 것이라 저는 생각하옵나이다.
21 그러니 종교 지도자들은 더욱이 어려우며, 아버님이 말씀하시는 하늘을 향하여 한 점의 부끄러움이 없는 삶을 사는 것, 그렇지 아니하면 지도자가 될 수 없다는 그 뜻이 거기 있는 것이라 그리 생각하옵나이다."
22 사랑하는 나의 아들아! 그러니라.
23 너희들 종교 집단과 신도들, 그 목자가 어찌 살아가느냐?
24 너희들이 그와 같은 그들의 모두를 보고 너희들도 모르는 사이에 모두가 닮아 가며 그와 같은 삶을 사는 것이니라.
25 그러니 믿음의 길을 가는 것, 신앙의 길을 가는 것, 그 지도자도 인간이기 때문에 실수가 있으니, 인간을 보고 가는 것이 아니요, 성서요, 하나님의 말씀을 듣고 너희들이 깨우치기 위해 간다 그리 말하느니라.
26 그러나 그것은 아니니라.
27 종교 지도자가 모두를 놓아 버린다면

그 신도들도 그 모두를 놓아 버릴 수
있는 것이요,
28 그리고 종교 지도자가 모두를 놓아 버
리며 욕심이 없을 때, 재물을 너희들
이 그저 낙엽 놓듯이 하나 놓을 수 있
는 그와 같은 마음 자세로 종교 지도
자가 굳건히 선다면,
29 그를 따르는 그 모든 신도들 또한 재
물이요, 금화요, 은화요, 그 모두를 다
너희들이 그저 백사장의 모래알을 집
었다 놓는 것처럼, 낙엽 하나 떨어져
놓는 것처럼 간단히 놓을 수가 있음
이니,
30 그와 같이 너희들이 그 자세로써 살아
가는 것이 바로 무엇이더냐?
31 나 여호와가 세상의 아름다운 이 자
연을 만들어 준 것처럼 그 자연 속에
너희들이 돌아갈 수 있으며, 자연의
상태로 돌아갈 수 있으며, 자연의 상
태에서 모두를 얻으며 너희들이 그
즐거움을 얻고 살 수 있는 백성으로
돌아갈 수 있다는 것을 잊어서는 아
니 되느니라, 사랑하는 나의 아들딸들
아!
32 그러니 지도자가 그리하여 중요하니
라.
33 그러니 너희들이 지도자가 사랑으로
베풀라 하였음이니, 사랑으로 실천하
는 자가 되어야 할 것이거늘,
34 저 자신의 모두를 버리지 못하며 놓지
못하며 제가 우선이요, 저부터 먼저
주관하는 삶을 산다면 모든 신도들은
다 저를 위하여 살 것이니,
35 모두가 '내' 탓이요, '내'가 잘못이요,
어려운 것은 '내' 짐이라 하는 것이 아
니라, 모두는 네 탓이요, 무거운 짐은
네가 짊어지라 하여 손가락 하나 까딱
하지 않는 그와 같은 백성으로 되니,
36 어떠한 백성으로서 너희들이 역사하
는 것이요, 그것이 아름다운 세상이
요, 나에게 오를 수 있는 백성이라 한
단 말이더냐?
37 욕심을 부리지 아니한다면, 그 종교
지도자를 보고 따르는 모든 신도요,
그 백성들은 절대 욕심을 부리지 아니
할 것이니라.
38 그러니 너희들은 종교 지도자가 인간
이기에 실수할 수 있다는 그런 생각을
지워 버리며,
39 그와 같은 생각을 가지고 지도자요,
그 신도들이 같이 간다면 너희들이 짜
고 치는 죄를 범하는 자요, 공범자라
는 것을 잊어서는 아니 되느니라.
40 사랑하는 나의 아들아!
41 네가 그와 같은 말을 한 것, 네가 기록
한 것, 그 내용을 제자들에게 꼭 가르
쳐 주며 그들이 깨닫도록 그리하라.
42 너희들이 종교 지도자가 욕심을 부리
지 아니하면 그 신도들이 욕심을 부리
지 아니하며,
43 너희들이 귀하고 소중한 것 없이 대중
적으로 모두를 다 네 자식처럼 사랑한
다면 그 제자들이 그리 살아갈 것이며,
44 아무리 귀하고 소중한 것도 네 앞에
놓지 아니하며 그를 낙엽처럼 놓을 수
있다면, 그 신도들이요, 그 성도들이
다 그와 같이 놓을 수 있는 것이니,
45 그와 같은 백성이 가장 아름다운 자연
의 형태요, 자연 속으로 돌아가는 삶
이라는 것, 그리고 사랑을 행한다는

것을 잊지 말라 그리 전하며, 이는 너
희들이 꼭 지켜야 될 일이며,
46 나의 아들을 따르는 너희들이 이제 나
아가 전사요, 하늘의 선생으로서 만백
성을 가르치며 다스릴 때가 머지않았
음이니, 그때 너희들이 이 덕목을 지
키고 행하도록 그리하라.
47 네가 인자하게 웃는 모습이라면 그 제
자들은 모두가 인자하게 웃을 것이며,
네가 악을 쓰며 욕을 하면 그 신도들
또한 악을 쓰고 욕하는 데 주저함이
없음이니,
48 네 모습이 자애로운 모습일 때, 그 제
자들 또한 자애로운 모습이니,
49 지금의 나의 아들 너 또한 그러하며,
너를 따르는 제자들, 나로부터 선택된
그 선생으로서, 또 전사로서 나갈 내
사랑하는 아들딸, 너희들이 그와 같은
것을 너희 스스로 만들도록 그리하며,
50 그리 깨우쳐 너희들이 꼭 행하도록 하
라, 사랑하는 나의 아들딸들아!
51 나 여호와가 너희들에게 내리는 가장
위대한 상이니, 이는 너희들이 그리
지키도록 하면, 나를 볼 수 있으며 나
에게 올 수 있는 길이 있지 않더냐?

10,306 번째 하나님 말씀

2004년 4월 4일 0시 01분

1 사랑하는 나의 아들아!
2 "네, 아버님! 말씀하옵소서."
3 오늘의 믿음의 길을 가는 백성들이 다
뭐라 하느냐?
4 추수의 때요, 결실의 때요, 그리고 반
드시 알곡식을 추리는 그 시대가 있다
하며, 너희들이 그와 같은 말들을 무
수히 하고 있음이니라.
5 그러니 너희들은 그와 같은 말을 하는
자, 어떠한 방법으로써 추수요, 알곡
식을 추리는 것이요, 그리고 너희들이
유황불에 던져질 가라지가 되어 유황
불에 떨어지고 안 떨어지는 것, 그와
같은 것이 어찌 이루어지며 어떻게 하
여 역사하는지 과연 아는가?
6 너희들이 말하는 결실의 때요, 추수의
시대요, 너희들이 알곡식을 추리는 그
역사가 이루어지는 것, 그것은 어떠한
방법으로써, 어떠한 형태로써 이루어
지며, 그 결과는 어떠한 것인가를 아
는 백성이 있는가?
7 그 모두를 아는 백성이 없음이니라.
8 그러니 너희들이 그를 모름이니, 그저
너희들이 믿고 '주여, 주여!' 부르기만
하면, 그리고 각종 헌금이요, 십일조
를 바치며 금화와 은화를 바치면 그것
이 천국에 쌓이는 것이라 그리하였음
이니,
9 너희들이 하늘에 쌓아 놓고자 하여 바
치는 재물이요, 그것이 다 버러지가
되며 구더기가 되어 하늘을 오염시키
니, 그 문을 열 수 없는 것이라 내가
그리 전한 그 무서운 말을 아는가?
10 그것도 모르는 자요, 아무것도 모르는
자들이 추수 때에 추려지는 그 백성이
요, 구원되는 것이라 너희들이 말로만
하면서 어찌하는가?
11 그저 헌금 내고 부르짖기만 하면, 너
희들이 추수 때가 되어 추수하며 알곡
식으로서 선택되는 그와 같은 것이라
하여, 그저 그것으로 알고 그것이 구

원의 길이라 하여 그리 달려가는 백성
들이 아니더냐?
12 이제 내가 불쌍한 너희들을 가련히 생
각하여 나의 아들을 통하여 160권의
법전을 만들어 세상에 내보내니, 그
모든 답이 다 그 속에 있음을 알라.
13 지금 믿음의 길을 가는 종교 집단이
요, 지도자요, 울고불고하는 신도들,
너희들이 정녕 그 해답을 누구 하나
명확히 아는 사람이 없으니, 제대로
가르치는 자가 없음이니라.
14 그 모든 답이 나의 법전 안에 있음이
니, 이를 읽고 깨우쳐 정독하도록 하
라.
15 그렇지 아니하면 너희들이 그 어떠한
것도 얻을 수가 없음이니라.
16 지금의 너희들이 말로만 추수 때요,
알곡식이요, 그리고 결실의 때라 그리
말하며, 너희들이 오늘의 가는 그 믿
음이 무엇이더냐?
17 나 여호와를 위한 믿음이 아니요, 나
여호와의 뜻에 따라 너희들이 역사하
고자 하는 것이 아니요,
18 너희들이 자기 중심이요, 인간 중심으
로써 신앙의 길을 가는 것이요, 오늘
의 그와 같은 형태로써 그저 울고불고
구원만을 부르짖는 것이니 너희들은
그리 알라.
19 내가 너희들에게 뭐라 전하였느냐?
20 안식일이라는 것이 인간을 위한 것이
요, 인간을 위한 안식일이라 하였거늘,
21 너희들은 지금 무엇 때문에 너희들이
존재하며, 누구 때문에 존재하며, 무
엇을 위해서 너희들이 존재하는 것인
지 한번 알아 보라.
22 지금의 믿음의 길을 가는 백성, 너희
들이 어찌 가는지 알겠느냐?
23 인간을 위한 안식일이 아니요, 안식일
을 위해 인간이 존재하는 것이며, 안
식일을 위하여 인간이 있다고 너희들
이 그리 가르치는 것이니라.
24 그러니 그것이 얼마나 잘못된 것이며,
너희들이 얼마나 우를 범하고 살아가
는 백성들이란 말이더냐?
25 반드시 안식일은 인간을 위해 존재하
는 것이거늘, 안식일을 위하여 인간이
존재한다는 그와 같은 믿음이요, 신앙
으로써 너희들이 가기 때문에,
26 추수 때요, 그리고 결실의 때요, 알곡
식을 거둘 때요, 그리고 가라지는 버
려진다 너희들이 하는, 그와 같은 쭉
정이는 버리며 가라지는 유황불에 던
진다는 수많은 말들로 수많은 가르침
을 울고불고하나,
27 그 뜻을 아는 자가 없으며, 어찌 이루
어지는지를 아는 백성이 없으니, 지도
자도 모르니 또한 배운 백성인들 어찌
알겠느냐?
28 그러니 내가 그 모두를 너희들에게 가
르치고 설명할 수 없음이니, 내가 나
의 법전에 상세히 기록하여 전하니,
이를 가슴에 안고 정독하라.
29 그래서 너희들이 자기 중심의 신앙이
요, 믿음의 형태에서 벗어나지 아니하
면 결코 아니 됨을 알라.
30 기도요, 너희들의 믿음은 남을 위해
살아가야 하는 것이거늘, 그리 가라
하는 나의 법전에 기록된 내용들을 보
고 너희들이 모두를 생각한다면, 미련
한 자가 아니면 거기서 지혜를 깨우치

며 은혜를 얻을 것이니라.

10,307 번째 하나님 말씀

2004년 4월 4일 0시 06분

1 사랑하는 나의 아들아!
2 "네, 아버님! 말씀하옵소서."
3 믿음의 길을 가는 모든 백성들이요,
그리고 너를 따르는 제자들이요, 나의
법전을 읽고 깨우친 백성이요, 이방인
이라는 백성, 너희들은 알라.
4 지금 믿음의 길을 가는 백성의 골격
이 무엇이더냐? 구원이니라.
5 그리하여 저희들이 구원을 받기 위하
여, 또는 결실의 열매를 맺어 내가 거
두도록 하기 위하여 너희들이 오늘의
신앙생활을 한다 부르짖는 그들에게
전하라.
6 너희들이 주일을 지키고 교회에 봉사
하며 모두를 다 바치며 그리한다 해서
너희들이 열매가 된다 생각하는 초보
적인 그 신앙생활에서,
7 그리고 재물을 남보다 많이 바쳐 하늘
의 창고에 쌓아 놓는 자, 더 많이 바치
고 더 많이 역사하는 것이 너희들이
구원을 받으며 열매가 된다는 그와
같은 초보적인 그 믿음의 생활에서 벗
어나지 아니하면 결코 너희들은 아무
것도 이룰 수 없다는 것을 알라.
8 초보적인 그와 같은 너희들의 믿음으
로써 어찌하여 세상의 이치를 알며 하
늘의 뜻을 안단 말이더냐?
9 너희들이 성장하고 성장하는 그와 같
은 믿음이 아니고는 아무것도 아니 됨
이니라.
10 너희들은 십일조를 열심히 낸다고 해
서 열매가 되는 것도 아니요, 너희들
이 병을 고치고 예언한다 해서 너희들
이 열매가 되는 것도 아니요, 방언하
는 은사를 받았다 하여, 너희들이 중
언부언한다 해서 너희들이 열매가 되
는 것이 아니요,
11 이 세상의 모두를 다 제 손아귀에 있
는 것처럼 온갖 이름을 불러 대며 소
원을 말하며 기도하고 한다 하여 그것
이 열매가 되는 것도 아님이니라.
12 보혈로 구원을 받았다 하며, 그 은혜
에 감사한다며 너희들이 울부짖는다
해서 그것이 열매가 되는 것도 아니
요, '주여, 주여, 구세주여!' 하고 밤낮
을 가리지 않고 나의 아들을 찾고 한
다 해서 너희들이 열매가 되는 것도
아니니라.
13 '믿습니다, 맞습니다.' 한다 하여 너희
들이 열매가 되는 것도 아니요, 부모
형제를 버리면서 그 신앙생활을 한다
고 하여 그 모두가 열매가 되는 것이
아니요,
14 믿음을 같이 아니 하는 백성을 너희들
이 벌레 취급하며 그들과 상대하지 아
니하며, 그 속에서 젖어 살지 아니하
였다 하여 너희들이 열매가 되는 것이
아니요,
15 죄짓는 자 속에서 너희들은 죄짓지 아
니하고 아름답게 네 말로 한다 해서
그것이 네가 바로 열매 되는 것도 아
니요, 네 삶의 네 속사정이 어떠하냐
가 중요한 것이라는 것을 어찌 모른단
말이더냐?
16 너희들이 새벽 기도를 열심히 나간다

고 해서 열매가 되는 것도 아니요, 너
희들이 울고불고 중언부언 기도한다
고 해서 열매가 되는 것도 아님이니라.
17 그러니 너희들이 열매가 되는 길이요,
내가 추수할 수 있는 그 열매로서 영
그는 것은 무엇인지 알겠느냐?
18 너희 자신이요, 너희들을 버리고 성령
이 임하는 백성이 되는 것, 성령이 임
할 수 있는 백성의 길이요, 성령으로
임하는 백성이 되지 아니하며 거듭나
지 아니한다면, 너희들은 어떠한 열매
로서도 결실을 거둘 수 없는 것이라
는 것을 알라 전하라, 사랑하는 나의
아들아!

10,308 번째 하나님 말씀

2004년 4월 4일 0시 12분

1 사랑하는 나의 아들아!
2 "네, 아버님! 말씀하옵소서."
3 너희들이 기다리고 기다린 그 믿음이
또 무엇이더냐?
4 나의 아들 예수가 재림하여 너희들을
인도하며 역사한다는 것, 그리고 믿음
의 길을 가다 너희들이 죽으면, 땅속
에 묻혀 너희들의 육신이 다 썩어 가
며 너희들의 영혼이 지옥에 가 그 대
가를 치르고 있건만, 그 자체도 모르
며,
5 너희들이 그때에 또한 구원을 받으며
거듭나는 은혜를 입는다 하며 울며불
며 너희들이 평생을 기다리고 바치고
지금 그와 같은 믿음으로 가지 않는가?
6 그러니 너희들이 교회라는 곳에 평생
재물과 금화와 은화를 바치며 봉사하
고 희생을 하니, 그 교회 안에 너희들
이 과연 믿음이요, 참진리의 길이 있
으며,
7 종교 집단이요, 지도자들이 과연 너희
를 인도할 자격이 있으며, 그들이 추
수 때가 되어 너희들이 내가 거둬들일
수 있는 열매를 맺을 수 있도록 인도
하고 가르치는 농부의 자격이 있는
줄 아느냐?
8 그들은 그와 같은 농부의 자격이 없음
을 알라.
9 그들은 다만 무엇을 하는가? 그들은
그 농부의 역할을 하지 아니함이니라.
10 그러니 그와 같은 속에서 깨어난 자,
거기서 뒤돌아 나오는 자, 그리고 너
희들이 나의 법전을 보고 높이 들어
깨우쳐 '나를 따르라!' 외칠 수 있는
거듭나는 백성으로 변화되지 아니하
면,
11 너희들은 결코 그리 소원하고 울고불
고하는 평생 기다리는 나의 아들 예
수의 재림이요, 너희들이 그와 같은
것으로 구원의 역사는 절대 없다는 것
을 알라.
12 그것 또한 그러니 나와 관계없으며,
그러한 형태로써 너희들이 나의 아들
예수가 재림하지 아니한다는 것을 먼
저 깨달아야 될 것이며, 재림하여 너
희를 구원하는 역사는 결코 없다는
것, 이것부터 나의 법전을 읽고 깨우
치도록 그리하라.
13 이것을 깨우치지 못하면 너희들이 지
금의 형태로 그 길을 그냥 간다는 것,
너희들이 얼마나 불행한 것인가를 알
겠느냐?

14 너희들이 농부가 모두를 가꾸지 아니
하고 결실을 얻으려는 그와 같은 어리
석은 행위를 하는 것이니, 너희들은
그를 알아야 될 것이니라.
15 지금의 모든 종교 집단, 지도자, 그리
고 신도들, 너희가 가고 있는 그 신앙
생활은 무엇이더냐?
16 너희들이 나를 위한 믿음이요, 나와의
관계를 유지하는 믿음이 아니라, 너희
들의 모든 욕구를 관철시키는 믿음으
로써 가고 있음이니, 나와 관계가 없
는 자들이라 내가 그리 말함이니라.
17 너희 자신의 소원이요, 제가 원하는
것을 관철시키는 초보적인 그 믿음에
서 벗어나지 못하고 있음이니,
18 창조주 나 여호와가 무엇을 원하며,
너희들로부터 어떠한 것을 역사하는
지, 그리고 나 여호와가 어떠한 형태
로써 어떻게 너희들과 이루어지고자
하는 것인가를 전혀 알지 못하는 그와
같은 백성들이니라.
19 그러니 지금 나의 아들을 따르는 제
자, 너희들은 들으라.
20 너희들이 어떠한 형태로써 지금 너희
와 내가 아버지와 아들딸의 관계가
지속되며, 너희들이 어찌하여 연계되
어 있는 것인가를 한번 들여다보라.
21 너희들은 과연 나 여호와와 아버지와
아들딸의 자식으로서의 관계가 잘 지
속되어 있으며, 그 길에 너희들이 한
점의 부끄러움이 없는가?
22 지금의 모든 종교 집단이요, 너희들은
알라.
23 너희들의 어떠한 뜻을 관철시키며, 제
소원을 이루기 위한 그와 같은 믿음
이요, 신앙생활이 아니라, 나 여호와
와 너희들이 아들과 딸로서의 관계가
잘 지속되어 있으며, 그 연계는 지금
이어지고 있으며, 너희들이 그리하여
나에게 오를 수 있는 그 길을 과연 보
고 오고 있는가,
24 이와 같은 것을 너희들이 들여다보고
깨우치는 변화를 하지 아니하면 절대
아니 됨이니, 너희 자신이 어떠한 관
계가 지금 나와 성립되어 있는가 그것
을 한번 점검하도록 하라.
25 그것은 누구도 점검해 줄 수 없음이니
라.
26 이제 나의 아들을 따르는 제자, 너희
들은 나와 아버지와 아들의 그 관계
가 어찌 형성되는 것인가를 보며,
27 아직도 아버지와 자식으로서 한 점의
부끄러움 없이 형성되지 아니하였다
면, 우리의 관계를 정립하도록 너희들
이 계속 노력하고 노력하도록 그리하
라, 사랑하는 나의 아들딸들아!

10,309 번째 하나님 말씀

2004년 4월 4일 06시 44분

1 사랑하는 나의 아들아!
2 "네, 아버님! 말씀하옵소서."
3 멀고도 먼 여정이요, 어렵고 힘든 그
길을 너희들이 잘 오고 잘 가고 있음
이니라.
4 이제 나의 법전이 세상에 모두를 다
내놓을 날이 머지않았음이니, 그는 다
너의 노력이요, 또한 너의 제자들이
너를 받쳐 같이 왔음이니, 모든 면에
서 너를 도운 자, 동행한 그 제자들이

있기에 오늘의 그 영광이 머지않았음
이니라.
5 내가 너에게 전하여 말하기를, 이제
네가 160권의 법전을 세상에 다 마쳐
냈을 때, 한 송이의 아름다운 꽃을 피
운다 했으며, 그리고 너의 제자들 또
한 그 모두의 꽃이 다 핀다 했음이니,
6 그 꽃이 피기까지 너희들이 어렵고 힘
든 그 과정을 잘 인내했음이니, 꽃이
피고 난 다음에야 그 모두의 무엇이
근심 걱정이 있겠는가?
7 그러니 너희들의 그 모두는 머지않았
음이니라.
8 그러니 너희들이 자기 자신의 미래를
알며 자기 자신의 모두를 알고 살아가
는 백성들과 그를 모르고 살아가는 백
성들과의 그 차이요, 거리는 무엇이더
냐?
9 나는 너희들에게 언약이요, 약속을 반
드시 행하고 지킴이니라.
10 내가 너희들에게 말하기를, 한 송이의
아름다운 꽃이 핌이니, 나의 아들이
먼저 꽃을 피워 그 꽃에 의하여 그 꽃
의 향기로 인하여 너의 제자들이 봄이
오는 소식을 알고 모두를 다 꽃을 피
우니, 너의 제자들의 꽃이 피는 것은
거듭나는 것이니라.
11 애벌레가 생명이 태어나 날개를 얻고
하늘을 나는 것처럼 너희들이 그와 같
이 변화되는 것이니라.
12 그러니 너희들이 그때까지 인내하고
그 고통의 시련, 그 모든 보상은 이 세
상에서 받을 것이며, 모든 영광이 너
희들에게 있을 것이니라.
13 머지않았음이니라. 이제 머지않아 축
복과 영광을 인내하고 받을 수 있는
백성이 세상에 있음이니, 너희들이야
말로 나의 기쁨이요, 나에게 너희들이
가장 큰 자랑이요,
14 너희들이 있기에 내가 인간 세상을
창조한 보람을 느낀다 하였으며, 지금
까지 내가 아팠던 모든 마음을 다 쓸
어 낼 수 있는 것이 바로 너희들이라
했음이니,
15 이제 160권의 법전이 세상에 나오는
날, 모두는 다 너희들 자신이 꽃을 피
우니, 모두에서 벗어나는 그와 같은
영광을 얻게 될 것이니라.
16 내가 너희들에게 미리 말하지 아니하
였더냐?
17 너희들이 160권의 모두를 다 역사할
때 내가 말할 수 있으나, 너희들이 이
제 멀고도 먼 그 여정이 이제는 너희
들이 떨어지지 아니하며 꽃을 피울
수 있도록 되어 있음이니라.
18 지금까지 너희들이 오며 인내함이니,
이제는 춥고 삭막한 그 겨울은 지났으
며, 그리고 매섭던 추위도 지났으며,
이제 따스한 봄바람이 불어오기 시작
함이니,
19 지금까지 나의 법전을 세상에 만들어
기록한 것, 그것이 바로 봄 소식을 전
하기 시작함이니, 이제 머지않아 너희
들의 그 꽃이 만발할 것이니라.
20 그러니 필 날이 머지않았기에 내가 하
늘의 뜻이요, 나 여호와의 뜻을 너희
들에게 전함이니, 오늘의 지치고 힘든
너를 따르는 제자들이요, 그 백성들을
내가 사랑하기 때문이니라.
21 모두가 각자 네 꽃이 펴야 됨이니라.

22 그리하여 나의 아들이 그 꽃을 피우
기 위하여 밤과 낮을 가리지 아니하고
얼마나 지금 힘들게 가고 있는지 아
느냐?
23 그 모두는 너희들을 위함이요, 너희들
을 또한 사랑하기 때문에 가는 나의
아들의 그 마음을 알아야 될 것이니,
24 각자가 또한 그를 받아들이며, 나 여
호와가 너희들에게 모두를 내리기 위
한 시간을 기다리고 있는 것, 거기서
받지 못하는 사람이 되어서는 아니 될
것이니 그리 전하라, 사랑하는 나의
아들아!

10,310 번째 하나님 말씀

2004년 4월 4일 06시 50분

1 사랑하는 나의 아들아!
2 "네, 아버님! 말씀하옵소서."
3 지금까지 살아온 모든 백성들이요, 그
리고 믿음의 길을 가는 백성, 너희들
은 정녕 나 여호와의 뜻에 의하여 사
랑을 실천하며 과연 그와 같은 삶을
사는 백성들인가?
4 그리고 너희들이 나 여호와의 본체가
사랑이요, 사랑을 위하여 모두를 역사
한다 했음이니, 너희들이 과연 나의
뜻에 의하여 사랑을 실천하며 그를 베
풀며 행함이 어떠한가?
5 나와의 관계가 연결될 수 있는 관계
라 너희들이 그리 생각하는가, 그렇지
않으면 나와의 연결의 고리가 되지 못
하는 그와 같은 사랑을 실천하고 사
는가?
6 너희들은 한번 너희 자신을 돌이켜
봐야 될 것이니라.
7 모든 믿음의 길을 가는 백성들이 사랑
을 실천하며, 그리고 너희들이 내가
말하는 너희들의 모두를 남을 위해 그
와 같은 삶을 살아, 너희들이 나와 관
계가 연결되어 있으며 그 고리는 과연
단절되지 아니했는가?
8 나 여호와의 뜻과는 관계없이 너는 너
의 뜻대로 살아가는 삶을 사는 것은
아닌가?
9 내가 보기에 지금 모든 백성, 너희들
은 그러하니라.
10 내가 원하는 사랑이요, 나의 뜻을 실
천하여 나와 너희들이 하나의 연결고
리가 되어 나의 아들이요, 딸로서 제
자리에 돌아올 수 있는 그와 같은 백
성의 길이 아니라,
11 그저 복 받고 천국을 가며, 너희들의
소원을 이루고자 하며, 네가 욕심을
채우고자 한 것, 네가 갖고자 하는 것,
그 모두를 이루어 달라 울며불며 부르
짖는 너희와 나와의 관계는 과연 아니
던가, 이것을 너희들이 한번 들여다봐
야 될 것이니라.
12 너희들이 소원을 이루어 역사하고자,
그리고 너희들이 나의 나라에 오고자
하여 그와 같은 소원을 이루고자 지금
울고불고 너희들의 신앙이요, 믿음의
길을 가는 관계라는 것은 나와는 아무
런 관계가 없다 하면 과연 어찌하겠는
가?
13 창조주 나 여호와의 기쁨과 나의 뜻을
이루고자 순수한 신앙의 길을 가는 백
성이 지금까지 얼마나 있는가?
14 내가 보지 못했으며 그러한 백성이 없

다면 너희들은 어찌하겠는가?
15 창조주로서 세상의 모두요, 너희들에
게 은혜를 내려 준 그것에 대해 감사
하며, 그리하여 너희들이 나의 기쁨은
무엇이며, 나 여호와가 원하는 것은
무엇인가,
16 순수하고 아름다운 마음으로써 나의
뜻을 알며, 내가 이루고자 하는 것을
생각하며, 오로지 그 길만을 가지고
살아가는 믿음의 길을 가는 백성들,
저 자신의 소원이요, 저 자신의 뜻을
관철하지 아니하려는 그와 같은 마음
을 가지고 있는 자가 없으며,
17 제 앞에 무엇인가 보이는 것을 이루
고자 하는 그와 같은 오늘의 믿음으
로 가는 자, 과연 그리 가는 자 외에는
그 누구도 나는 보지 못하였음이니라.
18 나의 뜻이요, 나의 기쁨을 위해 순수
한 사랑을 실천하며, 그리고 구원의
길이요, 믿음의 길을 가는 것이 나에
게 감사하는 마음으로써 오로지 가는
것,
19 그리고 그 외에 아무것도 생각하지
아니하고 가는 그와 같은 오늘의 믿
음의 길을 가는 백성들을 보지 못하고
내가 그와 같은 자를 찾지 못하였다
면, 너희들은 믿겠는가?
20 내가 보는 오늘의 백성, 너희들은 그
러하니라.
21 그러니 너희들이 그리 가서 나에게 올
수 있다 생각하는가?
22 그 모두는 아니 됨이니라.
23 내가 나의 아들을 통하여 너희들에게
뭐라 했느냐?
24 하늘에 오르는 길의 한 자리도 양보하
며, 모두는 남을 위해 기도하며, 남을
위하여 남을 먼저 배려하는 그와 같은
생각으로 살라 하였음이니라.
25 그리고 재물을 가지고 있는 자, 또한
뭐라 하였느냐?
26 재물을 나눠 주기 위하여 내가 보관시
킨 것, 재물을 나눠 주기 위해서 너희
들이 관리하도록 했거늘, 너희들이 움
켜쥐고 쌓아 놓는 그와 같은 백성만이
있으며,
27 그를 나눠 주고 베푸는 그와 같은 정
녕 사랑을 실천하는 백성이 없다면 너
희들은 믿겠는가?
28 그러니 이제 나의 아들을 따르는 제
자, 너희들은 나의 법전의 160권을 정
독하여 너희들이 그 속에 행하고 지켜
야 될 것, 그것을 바로 지키고 행하도
록 그리하라.
29 너희들이 바로 서기 위해, 너희들을
바로 갖추기 위해 내가 그 예를 들어
모든 오늘의 썩어져 간 종교 집단이
요, 오늘의 세상의 삶을, 나의 법전에
담기도 싫은 그 내용들을 기록하여 너
희들에게 전함이니,
30 너희들은 바로 서고 바로 가는 삶을
살아야 될 것이며, 이를 위배하는 삶
이 있어서는 아니 될 것이니 그리 알
라, 사랑하는 나의 아들딸들아!

10,311 번째 하나님 말씀

2004년 4월 4일 06시 55분

1 사랑하는 나의 아들아!
2 "네, 아버님! 말씀하옵소서."
3 나 여호와가 하늘에서 너희들이 수천

년 동안 울부짖고 소리 지르며 드리는
기도 소리를 들어 보니, 과연 너희들
은 나에게 오르고자 하는 그와 같은
순수한 마음이요, 나의 뜻을 깨달아
나의 뜻에 감사하며 나의 뜻에 따라
역사하는 그와 같은 마음으로 오늘의
너희들이 과연 존재하고 살아가는가?
4 그리고 너희들이 진정한 믿음이요, 진
정한 신앙생활 속에서 진실한 남을 위
한 사랑의 기도를 드리며 과연 살아가
는가?
5 내가 너희들의 기도 소리를 들어 보
니, 그 기도 소리가 어찌 들리며 어찌
내가 듣고 있는가를 너희들은 알겠는
가?
6 너희들은 그와 같은 사실을 안다 해도
과연 부끄럽고 너희들 자신이 몸 둘
바를 모르는 그와 같은 너희들의 삶이
요, 생각으로써 고개 들고 하늘을 쳐
다볼 수 없는 그와 같은 기도 소리요,
7 그와 같이 너희들이 울부짖는 믿음의
소리가 그리 들리니, 과연 너희들은
나의 귀가 잘못되었으며 내가 너희들
의 소리를 잘못 듣는다 생각하는가?
8 너희들의 인간적인 욕구를 채워 주기
위하여 나 여호와를 그리 생각하며,
나를 그것 외에는 더 이상 생각하는
자가 아닌 것이 너희들이 오늘의 나를
생각하는 마음이요, 가르치는 종교 지
도자의 생각이라 하면 너희들은 과연
틀렸다 말하겠느냐?
9 나는 너희들의 명예욕이요, 재물이요,
너희들의 어렵고 힘든 것이요, 병의
은사요, 모든 너희들의 개인의 채울
수 없는 욕구를 채워 주는 하나의 대
상으로서만 나를 생각하고 너희들이
나를 찾고 울고불고한다면 과연 어찌
하겠는가?
10 너희들이 순수한 마음으로 나를 경배
하고 기도하는 자 있는가?
11 무엇을 얻고자, 이루고자 거래하는 마
음으로써 그 거래하는 마음이 없는 자
하나도 없음이니, 그것이 나의 슬픔이
요,
12 거래하는 마음으로 너희들이 나를 찾
고 부르짖으니 정녕 너희들이 나와 관
계없는 백성이라면, 너희들이 참진리
요, 믿음의 그 길의 근본을 모르고 가
는 자들이라 그리하고 있음을 어찌 모
르느냐?
13 너희들이 정녕 고개 들고 지금과 같은
기도를 계속할 수 있으며, 그와 같은
생각으로써 살아갈 수 있으며, 오늘의
삶을 계속 유지하고 또 너희들이 기도
요, 신앙생활을 그대로 해야 되는가?
14 너희들은 여기서 결단코 그 모두를 생
각하고 들여다보는 기회를 갖지 아니
하면 아니 됨을 알아야 될 것이니라.
15 모든 너희들의 역사하는 것은 나를 위
하는 길이요, 나의 뜻을 위하는 것이
요, 나의 아들 예수의 죽음에 대한 감
사의 기도요, 그와 같이 너희들이 그
아픔을 생각하며, 그러기에 그가 너희
들에게 원했던 삶을 산다 너희들이 그
리 말하고 있으나,
16 너희들은 네 육신을 위한 믿음을, 네
육신의 욕구를 충족시키기 위하여 내
가 존재하며 나의 아들이 그와 같은
역사를 한 것이라 그리 생각하니,
17 너희들의 그 욕구 충족을 위해 내가

필요한 것이며, 그것을 충족시키기 위
하여 너희들이 가는 신앙이요, 오늘의
믿음이라는 것을 부인하지 못할 것이
니,
18 그와 같은 길을 가는 백성은 나와 관
계없다 했음이니,
19 나의 아들을 따르는 제자들이요, 그리
고 나의 법전을 읽고 깨우친 백성, 너
희들은 모두 너 자신이 어떠한 오늘의
삶을 사는가 들여다보도록 그리하라.

10,312 번째 하나님 말씀

2004년 4월 4일 07시 05분

1 사랑하는 나의 아들아!
2 "네, 아버님! 말씀하옵소서."
3 완벽하게 지키지 못하며 어설프게 살
아가는 그와 같은 너희들이 변하는
노력이요, 바로 서고자 하는 것은 나
에게 죄 되는 길이며 나를 욕되게 하
는 것이라, 오늘의 너희들 종교 집단
이요, 지도자, 그들이 가르치느니라.
4 그리하여 너희들은 완벽하게 설 수 없
기 때문에 너희들이 살아가며 짓는
죄를 용서를 빌며 울며불며 회개하며
그리 살아가는 것이요,
5 그리하여 저희들의 손으로 지은 그 성
전에 와 강론을 들으며 재물을 바치
는 그와 같은 길을 가지 아니하면 구
원을 받을 수 없음이니라.
6 그리하여 너희들이 나를 찾고 재물을
바치고 울고불고하여 내가 성령으로
너희들에게 임하게 됐을 때 너희들이
완벽하게 지키는 사람이요,
7 인간의 노력으로써는 그 모두를 지킬
수 없으며 완벽하게 가는 백성이 될
수 없다 그리 가르치는 것이 오늘의
종교 집단이요, 지도자들의 가르침이
니라.
8 그러니 그 속에서 너희들은 인간의 노
력으로써 모두를 이루어야 되며, 너희
들의 노력으로써 모두를 이룬다 그리
말하니, 너희를 사탄이요, 이단이요,
마귀라 그리 말하는 것이 오늘의 현실
이 아니더냐?
9 그러니 내가 너희들에게 묻고자 하느
니라.
10 과연 그들처럼 어설프게 너희들이 바
로 서지 못하기 때문에 그 모두를 포
기하는 것이 과연 현명한 길인가?
11 너희들처럼 지금 자신의 악습을 하나
하나 버리기 위하여 몸부림치는 그와
같은 노력 속에서 그 악습을 하나하
나 버리려 하는 것, 너희들이 아름답
게 변하고자 노력하는 그 속에서 아
름답게 변하는 그 삶을 사는 것이 현
명한 길이 아니더냐?
12 그러니 그것마저도 모두를 저버리게
하는 것이 오늘의 믿음이요, 신앙의
길을 가는 지도자요, 그리고 구원을
받았다 울고불고하는 그와 같은 백성
들이니라.
13 그러니 그들이 농부가 농사를 짓는 그
어렵고 힘든 과정은 없이 그저 열매만
거둬들이고자 하는 그와 같은 계산이
요, 그와 같은 생각으로써 하는 것이
오늘의 모든 믿음이요, 지도자요, 그
들이 이끌어 가는 것이니,
14 나의 사랑하는 백성들이 지금 그 생각
에 젖어 있음이니, 그들이 바로 설 수

없다 하였음이니라.
15 지도자의 자세가 무엇이라 하였느냐?
16 지도자가 유하고 부드러운 모습으로
있을 때 그 모든 제자들은 그리 따라
갈 것이며,
17 남에게 베풀며 사랑을 실천하는 지도
자가 되었을 때, 그 제자들 또한 그리
따라가는 것이라 하였으니,
18 그와 같은 지도자들이 오늘의 너희들
을 잘못 가르치고 잘못 깨우치니, 모
든 나의 백성들이 지금 나에게 오는
길이 아니요, 지옥의 길로 가는 것이
라 하였으니,
19 그 속에서 너희들이 구원을 받기 위해
믿음의 길을 가며, 저 자신이 구원을
받기 위해 오로지 저만을 위해 가는
그들에게 구원의 마지막 있는 한 장의
그것도 양보하며 구원이라는 것을 생
각하지 말며, 구원을 위한 믿음의 길
을 가지 말라 그리 가르치니, 그 말이
그들에게 들어가겠느냐?
20 그들은 그 말을 받아들일 수 없으며
이해할 수 없으며 그들은 잘못되었으
며 이미 머리가 다 병들어져 있느니라.
21 너희들이 기도하는 것도 너희 자신을
위해서 하는 기도가 아니요, 남을 위
해서 하는 기도를 하라 그리함이니,
22 오로지 저에게 더 달라, 더 이루어 달
라 평생 동안 저희 조상에서부터 몇천
년 동안 기도한 것을 지금에 바꾸라
하니, 너무나 억울하고 분하며 그는
저희들이 마음의 끈을 놓지 못함이니
라.
23 남을 위하여 기도하라는 것도 하지 못
함이니, 남을 위하여 기도하라는 것이
무엇인 줄 알겠느냐?
24 그 모두가 제 소원이 이루어지는 것이
며 제 뜻이 역사하는 것이라는 것을
그들은 모르니,
25 오로지 말로써 부르짖는 것, 저를 위
한 욕심으로써 저희들이 나에게 갈구
하는 것, 그것만이 너희들에게 이루어
진다 그리하였느니라.
26 내가 너희들이 사랑을 베푸는 백성이
되라 할 때 뭐라 말하였느냐?
27 사랑을 베푸는 그 백성은 부족한 것을
채우기 위한 베풂이라 하지 아니하였
더냐?
28 완전한 천사가 사랑이 무엇이 필요하
며, 완전한 자에게 무엇이 필요하더냐?
29 그러니 내가 너희들에게 그와 같이 가
르치고 전하였거늘, '죽었다 깨어나도
알아듣지 못한다.'는 말이 있듯이, 세
뇌되고 모두가 다 변질된 그들은 그와
같은 것을 알아듣지 못함이니,
30 돌보다도 단단한 그 머리를 돌리며
그를 깨우치는 것은 오로지 너희들의
부단한 노력이요, 나의 법전을 만들어
전하는 것밖에 없음이니라.
31 부족한 자가 기도하며 부족한 자가
나에게 무엇인가를 역사하는 것이 아
니더냐?
32 그러면서 너희들이 말하느니라, 인간
은 부족하기 때문에 너희들이 성령으
로 임하는 백성이 되어야 모두를 얻는
다 그리 말하느니라.
33 그리하여 노력하고 변화되는 삶을 사
는 것, 그것이 바로 무엇이더냐?
34 부족한 자가 노력하는 것이요, 부족하
기에 너희들이 바로 서고자 노력하는

것을,
35 그것을 너희들은 그리 말하며 행동으
로써는 하지 못하게 하며, 실질적인
면에서 너희들이 실천하지 말라 그리
가르침이니, 한 입으로 두말을 하는
것이 바로 너희들이 아니더냐?
36 나의 아들 예수가 너희들의 모든 죄
를 대속해 지고 갔다 말하면서, 너희
들이 죄를 짓고 울고불고 용서를 빌
며 그와 같이 하는 것이 하늘에 오르
는 길이라 하여 그들을 끌어 모아 너
희들이 울고불고하며 회개하며 은혜
받았다 하여 재물을 거둬들이는 이와
같은 사악한 행위가 이루어지고 있는
것이 오늘의 수천 년 동안 온 믿음이
니라.
37 그러니 전하는 것도 없으며, 깨닫는
것도 없으며, 앞으로 나아가는 것도
없으며, 그저 제 소원이요, 제 뜻을 인
간이 이룰 수 없는 것을 나 여호와의
힘을 빌어 이루고자 하는 그와 같은
것으로써 너희들이 제자리를 돌고 돌
고 또 도는 그와 같은 형국이니,
38 앞으로 나아가지 못하는 너희들의 믿
음이 모두가 다 기초적인 믿음에서 너
희들이 얽매어 있고 변화되는 것이
없음이니라.
39 너희들이 하나의 곡식의 씨앗을 뿌리
며 가꾸는 여정을 거쳐 결실을 거두거
늘, 너희들이 그와 같은 형국의 단계
의 변하는 것을 무시하며, 변하지 아
니하고 그저 일순간의 열매를 거둬야
된다 그리 말함이니,
40 너희들이 줄기가 없으며, 가지가 없으
며, 이파리가 없이 때가 되지 아니하
여 어찌하여 그 열매를 열 수 있으며
추수할 수 있도록 거둬들인단 말이더
냐?
41 이 어리석은 백성들의 굳어진 머리를
돌려놓는 것은 오로지 너희만이 역사
할 수 있는 길이라는 것을 잊어서는
아니 되니 그리 알라.
42 그리하여 고달프고 어려운 이 길을 가
나, 너희들이 즐겁고 행복한 마음으로
가라 함이니라.

10,313 번째 하나님 말씀

2004년 4월 4일 07시 10분

1 사랑하는 나의 아들아!
2 "네, 아버님! 말씀하옵소서."
3 나의 아들이 160권의 그 꽃이 핌으로
인하여 너희들의 모두가 다 핀다 했음
이니, 그러니 너희들이 죽은 나뭇가지
가 겨울에 혹한에 견디는 고통을 벗어
난 것이라 내가 그리하지 않더냐?
4 그러니 너희들이 그 뜻이요, 의미가
무엇인 줄 알겠느냐?
5 내가 너희들에게 기록하여 전하지 아
니하였더냐, 사랑하는 나의 아들딸들
아!
6 나의 아들이 160권의 법전을 세상에
만들어 낼 때, 그곳에 너희들 모두의
이름을 기록할 것이라 그리하지 아니
하였더냐?
7 그 160권의 법전에 기록되는 백성들
이요, 그 아들딸들이 바로 무엇인지
알겠느냐?
8 꽃을 피우는 백성들이니라.
9 그러니 시간이 없으며 기간이 얼마

없음이니라.
10 그러니 160권의 법전이 세상에 나와
모두가 맺어질 때까지 너희들이 나의
성전에 와 강론을 듣는 자, 나의 아들
을 따르는 자, 그리고 나의 법전을 읽
고 깨우친 자, 바로 꽃을 피우는 백성
들이요, 그 모두는 다 그때 너희들이
모두를 벗어난다는 의미가 여기 있음
을 모르는가?
11 나 여호와가 비유의 뜻이요, 내가 너
희들에게 가르치는 그 모두는 다 너희
들이 깊이 깨우쳐 뼈에 살을 붙여 만
들라 했음이니, 내가 너희들의 이름을
160권에 끝나는 그 모두에 기록하여
영원히 존재한다 했음이니,
12 그 생명록이요, 그것이 생명의 책이
요, 거기 이름이 적혀 있는 자, 영원히
불멸이요, 죽지 아니함을 알라.
13 내가 나의 아들을 따라서 너희들이 피
우는 그 꽃은 무엇이라 하였느냐?
14 떨어지지도 아니하며, 타지도 아니하
며, 꺾이지도 아니하며, 불멸의 꽃이
라 했음이니, 법전에 기록된 나의 사
랑하는 아들딸 너희들이 바로 무엇이
더냐?
15 그 한 송이의 꽃을 각자 피운 자들이
니, 너희들은 죽음이 없으며, 거기서
무너짐이 없으며, 아픔이 없으며, 모
두를 너희들이 이루고 벗어나는 것이
라는 것을 어찌 모른단 말이더냐?
16 내가 160권 속에 너희들의 이름을 기
록하라 했으니, 거기에 이름이 기록되
는 자, 그 하나의 아름다운 꽃을 피움
이니, 너희들이 시간이 없으며, 더 이
상 너희들을 기다릴 여유가 없으며,
17 나의 아들의 강론을 들으며 나의 법전
을 읽고 깨우치고 역사하는 것, 그리
고 너희들이 변화되는 그 시간과 기회
가 얼마 없다는 것,
18 그리하여 내가 너희들의 자식들부터
구원하며, 너희들의 부모와 형제부터
구하는 그 노력을 하라 했으며, 네 이
웃부터 구하는 그와 같은 노력을 하라
했음이니라.
19 160권이 세상에 나와 거기에 이름이
기록되는 자, 영원히 타지 아니하고
꺾이지 아니하고 너희들이 불멸의 꽃
이 되어야 됨이니,
20 그것이 바로 너희들이 그때부터 모두
를 다 이루는 것이며, 너희들이 모두
를 역사하는 백성이 될 것이라는 것,
그리하여 너희들의 이름이 기록되는
의미가 거기에 있음을 알라, 사랑하는
나의 아들딸들아!
21 거기에 이름이 기록되는 자, 그 순서
대로 한 송이, 두 송이 꽃이 피는 것이
요, 그 꽃은 무너지지 아니하며 영원
히 만백성을 구하는 빛이 될 것이니
라.
22 그 빛이 되기 위하여 내가 너희들에게
고통이요, 시련이요, 그 모두를 다 거
둬들임이니, 이것이 기적이요, 역사함
이니라.

10,314 번째 하나님 말씀

2004년 4월 4일 11시 43분

1 사랑하는 나의 아들아!
2 "네, 아버님! 말씀하옵소서."
3 내가 너희들에게 뭐라 말하였느냐?

4 어떠한 은혜요, 은사요, 기적이요, 그
와 같은 것은 정녕 하늘에 오르는 성
령이 임하며 성령이 임하는 길과는 관
계없다 하였으며, 진리의 흐름을 가는
것, 진리를 배우는 것, 역사하는 것과
는 관계없다 하였음이니라.
5 오로지 진리는 진리로써 조용히 임하
는 것이며, 물이 아래로 흐르듯이 그
와 같은 흐름 속에서 너희들이 그 길
을 가는 것이요, 그리하여 나에게 오
르는 길을 볼 수 있다 했음이니라.
6 그러니 지금 세상의 모든 종교 집단이
요, 지도자들이 그리 가고 있는 것이
과연 너희들은 어찌 보느냐?
7 그들은 강력한 조직이요, 그 강력한
집단을 만들며, 그리고 강력한 재물을
모으기 위하여 그들이 모두를 다 거기
에 바치고 있음이니,
8 과연 너희들은 이와 같은 속에서 참진
리가 있으며, 나 여호와의 뜻의 흐름
이 있으며, 나 여호와의 뜻의 가르침
이 거기 있다 생각하느냐?
9 내가 뭐라 했느냐?
10 나의 아들이 하늘을 향하여 지금 올라
오고 있음이니, 너희들이 올 수 있는
길을 만들며 그 길을 인도한다 했음이
니,
11 그가 종이 하나, 연필 한 자루를 너희
가 그 손에 들려 주었을 때, 그가 그
길을 올 수 없으며 어렵고 힘든 것이
라 했으니, 얼마나 어렵고 힘든 길을
너희들이 하나의 오차도 없이 와야만
되는 것이더냐?
12 그리해도 나의 아들이 올까, 오지 못
할까 그와 같은 형국이거늘, 그리고
그 안내자가 길을 내지 못한다 그리하
였거늘,
13 어찌하여 너희들이 지금 모든 종교 집
단이요, 믿음의 길을 간다는 그 종파
들이 무엇을 역사하느냐?
14 그 모두는 다 강력한 조직이요, 강력
한 단체요, 그리고 강력한 힘을 육성
하는 데 모두를 다 바침이니,
15 그러한 믿음을 바로잡고자 하며 바로
역사하고자 하는 것이 나의 뜻임을 알
라, 사랑하는 나의 아들아!

10,315 번째 하나님 말씀

2004년 4월 4일 20시 15분

1 사랑하는 나의 아들아!
2 "네, 아버님! 말씀하옵소서."
3 이 세상이 얼마나 혼란스러우며, 얼마
나 험악해졌으며, 나 여호와가 내려보
낸 나의 사랑하는 백성들이요, 내가
높은 지혜를 준 나의 백성들이 과연
오늘과 같이 천 갈래 만 갈래 찢어진
그와 같은 색깔로써 살아가는 백성으
로서 너희들이 산다는 것은 천사도 놀
라고 있으며 사탄도 놀라고 있는 그와
같은 형국이라면 알겠느냐?
4 너희들이 이 세상을 바라보는 것은 너
희들의 마음에 달렸으며, 그 마음 하
나 다스리면 너희들이 한 점의 부끄러
움이 없는 삶을 살 수 있거늘,
5 그 마음을 다스리지 못하며 너희들이
그 마음 하나를 바로 세우지 못하여,
이 세상이 천 갈래 만 갈래 모두가 다
찢어진 그와 같은 형국으로 되어 있음
을 알라.

6 너희들이 검은 안경을 쓰고 세상을 보
면 그 세상이 모두가 다 검게 보일 것
이며, 파란 안경을 쓰고 보면 그것이
파랗게 보일 것이요, 붉은 안경을 쓰
고 보면 세상이 다 붉게 보이니,
7 나의 사랑하는 백성, 너희들이 내가
나의 아들 예수를 통하여 내렸던 사랑
이요, 성령이 임한 그것은 다 접어 두
며 너희들 마음대로 색깔에 맞는 안경
을 쓰고 세상을 보니,
8 제가 보는 제 안경의 색깔과 똑같으
니, 그것이 옳으며 그것만이 이 세상
것이라 울고불고하는 것이 지금의 너
희들의 형국이니라.
9 너희들이 얼굴에 걸친 그 안경 하나를
벗어 던지고 세상을 보면 될 것을, 그
안경을 벗으면 너희들이 태양빛에 네
눈을 버리며 살지 못한다는 이와 같이
잘못 가르치는 종교 집단이요, 지도자
들의 그 가르침에 네가 두렵고 무서워,
10 벗으면 아무 이상이 없는 안경을 벗지
못하고 그들이 끼워 준 안경의 색깔로
써 세상을 보니,
11 나의 사랑하는 백성들이 한 형제가 지
금 서로 치고받으며 시기하고 질투하
며 네 것이 옳다 그르다 지금 너희들
이 그와 같은 형국을 하고 있음이니라.
12 사랑하는 나의 아들아!
13 그들이 어려서부터 성장하면서 그 안
경을 벗으면 안 된다 그리 세뇌시켰
으니, 검은 안경을 써 온 그 백성은 세
상을 검은 것으로 보며, 그것을 벗어
서는 안된다 하여 벗지를 못함이니,
14 그들이 얼마나 세뇌시켰으며 그들이
얼마나 위협했으면 그와 같이 되었겠
느냐?
15 그러니 그 안경을 걸칠 때까지 그들이
투자한 것이 또한 제 인생을 다 바치
다시피 했으며, 몇십 년 동안 시간과
너희들이 봉사활동과 재물을 바친 것
을 생각하면,
16 그 안경이야말로 네 개인적으로 생각
할 때 세상을 다 주어도 살 수 없는 그
안경이니, 그를 씌워 놓은 자의 말에
서 벗어나지 못함이니,
17 누가 그를 벗고 세상을 보라 한들 그
가 적이요, 제 눈을 멀게 하며 저를 소
경으로 만들어 제가 가지고 있는 재
산이요, 제 모두를 갈취하고 뺏어 가
는 자처럼 그리 세뇌되었고 공포에
떨고 있으니,
18 그를 벗지도 못하는 가련하고 불쌍한
백성들에게 어찌 그를 벗긴단 말이더
냐, 사랑하는 나의 아들아!
19 그들은 그 안경에 가려져 있어 세상을
보지 못함이니, 너희들이 부드러운 눈
이요, 부드러운 마음으로써 그들을 달
래 주고 어루만지는 것밖에 없음이니
라.
20 그들이 정녕 그 욕심이요, 저희들의
욕망에 의하여 어리석은 백성이 그 욕
망에 젖어 있다 해도 그들이 모르고
감이니, 모르는 것은 불쌍하고 가련한
것이 아니더냐?
21 사랑하는 나의 아들딸들아!
22 너희들이 법전을 만들어 세상에 내보
내며 그 법전을 옆에서 읽어 주며 그
법전의 소리를 듣고, 그들이 이를 벗
어도 된다 하여 제가 힘차게 제 손으
로 안경을 벗는 역사로 거듭나지 아니

하면, 그는 결코 구원을 받지 못하며
세상의 이치를 보지 못하며 나에게 오
를 수 없음이니라.
23 그러니 내가 너희들을 통하여 160권
의 법전을 만들어 세상에 하얀 눈을
덮듯이 덮는다는 것은, 그것을 자식이
읽어 줄 수 있으며, 며느리가 읽어 줄
수 있으며, 아내가 읽어 줄 수 있으며,
남편이 읽어 줄 수 있음이니,
24 그를 읽어 주는 나의 법전 소리를 듣
고 깨닫고 깨달아 제가 어느 날 과감
히 그 안경을 벗어 던지는 그것이 거
듭남이요, 성령으로 임할 수 있는 기
회이니,
25 그를 벗기고 세상의 모두를 볼 수 있
으며, 자연의 아름다움을 볼 수 있는
것은 지금 나의 새로운 성경이요, 법
전밖에 없음이니, 너희들이 온갖 정성
을 다하여 그를 만들어야 함이니라.
26 나의 성령을 만들 때, 너희들이 온갖
정성을 다하여 그를 만들었을 때, 나
의 피조물 만백성이 구원의 길을 본다
내가 하지 아니하였더냐?
27 저희들이 어려서부터 세뇌되어 그를
벗으면 안 되는 것, 투자된 것이 아까
워서 벗을 수 없으며, 그를 벗으면 제
생명을 잃는다는 그 두려움과 공포,
28 그리고 그들을 계속 이끌어 가는 자,
세뇌시키는 자, 그들로부터 그가 구원
의 길을 올 수 있도록 하는 것,
29 그 안경을 벗고도 제가 눈이 상하지
아니하며, 제가 죽지 아니하며, 이 자
연의 아름다움 속에 저희들의 형제요,
이웃의 다정함을 볼 수 있는 그 영광
을 얻도록 하는 것은,
30 너희들이 그들에게 나의 법전을 읽어
주고 들려주는 것밖에 없으며,
31 또 읽어 주고 들려주는 그 마음이 진
실되며 진정한 사랑으로써 역사할 때,
그 가슴을 울릴 때, 그는 힘차게 제 손
으로 그 안경을 벗어던지고 하늘을
볼 것이며, 너희들에게 감사함이니,
32 너희들에게 감사하며 나의 법전을 읽
고 그가 감사하다 기도할 때, 그는 나
를 경배하며 나를 기쁘게 하는 그와
같은 역사이니,
33 그와 같은 것을 내가 한 장의 그림으
로써 너희의 머리에 심어 주니, 그 역
사를 이루는 데 잠시도 주저하지 말며
최선을 다하여 역사하도록 하라, 사랑
하는 나의 아들딸들아!

10,316 번째 하나님 말씀

2004년 4월 5일 07시 50분

1 사랑하는 나의 아들아!
2 "네, 아버님! 말씀하옵소서."
3 사람이 살아가면서 똑같은 말을 하며
똑같은 행동을 한다 해도, 너희들이
눈으로 보는 것은 그것이 똑같이 보인
다 하나, 그가 생각하고 가는 마음 자
세에 따라서 모두가 다르다 하였음이
니라.
4 하나의 목적지를 향하여 두 사람이 같
이 걸어감이니, 너희들이 같은 목적지
를 향하여 같은 땅 위에서 같은 시간
에 걸어가나,
5 걸어가는 사람의 생각하는 것, 그 마
음가짐에 따라 모두가 다 다르다 말하
지 아니하였더냐?

6 너희들이 지금 나에게 오르는 길이요,
오늘의 삶이 또한 다 그러하니라.
7 너희들이 말과 행동에만 그런 것이
아니라, 너희들이 살아가는 오늘의 삶
에 있어서 너희들이 그리 바라고 원
하는 구원의 길을 가는 백성, 너희들
이 구원의 길이요, 믿는 것, 또한 신앙
의 마음 자세,
8 그 모두가 다 어떠한 마음 자세로써
역사하느냐에 따라서 그것이 나를 향
하여 오는 길과 나를 버리고 가는 길
로, 그리고 사탄의 후예로서, 사탄의
종으로서 전락하는 것으로 이와 같이
모두가 다 다름을 알아야 될 것이니라.
9 그러니 내가 너희들에게 참진리요, 정
도를 가는 것, 그 길을 가는 백성이 아
니면 아니 된다 하였음이니라.
10 그러니 너희들이 오늘의 믿음이요, 신
앙생활을 하는 것, 그리고 너희들이
그리 갈구하는 구원의 길을 가는 것,
11 그 모두가 다 너희들이 어떠한 생각과
어떠한 마음을 가지고 역사하느냐에
따라서 모두가 다르다 하였음이니라.
12 나는 너희들에게 나의 아들을 통하여
말하였느니라.
13 너희들이 순수한 마음이요, 그리고 나
에게 받은 은혜요, 그 모두에 감사하
는 마음과 나로부터 받은 그 은혜와
축복에 대하여 감사하는 마음, 그리고
그것을 내려 준 나 여호와에게 어찌하
면 그 길에 보답할 수 있는 백성으로
서 거듭날 수 있는가,
14 그와 같이 순수한 마음이요, 순수한
열정을 가지고 믿음의 길을 가는 백성
을 나는 바라며, 그게 정녕 나의 기쁨
이요, 나의 백성이요, 나에게 오르는
길이라 그리하였느니라.
15 그러나 너희들이 지금 믿음의 길이요,
신앙의 그 길을 가는 것, 그리고 재물
이요, 헌금이요, 각종 모두를 다 바치
는 것이 과연 순수한 마음으로써 그와
같은 역사를 하는 것인가, 아니면 계
산된 것이요, 무엇인가 거래하고자 하
는 마음에서 하는 것인가,
16 이것이 바로 하늘과 땅의 차이라 하였
음이니라.
17 그러니 모든 믿음의 길을 가는 백성,
그들이 역사하는 것이 어찌하였든 간
에, 나의 아들을 따르는 너희들은 그
순수한 마음이요, 바람이 없는 것이
요, 요구가 없는 것이요,
18 오로지 너희들이 생명을 가지고 세상
에 나며, 모두를 보고 즐기고 살아갈
수 있는 그 자체, 그 은혜요, 영광으로
써 선택받음이 얼마나 위대한 것이며
소중한 것인가,
19 그와 같은 것에 너희들이 나에게 감사
하며, 그 은혜에 보답하고자 하는 마
음으로써 사는 자세는 어떠한 자세이
며, 어떠한 형태로 너희들이 살아가야
되는 것인가 그것을 깊이 깨우치도록
그리하라.
20 너희들이 정녕 순수한 마음으로써 나
에게 감사한다면, 내가 내린 성경이
요, 내가 내린 계명이요, 지금 나의 아
들을 통하여 내리는 마지막 시대의 새
로운 성경이요, 그 모두를 너희들이
어찌 지켜야 되며 어찌 행하여야 되는
가 그것을 알 수 있을 것이니라.
21 그러니 그와 같은 마음의 깨달음이요,

그와 같은 방대한 너희들의 마음 자세
를 갖고 살아가도록 그리하라.
22 그것이 너희들이 차별화되는 백성이
요, 그리고 너희들이 그리 갈구하고
원하는 것이요, 그리고 너희들이 거듭
나는 은혜의 역사를 다시 한 번 받는
그 축복이요, 영광이 바로 모두가 다
거기에 있다는 것,
23 그와 같은 마음 자세로 역사하는 자가
그 모두를 볼 수 있다는 것을 잊지 말
라 그리 말하라.
24 내가 너희들에게 뭐라 말하였느냐?
25 모두를 양보하는 마음이요, 모두를 사
랑하는 마음이요, 모두를 네 이웃과
같이 사랑하라는 것을 내가 성서에 일
찍이 기록하였으며, 그 모두를 나의
아들 예수가 부르짖지 아니하였더냐?
26 네 몸과 같이 네 이웃을 사랑하는 것,
그리고 네 몸보다 더 소중히 사랑하고
기억하라는 것, 그리고 너를 위한 것
이 아니요, 남을 위하여 기도하라는
것, 그것이 제3의 시대요, 내가 너희
들에게 가르치고 깨우치는 것이 아니
더냐?
27 그러니 너희들이 그와 같은 마음 자세
로 살아가는 것, 그와 같은 마음으로
비우고 살아가는 자가 첫째는 나에게
받은 은혜를 감사하는 마음이요, 그리
고 순수한 마음이요, 그 은혜에 감사
하는 자, 나로부터 더 큰 은혜요, 영광
을 받을 수 있다는 걸 알라.
28 나로부터 받은 것을 모르는 자, 감사
함을 모르는 자, 조건부요, 그리고 너
희들이 계산된 마음으로 가는 자는 모
두를 다 잃는 것이요, 두 번 다시 기회
가 없다는 것을 알라.
29 인간 세상에서도 너희들이 남에게 받
은 은혜에 감사할 줄 알며, 그리고 그
고마움을 알며, 그리고 남에게 그와
같이 받은 것을 남에게 돌려주며,
30 아름다운 마음이요, 그리고 모든 사람
들에게 너희들이 칭찬을 들을 수 있는
것, 그리고 칭찬을 할 수 있는 그와 같
은 마음을 가지고 사는 자,
31 받은 것에 대해 감사하여 칭찬함이요,
그리고 그 은혜에 대해 보답하는 것을
주저하지 않는 백성, 그리고 그것을
진솔된 언행으로써 표현하는 것, 그
와 같은 자는 거듭 은혜를 받을 수 있
으며, 도움을 받을 수 있으며, 너희들
에게 그 사랑을 베풀어 줄 자가 계속
있으나,
32 그걸 너희들이 훼방하며 그것을 뒤에
서 욕하며 앞과 뒤와 겉과 속이 다른
마음이요,
33 그리고 진심으로 그것을 감사하게 생
각하지 아니하며, 그 은혜를 고맙게
생각하지 아니하는 자에게 누군들 두
번 다시 베풀고 사랑을 나누고자 하는
마음이 있겠는가?
34 인간 세상의 이치도 그러하거늘, 하늘
의 법도인들 또한 어떠하던가?
35 너희들이 이 지상에서 인간으로서 누
구에게 받을 수 없는 모두를 다 받은
자들이 감사하는 마음이요, 은혜에 보
답하고자 하는 마음을 갖는 것이 아니
라, 거래하는 마음으로써 모두를 역사
하고자 한다면, 두 번 다시 너희들에
게 무엇이 내려지며 무엇이 역사하겠
는가?

36 그 이치를 안다면 너희들이 오늘의 내
가 나의 아들을 통하여 내리는 뜻을
알게 될 것이니라.

10,317 번째 하나님 말씀

2004년 4월 5일 07시 55분

1 사랑하는 나의 아들아!
2 "네, 아버님! 말씀하옵소서."
3 나 여호와는 너희들에게 모두를 지배
하여 취하고 얻고 살 수 있는 그 모두
요, 그리고 너희들의 마음 자세요, 너
희들의 생각을 다스려 살아가라는 것,
그 모두를 내려 주지 아니한 것이 없
으며,
4 너희들이 행하여야 될 것이 나의 성경
이요, 그리고 지금 나의 법전이요, 그
리고 나의 계명이요, 그 속에 모두가
다 들어 있음이니, 그를 따르고 행하
는 것이 나에게 오르는 길이거늘,
5 너희들은 그와 같은 것을 행하지 아니
하며, 그저 믿음이요, 말로써 울고불
고하는 그와 같은 생각, 그리고 간단
한 재물을 바치는 것으로써 너희들이
구원을 받으며 나에게 오르고자 하는
그와 같은 믿음의 신앙 속에 젖어 있
으니,
6 그 모두를 너희들이 거듭나라 함이 나
여호와의 뜻이니라.
7 지금의 너희가 살아서 너희 자신이 천
국을 이루어야 되느니라.
8 네가 살아가는 이 지상의 나라에 네가
곧 이루는 천국의 세상을 만들어야 될
것이며, 그리하여 그 천국의 세상에서
네가 만든 천국 속에서 천사의 삶을
살아야 함이니라.
9 그렇지 않으면 결국 너희들은 이룰 수
없음이니라.
10 지금의 너희들이 살아가는 이 세속의
세상을 너희 스스로 천국을 만들지 아
니하면 아니 되느니라.
11 그 천국을 네가 만들어서 천국의 세상
에서 아름다운 삶을 사는 백성으로서
네가 살아가라.
12 그렇지 아니하면 아니 되느니라.
13 세속의 썩고 더럽고 추한 그 속에서
너희가 변화되지 못하며, 너희 스스로
도 너희 자신에게 천국이요, 그 마음
의 나라를 이루지 못하고 산다면,
14 결국 너희들은 악에 물들며 쓰러지는
것이라 내가 그리하지 아니하였더냐?
15 그러니 이 세상에 너희 스스로 어떠한
형태든 천국을 만드는 것은, 그 모두
는 다 너희 마음속에 있으며 너희 노
력에 달렸다 내가 일찍이 말하지 아니
하였더냐?
16 그리하여 너희들의 육이 있는 것, 그
리고 거듭남이요, 그 모두는 다 너희
들이 천국을 위해서 스스로 사는 사
람이 되지 아니하면 절대 천국에 들어
올 수 없으며, 영원히 사는 거듭나는
그 세상에 오를 수 없다는 것을 알라.
17 하늘의 천국에는 천사들만이 존재하
며 천사들만이 역사한다 하지 아니하
였더냐?
18 그러니 지상에서 천사 소리를 듣는
자, 곧 나는 그 천사의 날개를 달아 준
다 하였음이니, 그러니 지상의 천국을
너희들이 스스로 만들라.
19 그리고 네가 지상의 천국에서 살아가

는 사람이 되도록 그리하라.
20 그렇지 아니하면 아니 됨이니라.
21 하늘을 향하여 한 점의 부끄러움이 없
는 그와 같은 너희 자신의 삶을 사는
것, 그것이 바로 곧 천국의 세상을 너
희가 만드는 것이요, 육의 세상에서
너희 스스로 천국의 세상을 살아가는
삶을 사는 백성이 됨이니 그리 알라.
22 그러면 너희들이 거듭나는 것이요, 너
희들이 소원하는 것이요, 그 모두를
이루고 역사할 수 있는 것이니,
23 너희가 지금 이 세상에 살면서 나를
아버지라 부르며, 너희들이 회개할 수
있으며, 깨달음을 얻을 수 있는 이 세
상에서 너만의 천국의 세상에서 존재
하는 네 육의 세상의 천국을 만들라.
24 그를 만들며 그 속에서 살아가는 백성
으로서 네가 살지 아니하면, 결코 아
무것도 이룰 수 없고 얻을 수 없는 것
이니, 이를 행하도록 그리 전하라, 사
랑하는 나의 아들아!

10,318 번째 하나님 말씀

2004년 4월 5일 13시 34분

1 사랑하는 나의 아들아!
2 "네, 아버님! 말씀하옵소서."
3 인간 세상에 살아가면서 너희들의 부
모가 너희들이 말하는 대로 가난에 찌
들어 가난하게 산 사람이 그 아들에게
무엇을 원하겠느냐?
4 그는 부귀영화를 누리며 가난에서 벗
어나는 그와 같은 자기 자식이요, 자
기 후손을 만들고자 하는 것이 인간의
마음이요, 인간의 욕심이 아니더냐?
5 그러니 그 자식이 바로 서지 못하며
제 부모보다 더 가난한 삶을 산다 하
면, 그를 바라보는 부모의 마음은 어
떠하겠는가?
6 그러니 그 자식이 또한 가난을 면하
며, 그 가난에서 벗어나 남에게 베풀
고 사는 백성이요, 남에게 의지하여
남의 것을 구걸하는 백성이 되지 않기
를 바라는 것이 그 부모요, 부모의 소
망이요, 바람이 아니겠느냐?
7 그러니 후손이요, 그 후손이 더 가난
하며 더 힘들고 어렵게 살아가며, 세
상에서 인간 대접을 받지 못하며, 남
에게 폐를 끼치며, 남에게 구걸하는
그와 같은 삶을 삶이니,
8 더 어렵고 어려운 삶을 살아간다면 그
후손이요, 그 자식들을 바라보는 부모
의 마음이 어떠하겠는가?
9 인간 세상에서도 그 자식을 원망하며,
그리고 자신을 원망하며, 그리고 그와
같은 것을 바라보는 그 아픈 마음은
이루 말할 수가 없을 것이니라.
10 그러니 너희들이 따지고 보면 분하고
억울한 마음이 또한 어떠하겠느냐?
11 그러니 지금 나 여호와가 그러니라.
12 나는 너희들이 그 모든 죄악 속에 살
아가며, 너희들이 참진리요, 천사와
같은 삶을 살아가야 되는 그 백성이
그를 누리지 못하고 살기에,
13 내가 나의 아들 예수를 세상에 내려보
내 죽음으로써 피를 흘려 그 모두를
다 바쳐 너희들이 깨우치는 백성이요,
성령으로 임하는 백성이요, 하늘에 오
르는 백성이 오기를 간구하고 바랐거
늘,

14 너희들이 세월이 가면 갈수록 그 집
안이 빈곤이요, 가난으로 무너지는 그
와 같은 집안이 되듯이,
15 사악한 뿌리요, 그 사악한 뿌리가 또
사악한 뿌리를 낳아 이제는 이 세상
모두를 다 덮고 있으며,
16 온갖 곳에 다 내가 원하는 천사와 같
은 삶을 살아가는 백성이 없으며, 천
사와 같은 생각을 가지고 사는 백성이
없으며,
17 2천 년이라는 그 역사를 흐르면서 너
희들의 악함이요, 그 악한 마음이 세
상을 다 덮고 있다 하면, 이를 바라보
는 나 여호와의 마음은 과연 어떠하
겠는가?
18 가난을 면하기를 바라는 그 부모의
마음이요, 그 후손들이 가난에서 가난
으로 더 무너지는 것보다 천 갈래 만
갈래 더 가슴이 찢어지며 아픈 것이
나 여호와가 아니겠느냐?
19 사랑하는 나의 아들아!
20 너의 제자들에게, 그리고 나의 법전을
읽고 깨우친 백성, 그들에게 전하라.
21 너희들이 그와 같이 무너지고 더 무너
져, 이제는 그 악이요, 죄악이 세상을
덮는 그와 같은 세상이 되었으니,
22 이를 거둬들이고 천사와 같은 백성으
로서 내 품에 올 수 있는 희망이요, 바
람마저도 저버리는 오늘의 내 마음의
고통이 과연 어떠하던가?
23 그리하여 내가 더 이상 볼 수 없으며
더 이상 역사할 수가 없어, 지금 나의
아들을 통하여 너희들의 거듭나는 삶
이요, 너희들이 죄악을 물리치며 죄
악에서 벗어나는 그와 같은 극단의
처방을 내림이니,
24 이게 바로 나의 아들을 통하여 내리는
나의 모두를 태워서 내려보내는 나의
성령이요, 160권의 법전이라는 것을
너희들은 알아야 될 것이니라.
25 정녕 너희들이 가난에서 벗어나고자
하는 백성이 있다면, 제 부모의 살아
가던 가난한 삶의 모습이 아니요, 제
가 혁대를 졸라매는 거듭나는 인생의
삶을 살아서 저희 가문을 일으킬 수
있듯이,
26 너희들이 지금 그것보다도 몇천 배 더
어렵고 힘든 길을 가면서 너희들의 가
문을 일으키고자 이를 무는 백성처럼,
27 죄악으로 덮여 있는 이 세상을 나의
천국으로 만들며, 하늘에서 이루어진
것같이 지상의 낙원을 만드는 데 너희
들이 얼마나 피나는 노력이요, 고통의
모두를 다 바치고 거듭나는 삶이 아니
면 아니 되는 것인가를 알겠느냐?
28 그러니 너희들이 비틀거려서도 아니
되며, 유혹에 넘어져서도 아니 되며,
수시로 너희들이 흔들리는 그와 같은
마음을 가지고 가서는 아니 되는 것이
니라, 사랑하는 나의 아들아!
29 너부터 비바람이 몰아친다 하여 흔들
리는 그와 같은 자가 되어서는 아니
되며,
30 너의 제자들 또한 그와 같이 흔들리는
백성이 되어서는, 너희들이 가난에서
벗어날 수 없는 그 집안의 내력처럼,
31 너희들이 죄악으로 덮여 있는 이 세
상에서 결코 천사와 같은 백성이요,
하늘에 오르는 백성으로 역사하는 길
은 바라볼 수도 없으며 이룰 수도 없

다는 것을 알라, 사랑하는 나의 아들
아!

10,319 번째 하나님 말씀

2004년 4월 5일 13시 40분

1 사랑하는 나의 아들아!
2 "네, 아버님! 말씀하옵소서."
3 천사와 같은 백성으로 거듭나는 삶은
무엇이더냐?
4 천사와 같은 거듭나는 삶으로 살아야
됨이니라.
5 천사만이 천국의 나의 나라에 올 수
있음이니, 천사가 되고자 하는 삶을
사는 것이 가장 중요하고 귀한 것이거
늘, 지금 너희들은 어찌 사는가?
6 너희들은 사탄이 되고자 사탄의 삶을
살면서 너희들은 나의 천사가 되어 나
의 나라에 오고자 하는 그와 같은 착
각 속에서 헤매고 사는 백성들이 아니
더냐?
7 시기와 질투요, 욕심이요, 갖가지 너
희들이 죄가 되는 그와 같은 모든 행
위를 서슴없이 행하며 그를 즐거이 하
며, 그러면서도 그게 죄인 줄 모르며
반성하지 못하며 깨닫지 못하는 그와
같은 백성이 아니더냐?
8 그러니 죄가 되는 행위를 서슴없이 행
하고 사는 것이 지금 나의 피조물 만
백성, 너희들이 이 세상에 살아가는
모습이라면 믿겠는가?
9 선한 걸 하고자 하는 백성보다도 악함
을 스스럼없이 행하는 백성이 더 많
으며, 그들이 이 세상을 지배하고 통
제하는 험악한 세상이 되었음이니,
10 나의 계명을 저버리고 살면서 그리 사
는 백성들이 천국에 올 수 있다 그리
말함이니, 그와 같이 사는 백성들이
나와 무슨 관계가 있으며, 천국에 오
르는 길과 무슨 관계가 있던가?
11 너희들은 나와 무관한 백성으로서 오
늘의 삶을 사는 것임을 알라.
12 육의 세상에서 너희들이 육의 향락을
느끼다 죽음으로 나와는 관계도 없으
며, 그저 지옥 불에 던져지는 그와 같
은 백성의 삶으로써 너희 모두를 마
치는 것이 오늘의 너희들의 삶이라는
것을 알라.
13 더욱이 너희들이 지키지 못할 나의 십
계명이요, 그리고 너희들이 거짓 하지
아니하고 살 수 없다 하며,
14 그와 같은 것을 벗어나 거짓 하지 아
니하며 나의 십계명을 지키고 살려고
노력하는 백성들이 나를 기만하는 자
요, 죄짓는 자요, 사악한 사탄의 자식
이라 종교 집단이요, 지도자들이 그리
가르치는 험악한 세상이 되었음이니,
15 바로 서고자 아름답게 살고자 노력하
는 것은 노력할 필요가 없다 말하며,
노력하는 것이 죄가 된다 함이니,
16 노력하지 아니하고 너희들이 무엇 하
나 이룰 수 있으며 네 머릿속에 기억
하나 할 수 있단 말이더냐?
17 이것이 너희들의 오늘의 험악한 세상
이니, 사탄이 나의 피조물 만백성을
지옥으로 이끌어 가기 위한 것에 현혹
되어 분별하지 못하는 어리석은 백성
으로 지금 너희들이 세뇌되어 있음이
니, 그를 알라, 가련한 나의 백성들아!
18 너희들은 그러면서 뭐라 말하느냐?

19 인간의 노력으로써는 아무것도 이룰
수 없으며 역사할 수 없음이니, 너희
들이 성령이 임하는 백성, 성령이 임
하도록 그리하라,
20 성령이 임하기 위해서 너희들이 울고
불고 재물을 많이 바치며, 구원의 길
이요, 그저 말로써 너희들이 나의 아
들 예수를 '주여, 주여!' 부르며 그리
믿음의 길을 가며, 나 여호와를 믿는
것으로써 너희들이 성령이 임하는 것
이라 그리하나,
21 나는 나의 아들을 통하여 너희들이 노
력하는 만큼 천사로 변하고자 하는
그 마음속에 성령이 임한다 하였음이
니,
22 인간으로서 너희들이 지킬 수 없으며
인간으로서 역사할 수 없는 것, 그 모
두를 너희들이 지금 인간으로 산다는
것은 가당치 않은 일이라 그리 가르
치며, 오로지 성령으로써 임하는 백성
만이 나에게 오른다 함이니,
23 그러면서 너희들이 성령이 재물을 바
치는 것으로써, 울고불고하는 것으로
써 거저 이루어지는 것처럼 지금 가
르치며, 간단하게 이루어지는 것처럼
가르치며,
24 평범한 너희들의 삶 속에서 그저 너
희들이 재물을 바치고 주일을 지키
며, 그와 같은 종교 지도자가 하는 강
론을 들으며 설교를 들으며,
25 같이 믿지 않는 자, 너희들이 짐승이
요, 벌레만큼도 취급하지 않는 우월
주의에 빠진 삶을 사는 것, 그것이 너
희들이 구원의 길이라 그리 가르침이
니,
26 오늘의 너희들이 얼마나 잘못되었으
며 얼마나 지금 나의 뜻을 거역하고
사는지 아느냐?
27 이 지상에서 열매를 맺지 못하는 백성
은 천국에서도 열매를 맺을 수 없으
며, 내가 거둬들일 것이 없는 백성이
니, 나와 관계없는 백성이라는 것을
알라.
28 지상에서 내가 거둬들일 수 있는 것
이요, 만백성의 양식이 되는 그와 같
은 열매를 얻을 수 있는 자, 그 열매를
얻고자 피나는 노력을 하여 그 결과를
이루는 자,
29 너희들이 죽어 나에게 와서 그 모두를
얻으며, 너희들이 노력한 만큼 거둬들
일 수 있는 그와 같은 것이 하늘의 법
도요, 하늘에 적용되는 법이라는 것
을 알라.
30 그러니 내가 뭐라 말하였느냐?
31 너희들은 누가 뭐라 해도 지상에서 천
사 소리를 들으며 천사와 같은 삶을
살라 하지 아니하였더냐?
32 그 소리를 듣는 자만이 나 여호와가
너희들을 믿으며, 그것이 나로부터 선
택된 아들딸이요, 그리하여 너희들이
천국에 날아오를 수 있도록 내가 날개
를 달아 준다 수백 번, 수천 번 그리
전했거늘,
33 너희들이 행함은 사탄의 행위를 하는
것이요, 시기와 질투요, 거짓된 것이
요, 그와 같은 사악한 마음으로 살면
서, 너희들은 말로써는 하늘에 오른
다, 오를 수 있다, 그 자격을 받았다
그리하니,
34 너희들이 머지않아 너희들의 삶을 살

고 가는 길에 섰을 때, 천국이냐 지옥
이냐 하는 갈림길에서 너희들은 천국
의 길은 볼 수도 없으며, 하늘에 오르
는 길은 볼 수도 없으며,
35 너희들이 그리도 통곡하며 울고불고
들어가지 아니하려는 그 지옥의 길만
이 너를 기다리고 있음이니,
36 너희들이 그 두려움이요, 그 무서움이
어떤 것이요, 거기에 영원히 사는 그
세상에서 나오지 못하고 그 모두 갖가
지 고통을 겪고 산다는 것, 그것이 얼
마나 고통스러운 삶이며 얼마나 잘못
된 삶인지 안다면,
37 이 두려움 속에서 너희들이 죄를 지으
며, 기만하며, 남을 속이며, 시기하고
질투하며, 욕심을 버리지 못하며, 갖
가지 죄가 되는 그와 같은 행위를 서
슴없이 하고 구원받은 백성이라 그리
말할 수 있는가?
38 나와는 무관한 백성 너희들은 이제 깨
달아 스스로 하늘에 오르는 길을 보도
록 하라.
39 이것이 너희들에게 하는 마지막 경고
이니라.

10,320 번째 하나님 말씀

2004년 4월 5일 13시 45분

1 사랑하는 나의 아들아!
2 "네, 아버님! 말씀하옵소서."
3 이 자연의 아름다움을 너희들이 어찌
보느냐에 따라서 그 모두가 다 천태만
상으로 변화되는 그 형상을 볼 수 있
음이니라.
4 그러니 너희들이 이 세상에 살면서
가꾸고 기르는 모든 동식물이요, 그들
의 생명을 존중하며,
5 너희들이 귀여운 눈으로 그들을 보며
그들의 생명의 소중함을 인정하며, 하
나의 생명체로써 생각하여 그를 사랑
하는 마음으로 볼 때,
6 너희들은 그것 또한 사랑스럽고 소중
함을 알 것이니라.
7 그러나 이 세상에 모두 존재하는 것은
너희들 자신을 위하여 먹이로써 보며
먹이로써만 존재한다 생각하면, 그 귀
엽고 소중한 모든 동식물의 그 모두
가 다 너희들을 위하여 먹이로만 보이
게 됨이니,
8 저를 위한 먹이로써 바라보는 그와 같
은 것에 사랑이 어디 있으며, 아름다
움이 어디 있으며, 그리고 거기에 생
명체의 소중함이 어디 있겠느냐?
9 그저 저희들이 먹어 없애는 그와 같은
먹이로써만 보니, 거기에는 감정이 없
으며, 생각이 없으며, 사랑이 없는 것
이며, 너희들이 얼마나 잔인한 것이던
가?
10 그러니 너희들이 생각하는 마음에 따
라서 모두가 다 그와 같이 보이느니라.
11 그러니 너희들이 그와 같은 것으로써
사는 자, 소중함과 귀함이요, 남의 생
명이 존귀한 것을 모르고 살지 않느냐?
12 그리하여 내가 너희들에게 뭐라 하였
느냐?
13 이 세상을 너희들이 어떠한 색깔의 안
경을 쓰고 보느냐에 따라서 모두가 바
뀐다 하였으니,
14 지금의 믿음의 길을 가는 백성들이요,
그 신앙의 길을 가는 백성들, 모든 백

성, 너희들이 욕심이라는 안경을 쓰고
세상을 보니, 모두가 세상이 욕심 덩
어리요, 너희들의 그 모두가 다 잘못
보임이니라.
15 그러니 사랑이라는 것은 없고 오로지
욕심 덩어리만 이 세상에 존재하며,
그리하여 그저 욕심 덩어리만이 세상
에 보이는 너희들의 마음이기에,
16 더 이루고자, 더 갖고자, 남에게 지지
않는 그와 같은 제 앞에 많이 쌓고자
하는 마음을 가지고 너희들이 사니,
17 내가 너희들에게 내린 구약의 성경의
내용을 너희들이 아무리 봐도 알지
못하며, 신약을 읽고 읽어도 그 내용
을 알지 못하며, 나의 법전을 아무리
읽고 읽는다 해도 그 뜻을 알 수 없음
이니,
18 뜻을 모르는 것은 종이요, 글로써 모
두가 그침이니, 너희들이 지혜를 얻을
수 없는 것이니라.
19 그러니 모두의 비밀로 된 그 참뜻을
너희들이 알 수 없기에, 오로지 너희
들은 글자 그대로만 행하는 자요,
20 그리고 너희들이 그 아름다운 마음이
요, 사랑하는 마음이요, 그리고 모두
를 소중히 하는 마음이요, 그리고 모
든 것을 아름다운 쪽으로 보는 것, 용
서하는 쪽으로 보는 것, 그 마음이 없
기에,
21 너희들은 그 모두를 들여다볼 수 있는
귀와 눈이 있으면서도 듣지 못하며 보
지 못하는 그와 같은 어리석은 백성으
로 살다, 너희들이 나에게 오르는 길
이 아니요, 지옥의 그 길로 향하니,
22 그것이 지금의 지옥을 천국이라 말하
니,
23 너희들이 천국이 얼마나 위대한 것이
요, 지옥이라는 것이 얼마나 너희들이
죽지 않는 그 생활 속에서 수천수만
가지 너희들이 지은 죄의 대가를 갖가
지 방법으로써 치르고 사니,
24 오늘의 너희들이 죄의 대가를 치르면
그다음에 더 험악한 죄의 대가를 치르
며 영원히 사는 세상 속에서 산다 그
리 생각해 보라.
25 그러고도 지금 너희들이 흐트러진 자
세요, 너희들이 죄를 지으며 사악한
마음으로써 이 세상을 살아가며, 남을
시기하고 질투하고 미워하는 마음으
로 잠시라도 살아갈 수 있는가 그를
깨달으라.

10,321 번째 하나님 말씀

2004년 4월 5일 13시 51분

1 사랑하는 나의 아들아!
2 "네, 아버님! 말씀하옵소서."
3 너희들이 가슴속에 있는 생각이요, 그
마음으로 인하여 세상의 모든 사물이
다 아름답게 보이며, 추하게 보이며,
귀하고 소중히 보이니, 그 모두가 천
태만상으로 보인다 하지 않았더냐?
4 그러니 내가 너희들에게 뭐라 말했느
냐?
5 너희들의 마음이 그렇다 했느니라.
6 너희들의 눈을 가리고 있는 그 안경의
색깔이 어떠하냐에 따라서 자연의 모
두가 그리 보이듯이, 그와 같은 가르
침을 내가 너희들에게 전하여 너희 마
음을 아름답고 곱게 다스리는 것이 너

희들이 가는 길이라 내가 그리하지 않
았더냐?
7 너희들이 마음의 색안경을 어찌 쓰고
세상을 보느냐에 따라서 모두가 천태
만상으로 바뀌게 됨이니,
8 너희들이 천사와 같은 마음으로써 세
상을 볼 때 그 모두는 그리 비친다 하
지 아니하였더냐?
9 내가 그와 같은 지혜를 너희들에게 가
르쳐 주고 전해 주었거늘,
10 어찌하여 너희들이 너희 마음의 안경
을 이 세상을 하얀 마음처럼 세상을
아름답고 곱게 보는 그와 같은 지혜를
너희 것으로 만들어 그와 같은 삶을
살지 못하며, 그와 같은 오늘의 역사
함을 이루지 못하고,
11 어찌하여 너희들이 갖가지 안경으로
써 너희 눈을 가리며 마음의 안경을
썼다 벗었다 하는 그와 같은 삶을 사
느냐?
12 하루에도 너희들이 수백 번, 수천 번
씩 안경을 바꿔 쓰는 그와 같은 형국
이 오늘의 너희들의 삶이라 하지 않았
더냐?
13 지옥과 천국을 하루에도 수천 번씩 왕
래하며 사는 너희들이라 하였음이니,
너희들이 바로 마음의 안경을 바꿔 쓰
는 것과 같으니라.
14 너희들이 지옥과 천국을 왕래하는 것
도 오로지 너희들의 육이 존재하며 나
를 아버지라 부를 수 있는 이 세상에
서만 존재함이니,
15 여기에서 너희들이 지옥과 천국을 왕
래하는 그와 같은 삶을 살다가 그와
같은 기회가 없는 심판의 세상에 왔을
때 그를 어찌 감당하려 하느냐?
16 지금 너희들이 지옥과 천국을 수시로
왔다 갔다 할 수 있는 이 삶에서 너희
들이 지옥이라는 문을 닫고 천국의 문
만을 여는 그와 같은 삶을 살지 아니
하면 너희들은 결코 나에게 오를 수
없으며, 너희들이 그 많은 어렵고 힘
든 고통을 다 어찌 견딘단 말이더냐?
17 그리하여 내가 나의 법전을 읽고 깨우
치라 너희들에게 그리 전하고 전했거
늘, 어찌하여 너희들은 나의 뜻을 알
고 행하는 지혜를 얻으려 하지 아니하
며,
18 나의 아들을 따르는 제자, 너희들도
그저 그러려니 하고 평범한 백성들처
럼 살아가는 삶에서 벗어나지 못한단
말이더냐?
19 내가 마지막 시대에 심판의 성령이요,
그리고 심판의 새로운 성경이요, 모두
의 역사하는 것을 다 담은 새로운 성
경이라 하여 세상에 내려보내니,
20 이를 접하여 공부하고 깨우치는 백성
들이 만백성을 구하는 길이 무엇이며,
살아가는 길이 무엇인가, 그리고 너
희들이 무엇을 역사해야 될 것인가 하
는 그 지혜를 얻지 못한다면,
21 과연 누가 알아서 이 만백성을 가르치
며, 그들을 이끌어 의인으로 만드는
그와 같은 역사를 할 수 있단 말이더
냐?
22 너희들이 아니면 천사와 같은 백성을
만들 수 없음이니, 이를 알아야 될 것
이니라.
23 나의 법전을 읽고 깨우치지 아니하는
백성은 저희들이 무엇인지를 모르고

캄캄한 밤에서 지금 헤매고 있느니라.
24 그러나 너희들은 빛을 보고 있으며,
그 빛을 따라가는 자요, 그 빛을 따라
모두를 역사하는 선택된 백성들이 아
니더냐?
25 그러니 만백성을 그 빛을 따라 이끄는
것은 너희들만이 보이며 볼 수 있기
에, 그를 보지 못하는 백성을 어찌 인
도한단 말이더냐?
26 그러니 보이는 백성이 그들을 이끌어
야 되니, 너희들이 이끌기 위해서는
그와 같은 빛을 잃어서도 안 되며, 그
를 보지 못하는 흐린 영안을 가져서
도 아니 되는 것이 너희라는 것을 알
라.
27 그러니 이는 너희들이 깨닫는 지혜요,
참진리를 보는 지혜요,
28 나의 법전을 기록하여 전하는 그 뜻을
너희들 것으로 만들어, 너희들이 거기
서 얻고 깨우친 그 지혜를 가지고 만
백성을 인도하고 이끌지 아니하면, 그
누구도 이 역사를 이룰 수 없으며,
29 천사와 같은 백성을 만들어 인도할 수
있는 자가 없다는 것을 명심하고 또
명심하도록 그리하라, 사랑하는 나의
아들딸들아!

10,322 번째 하나님 말씀

2004년 4월 5일 13시 57분

1 사랑하는 나의 아들아!
2 "네, 아버님! 말씀하옵소서."
3 마음을 비우지 못하고 무엇인가를 얻
고자, 구원하고자, 구원을 받고자 한
다면 너희들은 아니 된다 그리하였음
이니라.
4 욕심을 버리지 못하고 신앙생활을 한
다면 너희 자신이 쓰러져 가는 것이
며, 너희 자신이 제 꾀에 스스로 속아
넘어가는 그와 같은 어리석은 삶을 사
는 백성이라는 것을 알라 그리하였느
니라.
5 너희들이 욕심을 버리지 못하며, 시기
질투하는 마음을 버리지 못하고 믿음
이요, 신앙생활을 하면서 너희들이 구
원을 받았다 말하는 자는 제가 제 꾀
에 속아 넘어가는 어리석은 백성이라
내가 하였음이니,
6 오늘의 모든 백성들이 가는 신앙생활
이 제가 속아서 넘어가는 그와 같은
생활의 믿음으로 가고 있음이니, 그들
이 참진리요, 하늘에 오르는 길을 어
찌 볼 수 있단 말이더냐?
7 그리하여 나와 관계없는 길을 가는 것
이 그들이라 하였음이니라.
8 그러니 너희들은 욕심을 버리는 피나
는 노력과 훈련으로써 거듭나지 아니
하면, 아무것도 볼 수 없으며 구할 수
없느니라.
9 너희들의 욕심의 뿌리를 누구도 뽑아
줄 수가 없으며, 네 마음속에 있는 욕
심의 뿌리는 너희 스스로 모두를 다
뽑고 지워 버려야 되느니라.
10 너희 스스로 뽑지 아니하면 아니 됨이
니라.
11 이를 너희들은 명심하고 또 명심해야
함을 알라.
12 욕심을 잉태하여 너희들이 욕심에 의
한 자식을 두게 되는 것이요, 그와 같
이 욕심에 의하여 욕심을 잉태하여 욕

심의 자식을 세상에 낳음이니,
13 그 자식 또한 욕심에 의하여 세상에
자식을 낳게 됨이니, 욕심을 가지고
세상에 나온 자식이 죄를 짓지 아니
할 수 없으며, 그 죄 속에서 또 그가
살아가는 삶이 아니더냐?
14 그러니 결국 그는 무엇이더냐?
15 저 스스로 죽음의 길이요, 저 스스로
지옥의 길을 가는 그와 같은 삶을 벗
어나지 못하는 것이 너희들 인간 세
상의 삶의 윤리가 아니더냐?
16 그러니 내가 너희들에게 뭐라 하였느
냐?
17 선을 잉태하는 자, 선한 자식을 낳게
됨이니, 사랑을 베푸는 자요, 사랑을
나누는 자요, 그와 같은 자식 속에서
너희들이 천사요, 하늘에 오르는 자식
을 낳을 수 있으며, 그와 같은 사람이
태어날 수 있고 그 백성이 이루어진
다는 것,
18 그러니 너희들부터 지금의 선한 마음
이요, 사랑하는 마음이요, 선을 잉태
하는 그와 같은 거듭나는 삶으로써
살지 아니하면 아니 되는 것이 오늘의
나의 아들을 따르는 제자들이요, 나의
법전을 읽고 깨우친 백성들이 가는 길
이라는 것을 절대 잊지 말라 그리 전
하라.

10,323 번째 하나님 말씀

2004년 4월 5일 13시 59분

1 사랑하는 나의 아들아!
2 "네, 아버님! 말씀하옵소서."
3 너를 따르는 제자들이요, 나의 뜻을
따라 공부하는 백성, 너희들이 과연
나의 성전에 와 법전을 읽고 공부하는
백성들이요, 스스로 법전을 읽고 깨우
쳐 바른길을 가고자 하는 너희들,
4 성전에 와서 너희들이 무엇이든 작든
크든 약속을 하는 것, 그리고 나의 아
들과의 약속이요, 그 모두를 하는 것,
그것은 너희들이 나의 아들에게 약속
을 하는 것이 아니요,
5 위로는 나 여호와에게 너희들이 약속
하는 것이며 그 뜻을 언약함이니,
6 너희들은 창조주 나 여호와에게 약속
하는 것이 얼마나 귀하고 소중한 것
이며, 너희들이 그 약속을 어기고 나
를 속였을 때, 또한 그 대가가 무엇인
가를 과연 생각해 보았는가?
7 그 결과는 상상을 초월할 것이니라.
8 너희들이 얼마나 깊은 마음으로써 나
와의 약속을 어겼으며 나를 기만했느
냐에 따라서 너희들이 받아야 되는 그
길은 상상할 수 없음을 알아야 될 것
이니라.
9 그러니 너희들이 나의 성전에 와서 하
는 약속이요, 나의 아들과의 굳은 약
속은 나의 아들이요, 인간과 하는 것
이 아니요, 너희들이 나와 약속하는
것이라는 것을,
10 나와 약속하는 것은 너희들이 지키고
행해야 하는 것이기 때문에 귀하고 소
중한 약속이니,
11 그리하여 너희들이 함부로 약속해서
도 아니 되며 언약해서도 아니 되며,
약속한 것은 반드시 지키고 가야 하
는 것이 너희들의 운명이라 함을 잊
지 말라 그리 전하라, 사랑하는 나의

아들아!

10,324 번째 하나님 말씀

2004년 4월 5일 14시 06분

1 사랑하는 나의 아들아!
2 "네, 아버님! 말씀하옵소서."
3 지금의 나의 백성 너희는 나의 뜻이요, 나 여호와가 너희들에게 전하고자 하는 성령의 뜻을 떠나서는 아무것도 이룰 수 없으며 역사할 수 없다는 것을 알라.
4 너희들은 나 여호와가 창조한 이 세상의 모든 것의 일부분이요, 너희들이 역사하고자, 이루고자 하는 것은 이 세상에 너희들이 비교할 때 미미한 존재이며 미미한 것이니라.
5 다만, 너희들이 생각할 때 너희들이 거듭나는 그 역사가 위대한 것이며, 구원이 대단한 것이며, 그것 외에는 아무것도 보이지 않으나,
6 이 세상의 자연을 유지하고 자연을 역사하며, 그 자연 속에서 너희들이 살아가는 그와 같은 우주 만물의 형태에 비한다면,
7 인간도 그 속의 하나로서 존재하며 하나로서 역사하는 것이요, 그리하여 너희들이 하나로 역사하는 그와 같은 삶이기 때문에,
8 인간 세상에 살아가는 너희들의 구원이요, 너희 자신이 귀하고 소중한 것이라 생각하나,
9 하늘의 이치에서 들여다볼 때, 너희들의 존재는 미미한 것이요, 너희들이 울고불고 구원을 바라는 것, 그것도 작은 것에 불과하다는 것을 알아야 될 것이니라.
10 지금 너희가 말하는 참진리요, 나 여호와의 뜻이 무엇이더냐?
11 성령이요, 이는 곧 말로써 모두가 전해지고 역사하는 것, 그것이 너희들이 말로써만 전해지고 현실로는 이루어지지 아니하며 내 뜻이 역사하지 아니한다면, 그것은 다 무엇이더냐?
12 아무 가치 없는 것이며 무의미한 것이니라.
13 나의 뜻은 말로 전해지든 책으로 전해지든 그 모두가 역사하는 것이며 행해지는 것이 중요함을 너희들은 알아야 될 것이니라.
14 지금의 모든 믿음의 길을 가는 것, 나의 뜻을 전하고 가르친다는 백성들, 교회요, 성전이요, 너희들이 말로써만 나의 뜻을 역사한다 그리 말하고 지금 가르치고 있지 않더냐?
15 그러니 나 여호와의 뜻을 전하는 곳이 아니요, 사탄의 소굴이 되어 버린 것이 오늘의 너희들의 손으로 지은 교회요, 성전이라는 것을 잊지 말라 함을 알라.
16 그러나 너희들이 지금, 내가 말하는 것이요, 나의 뜻이요, 창조주 아버님의 말씀이요, 그 뜻을 전하며 내 뜻을 역사한다 하면서,
17 너희들은 고정된 장소요, 그리고 한 곳에 모여서 사람을 모아 놓고 정해진 장소에서 나의 뜻을 전하며, 그곳에서만 나의 뜻이 역사하는 것이며, 내가 존재한다는 그와 같은 어리석은 생각을 버리라 함이니라.

18 그리하여 너희들이 교회를 지으며 성전을 지으며 성막을 지어 그와 같이 역사하니, 그곳에 사람을 모아 놓고 그곳에 오는 백성만이 구원을 받는다 그리 말하니,

19 내 뜻은 그리 전해지는 것이 아니니라.

20 모든 지도자, 너희들은 들으라.

21 사람이 있는 곳을 너희들이 찾아가 전하면 될 것이며, 나의 성령이요, 나의 뜻은 살아서 움직이는 곳에 모두가 있음을 알라.

22 너희들이 나의 성령이요, 나의 말씀이라는 것은 너희들의 한 교회요, 한 장소요, 성당이요, 법당이요, 그곳에서만 나의 뜻을 전하며 내 사랑을 실천하는 것이 아니요,

23 고정된 곳에 내가 존재하지 아니함이니라.

24 나의 뜻이요, 나의 성령은 살아서 움직이는 것이니, 어떠한 곳이든 사람이 모이는 곳, 나의 백성들이 있는 곳, 그곳에 가 강론하고 설법하여 그들을 깨우치는 그와 같은 역사로써 거듭나는 것을 이루고자 하는 것이 나 여호와의 뜻임을 알라.

25 너희들의 교회요, 성막이요, 한 곳에서 너희들이 나의 피조물 만백성들의 재물을 거둬들이며, 피와 땀을 거둬들여 고정된 장소에서 모두를 역사한다는 것은 다 부질없는 것이며, 나와는 관계없는 것이니,

26 그곳에는 내가 있지 아니하며 나의 성령이 존재하지 않는다는 것을 명심하고 명심하라.

27 성령이 없는 것은 구원이 없으며, 성령에 의하여 따르지 아니하며 성령이 역사하지 않는 것은 너희들은 무엇도 볼 수 없으며, 무엇도 깨달을 수 없으며, 정녕 하늘의 빛이요, 내 진리를 알 수 없는 것이니라.

28 그러니 고정된 장소를 만들어 놓기 위하여 나의 피조물 만백성에게 재물이요, 금화를 거둬들여 너희들이 나의 백성을 모아 놓고 그곳에서 강론하는 것,

29 제왕적인 자리에서 너희들이 왕궁보다도 더 화려하고 누구도 감당할 수 없는 그와 같은 호화로운 곳에서 그 단상에 서서 나의 뜻을 전하고 역사하는 것이 하늘에 오르는 길이요, 나의 성령이 역사하는 것이요, 임한다 하지 말라.

30 너희들이 사탄이요, 죄요, 하늘의 뜻을 모르는 자들이 나의 피조물 만백성에게 '성령을 받으라!' 소리 지르며, '성령을 받으라, 백성아! 성령을 받아야 구원을 받을 것이다.' 너희들이 그리 말하고 소리 지르면서 너희들은 그들에게 재물이요, 그와 같은 금화와 은화요, 그 대가를 거침없이 거둬들이니,

31 이게 바로 나의 아들의 이름이요, 우리 부자의 이름을 팔아 사기극을 벌이는 자들이니,

32 그와 같은 거짓된 자들에게 현혹되어 제가 성령을 받았으며, 하늘에 오르는 백성이 되었으며, 구원을 받은 백성이요, 하늘에 오를 수 있는 그 자리가 정해져 있는 백성이라는 그 착각 속에서 벗어나라.

33 그렇지 아니하면 아니 됨이니라.
34 성령으로써 남이 너희에게 성령을 임
해 주는 것이 아니요, 너희들이 말로
써 모두가 역사하는 것이 아니요,
35 너희 스스로 노력하여 네가 천사와 같
이 변화되는 것, 네 허물을 하나하나
고쳐 가는 것, 네 악습을 하나하나 벗
어던지는 것,
36 그 피나는 노력 속에서 너희들이 성령
이 임하는 것이요, 그와 같이 성령이
임한 백성이 하늘에 오르는 빛을 볼
것이며 그 빛을 따라 너희들이 나에게
구원을 받는다는 영광을 잊지 말라,
사랑하는 나의 아들딸들아!
37 모두가 깨어나라.
38 모두가 깨어나지 아니하면 아니 되느
니라.
39 그러니 나의 아들을 따르는 그 제자들
이 소중하고 귀한 것이 무엇이더냐?
40 너희들이 무엇을 바로잡고 고치고자
하는 것이 아니요, 너희들이 이 세상
의 모두의 대혁명을 이루며, 인간 세
상의 삶의 모두를 다 혁명을 이루며,
41 이 세상의 너희들의 악한 것이요, 죄
악으로 덮여 있는 그 모두를 걷어 내
는 그와 같은 대혁명의 역사를 이루
는 것이 나의 아들을 따르는 제자들이
요, 나의 법전을 만드는 제자들이요,
나의 법전을 전하는 백성, 너희들이라
는 것을 알라.
42 그렇지 아니하면 지금 다스려질 수 없
으며 거듭날 수 없는 그와 같은 세상
이 되어 버렸다는 것을 알라.

10,325 번째 하나님 말씀

2004년 4월 5일 14시 09분

1 사랑하는 나의 아들아!
2 "네, 아버님! 말씀하옵소서."
3 지금의 모든 종교 집단이요, 수천 년
동안 흘러온 그들이 제가 구원을 받으
며, 저만 하늘에 오르고자 하며, 저만
영원히 사는 세상에 거듭나는 그와 같
은 욕심을 가지고 있는 백성들의 마음
이요,
4 저희들의 욕심을 위하여 지금의 모든
거짓된 종교 지도자들이 어찌 너희들
을 규합하고 어찌 이끌어 왔는가?
5 방대한 조직이요, 방대한 물질을 가지
고 있는 그들이 그와 같이 역사를 이
루어 나의 뜻을 거역하는 행위를 할
수 있는 것은, 인간 너희들이 구원을
받겠다는 욕심이요, 저만 하늘에 오르
겠다는 백성이요,
6 그리고 너희들이 저만 천국에 오르는
그와 같은 영광을 얻겠다는 욕심을 가
진 자들 때문에,
7 그 마음을 악용한 자들이 오늘의 교회
요, 성막이요, 성당을 그리 만들어 놓
고, 강력한 조직으로써 모두를 이룰
수 있으며, 그를 이끌어 갈 수 있는 이
와 같은 집단으로 성장하였음이니,
8 그 모두는 나 여호와의 뜻에 의해 역
사하여 너희들이 하늘에 오르는 이와
같은 방대한 조직을 이룬 것이 아니
요, 그들이 유능해서가 아니라,
9 너희들이 구원을 받겠다는 것, 하늘에
오르겠다는 욕심에 차 있는 백성의 마
음을 악용하여 거짓 지도자들이 오늘

에 이와 같은 형국을 이루었음을 알라.
10 그러니 정녕 너희들이 구원의 길이요,
하늘에 오르는 진리가 그 속에는 없으
며, 나 여호와의 뜻이 거기에 없음이
니,
11 하늘의 이치와는 관계없는 그와 같은
믿음으로 가는 것이 오늘의 모든 종교
집단이니라.
12 그러니 저희들이 꿀만을 따라 편한 길
을 찾아 그 길이 하늘에 오르는 길이
라 하여 세뇌되었으며 그것밖에 모르
는 그 백성들이기에,
13 저희들이 가는 길이 지옥의 길이요,
거듭나지 아니하면 아니 되며, 돌아서
서 가지 아니하면 아니 된다는 그와
같은 말을 너희들이 전함이니,
14 너희들의 말을 듣지 아니하며, 너희들
을 핍박하며 세상에 존재하지 못하게
하니,
15 그들을 바로잡는 것은 대개혁의 역사
밖에 이룰 수 없기에 그 모두를 감당
하는 것이 너희들이니,
16 너희들이 하나가 되어 그 힘을 발휘할
때, 모두가 역사할 수 있는 기초가 이
루어진다는 것을 알라.
17 지금의 나의 아들을 따르는 제자들이
요, 나의 법전을 읽고 깨우친 백성, 너
희들은 기초를 다져 놓는 것이며, 혁
명의 기초를 다지는 것이니라.
18 그 모두를 이루고 역사하는 것은 다음
의 세대요, 다음의 백성으로 역사할
자들이 준비되었다는 것을 알라, 사랑
하는 나의 아들딸들아!

10,326 번째 하나님 말씀

2004년 4월 5일 20시 29분

1 사랑하는 나의 아들아!
2 "네, 아버님! 말씀하옵소서."
3 모든 믿음의 길을 가는 종교 집단이
요, 그 신도요, 백성들이 뭐라 말하느
냐?
4 저희들이 교회요, 성전이요, 성당을
찾아가는 것은 그 지도자요, 목자를
위하여 가는 것이 아니요,
5 오로지 성령으로써 그 뜻을 깨우쳐,
성서로써 너희들이 깨우쳐 하늘에 오
르는 길을 보고자 그리 간다 하지 않
느냐?
6 그러니 종교 지도자를 보지 아니하며
종교 지도자를 보고 가는 것이 아니라
그리 말하니, 그 말의 의미가 무엇이
더냐?
7 종교 지도자는 다 그렇고 그런 자들이
요, 다 '도토리 키 재기'라는 너희들의
말이 있듯이, 나은 자도 낫지 못한 자
도 다 똑같은 그와 같은 부류라 너희
들이 그리 말하는 의미가 아니더냐?
8 그러니 믿을 자가 하나도 없으며, 너
희들이 경배할 자가 없으며, 따를 만
한 자가 없다는 것이 아니더냐?
9 서로가 저희들이 똑똑하며 저희가 나
로부터 선택된 목자요, 기름 부은 자
라 말하나,
10 너희들이 보는 그 종교 지도자들이라
는 것은 너희들과 한 치도 벗어나지
도 못하며 같은 우물 안에, 같은 동아
리 안에 상주하고 있다는 그 의미가
아니더냐?

11 그러니 누구를 믿을 수도 없으며, 믿
을 자도 없으며, 다 거기가 거기라는
그와 같은 의미가 거기에 담겨 있는
것을 모르는가?
12 오늘의 종교 집단이요, 믿음의 길을
가는 그 백성들이 지금 어찌 생각하
는가?
13 진정한 참지도자요, 나의 뜻에 따라
역사하는 목자가 세상에 온다 해도,
14 그저 저희들이 따라왔던 종교 지도자
요, 저희들이 실망했던 종교 지도자
요, 저희들이 믿고 따라왔던 자에게
저희들이 그와 같이 실망하며, 그를
따를 수 없으며, 신뢰할 수 없는 그와
같은 삶 속에서 스스로 지치고 지쳐
있는 그러한 백성들이기에,
15 그 어떠한 사람이 너희들에게 참진리
요, 나 여호와의 뜻을 강론하고 가르
친다 해도 너희들이 듣는 순간에 뭐
라 하느냐?
16 그도 다 똑같은 자요, 그도 별수 없는
자요, 세월이 지나면 그도 세파에 시
달리고 부딪치다 보면 그도 그와 같은
자요,
17 그리고 재물이요, 너희들이 말하는 권
력이요, 모든 것이 축적될 때, 그도 똑
같은 자로 타락하며 변질되는 것이 지
금의 모든 종교 지도자라 그리 말하
며 그리 믿고 있음이니라.
18 그는 바로 무엇이더냐?
19 너희들이 종교 지도자를 믿을 자가 없
으며, 경배할 자도 없으며, 따를 자가
없으며, 선생으로 받들 자가 없다는
그 말이 아니더냐?
20 그러니 이와 같은 형국을 누가 만들었
는가?
21 바로 몇천 년 동안 흘러오는 종교 집
단 속에 있는 그 지도자들이 만들어
놓은 결과요, 저희들의 오늘의 그 실
정임을 알아야 될 것이니라.
22 누가 뭐라 해도 그를 믿지 아니하며,
누가 뭐라 설법을 하며 나의 진리를
가지고 하늘에 오르는 길이라 하여 가
르쳐도,
23 그가 지금은 순수하며 청빈하며 그리
고 깨끗한 자나, 그도 또한 세월이 지
나면 모두가 다 혼탁한 자며,
24 그리고 세속의 재물이요, 권력이요,
모두에 다 무너지는 자가 되니, 믿을
자가 없다는 것이 오늘의 믿음의 길을
가는 백성들의 그 생각이니,
25 그러기에 너희들이 그 지도자를 보고
가는 것이 아니요, 성경이요, 성서의
말씀을 보고 간다 하는 이야기가 나왔
음을 알지 않겠는가?
26 그러니 이제 나의 아들을 따르는 제
자, 너희들이 지도자로 나가며, 나의
아들 또한 네가 만백성의 지도자라 그
리 네 직분을 다하기 위해서는,
27 그와 같이 실망하는 자가 너희들을 보
고 똑같다 침 뱉고 돌아서며, 하나도
변함이 없는 똑같은 자들이 세상을 혼
탁하게 한다는 그와 같은 말을 들어서
는 아니 되며, 너의 제자들도 그를 들
어서는 아니 됨이니라.
28 똑같은 지도자요, 똑같은 사람이요,
다 한 물속에 노는 자들이요, 그리고
재물이요, 권력에 눈이 어두워 저희들
이 양의 가죽을 쓴 이리와 같은 형국
으로,

29 지금은 너희들이 아름답고 깨끗하며
순수한 것처럼 하나, 신도가 늘며 재
물이 늘며, 그리고 더 좋은 교회요, 더
좋은 성전을 지을 수 있는 그와 같은
터전이 마련될 때,
30 그 모두는 제왕적인 자세로 변화되며,
대우받는 자요, 받듦을 받는 자로 모
두가 변해 감이니,
31 그를 믿고 따라왔던 백성들의 그 허탈
함이요, 배신감이요, 그 마음을 달랠
길이 없으며,
32 그 마음을 터트릴 곳이 없으며, 그를
하소연할 곳이 없으며, 그를 단죄할
곳이 없어 지금 고통 속에 가는 그 백
성들, 물러나지도 못하며 더 전진하지
도 못하고 고통스러워하는 그 백성들,
33 그들이 지금까지 느꼈던 그 아픔을 너
희들을 만나며 나의 법전을 읽고 깨우
친 지도자요, 선생을 만남으로써 모든
마음을 지울 수 있으며,
34 세상에는 정녕 나 여호와의 뜻대로 하
늘의 백성이요, 천사와 같은 백성이
요, 천사와 같은 지도자요, 진정한 지
도자가 있음을 그들에게 너희들이 선
물해야 될 것이며,
35 그들에게 너희들이 모두를 전해 주며
나눠 주고 그들이 삶을 얻을 수 있도
록 하며,
36 정녕 진정한 나 여호와가 존재함을 믿
을 수 있으며, 또한 나 여호와가 세상
에 내려보낸 진정한 지도자가 있다는
것을, 그와 같은 믿음을 갖고 그들이
따라올 수 있도록 너희들의 삶이요,
행위로써 보여 주지 아니하면 그들의
마음을 달랠 수 없으며,
37 그들을 나의 법전을 읽고 깨우치는 백
성이요, 그리고 너희들을 따라와 나에
게 오르는 참진리의 길이요, 하늘에
오르는 길을 볼 수 있는 백성으로 인
도할 수 없음이니,
38 똑같지 아니하며 차별화되는 그와 같
은 너희들이 있다는 걸 보여 주어야만
된다는 것을 잊지 말라.

10,327 번째 하나님 말씀

2004년 4월 5일 20시 32분

1 사랑하는 나의 아들아!
2 "네, 아버님! 말씀하옵소서."
3 나의 피조물 만백성 너희들에게 모든
지혜요, 높은 깨달음을 주어 세상의
모두를 통제하며 살아갈 수 있는 그
마음은 무엇이더냐?
4 사랑을 행하며 양보의 미덕이요, 그와
같은 너희들이 겸손한 자세요, 겸손을
아는 백성으로 살아가도록 하기 위하
여 내가 너희들에게 높은 지혜를 주어
세상에 나가도록 하였음이니라.
5 그러니 너희들은 서로가 살아가면서
인간과 인간 세상에서 겸손한 자세요,
상대방을 이해하고 감싸 주는 그와 같
은 자세로써 서로가 돕고 도와가며 살
아가도록 내가 너희들을 세상에 내보
냈으며,
6 그것이 너희들의 기본의 삶의 틀이라
는 것을 어찌 모른단 말이더냐?
7 그러니 그와 같은 것이 내가 너희들에
게 바라는 것이요, 너희들이 인간 세
상에서 살아가는 기본의 자세이라는
것을 알아야 될 것이니라.

8 그와 같이 너희들이 겸손한 자세요,
상대방을 이해하고 남의 어렵고 잘못
됨을 감싸 주는 그와 같은 마음 자세
로 사는 것이라 내가 하였거늘,
9 지금의 종교 집단이요, 그 백성들이
요, 그 신도들이 과연 어찌 살아가는
가?
10 너희들이 가는 길이요, 자신이 믿고
있는 그와 같은 종파요, 그 교리에 같
이하지 아니하는 자는 하늘나라에 머
리를 같이 둘 수 없는 자라 그리 생각
하며,
11 그리고 너희들은 그와 같은 사람을 사
람으로 취급하지 않는 오늘의 형국에
이르렀음이니,
12 그리고 저만이 하늘에 오르는 길이요,
제가 가는 길만이 참진리요, 정당한
길이요, 그리고 나의 역사를 이루는
길이라 하여,
13 어떠한 것도 너희들이 받아들이지 아
니하려 하며, 어떠한 것도 이해하지
못하며, 이해하려 하지도 아니하는 것
이요,
14 이해를 하지 못하도록 지금 모든 종교
집단에 있는 지도자들이 나의 사랑하
는 백성들을 그리 가르치고 그리 이끌
어 가지 않느냐?
15 그러니 어떠한 것도 받아들이지 못하
며, 어떠한 것도 믿지 못하도록 그리
만들었음이니라.
16 그리하여 다른 것은 사탄이요, 이단이
라 너희들이 그리 가르치며, 모두는
구원의 길을 막는 것이라 그리 가르치
니, 그 백성들이 지금 어찌하는가?
17 저희들과 생각과 믿음이 다를 때, 어
떠한 백성이든 그들은 공격의 대상이
요, 공격의 목표로 삼으며, 핍박하며
짐승만도 못한 그와 같은 생각으로써
그들을 박대하고 핍박하는 그와 같은
삶으로 살고 있으니,
18 이것이 과연 사랑을 베푸는 나의 백성
들이요, 서로 돕고 도와 가면서 살아
가라 내가 세상에 내보낸 기본의 삶을
사는 자들인가?
19 기본의 삶의 틀마저도 무너트리고 사
는 것이 오늘의 잘못된 종교 집단이
요, 그 신도들이요, 그 백성들이라는
것을 너희들은 알아야 될 것이니,
20 이제는 너희들이 내가 오늘의 실상이
요, 너희들의 그 마음까지도 나의 법
전이요, 새로운 성경에 기록하여 너희
들을 깨우치고자 하니,
21 이를 읽고 깨닫는 백성, 이를 보고 회
개하고 반성하는 그와 같은 백성, 너
희들이 거듭나는 삶의 길을 보도록 하
지 아니하면 아니 됨을 그들에게 깨우
쳐 주고 전하도록 그리하라.

10,328 번째 하나님 말씀

2004년 4월 6일 06시 04분

1 사랑하는 나의 아들아!
2 "네, 아버님! 말씀하옵소서."
3 이 세상의 모두가 살아가는 것은 정
답이 있으며 반드시 그 짝이 있다 내
가 그리하였느니라.
4 악이 있으면 선이 있으며, 모두는 반
대의 그 짝이 있으며, 짝이 없는 것이
없음이니라.
5 낮이 밝은 광명의 천지가 있으면 어두

운 밤이 있듯이, 모두는 그와 같은 반
대성이 반드시 있다 하지 않았더냐?
6 그러니 너희들이 아무리 어렵고 절망
적인 속에 있다 해도, 너희들이 지혜
를 짜내고 생각을 하면 거기서 너희들
이 구원할 수 있는 길이며 헤어날 수
있는 길이요, 답이 거기에 있음을 알
아야 될 것이니라.
7 반드시 그 답이 있느니라.
8 얼마만큼 너희들이 머리를 쓰며, 얼마
만큼 하나가 되며 너희들이 생각하느
냐에 따라서 그 모두는 거기에 답이
반드시 있으니, 답이 없는 것이 없음
이요, 헤어나지 못하는 것이 없느니라.
9 어떠한 절망적인 것이요, 인간의 생각
으로써 정녕 헤어날 수 없으며 거듭날
수 없는 그와 같은 속에 있다 해도,
10 너희들은 거기에서 지혜를 짜내며 너
희들이 생각하며 마음을 하나로 합쳐
생각할 때, 나는 너희들에게 거기서
헤어날 수 있는 반대의 짝의 대답을
주느니라.
11 그러니 너희들이 반대의 답을 찾느냐
찾지 못하느냐 하는 것은 너희들의 노
력함에 달렸으며,
12 너희들이 모두가 하나가 되어 어렵고
힘든 것을 헤어날 수 있도록 연구하고
생각하는 그 노력에 달렸음을 알아야
될 것이니라.
13 내가 항상 반대의 짝이 있다고 했으
니, 아무리 절망적이요, 절망 속에 있
다 해도, 거기에서 헤어나 더 큰 기쁨
이요, 더 큰 영광을 얻을 수 있는 그와
같은 답이 반드시 기다리고 있음이니,
14 너희들이 연구하고 생각하며 힘을 합
쳐 생각하기에 달렸느니라.
15 무거운 짐을 끌어올릴 때 한 사람이
도저히 그걸 할 수 없으나, 두 사람,
세 사람이 힘을 합치면 그것을 너희들
이 끌어올릴 수 있으며, 끌고 갈 수 있
는 것이 인간 세상의 법도가 아니더냐?
16 그러니 반드시 그 짝이 있으며 그 답
이 있음을 알라.
17 그러니 너희들이 얼마만큼 그곳에서
헤어나며, 그 어렵고 힘든 절망 속에
서 헤쳐 나오느냐 그것은 생각하기에
달렸음을 알라.
18 모든 지금 믿음의 길을 가는 백성들이
요, 그리고 그 많은 백성들을 구원하
는 법전이요, 나의 새로운 성경을 만
들어 전하는 너희들이 어떠한 마음으
로써 구원할 것이냐 하는 것은,
19 지금 굳고 굳어져 있는 바위보다도 더
굳어져 있는 그들의 믿음을 깰 수 있
으며, 그들을 녹일 수 있으며, 그들이
너희들을 따를 수 있는 길이 거기에
있음이니라.
20 너희들을 시기하고 질투하며, 사탄이
요, 마귀라 소리 지르는 그와 같은 자
도 또한 넘어올 수 있으며 깨달을 수
있으며,
21 그와 같이 하는 자, 저희들이 깨닫고
돌아서서 너희들을 따를 때, 그가 너
희들보다 열배 백배 더한 열과 성의를
가지고 일을 할 수 있는 것이며, 나의
법전을 들고 전할 수 있음을 알아야
될 것이니라.
22 그러니 너희들은 이 세상에 짝이 없는
것이 없으며, 답이 없는 게 없으며, 정
답이 없는 게 없음을 알라.

23 그러니 너희들이 머리를 쓰고 노력하
고 힘을 합쳐서 생각하고, 그와 같은
것에서 헤어나고자 하는 그 노력, 그
와 같은 진실된 마음가짐 속에는 반드
시 답이 있느니라.
24 그러니 이 세상에 나의 법전을 가지고
덮는 것, 그 모두도 다 너희들이 그 짝
이 있듯이 답이 있으며,
25 지금 나의 아들이 성령을 받아 역사하
는 것도 누가 그를 믿으며 그와 같이
역사할 수 있다 생각하는가?
26 그러나 그 모두를 역사하며, 160권이
라는 대장정의 법전을 나의 아들이 세
상에 만들어 내는 것이 머지않았듯이,
그 노력이요, 거기에 바치는 정열이
요, 그가 그 모두를 거기에 걸고 왔기
때문이니,
27 너희들은 그와 같은 정성과 열과 성의
를 가지고 너희들이 항상 아무리 절망
적이라 해도 거기서 답을 찾도록 그리
하라.
28 짝은 반드시 내가 있도록 만들었으며,
짝이 없이 세상에 내려보낸 것이 없으
니라.
29 그러니 너희들이 버릴 것도 짝이 있다
하는 인간 세속의 하는 말이 있지 않
더냐, 사랑하는 나의 아들딸들아!
30 반드시 그 짝이 있으니, 짝을 찾으라.

10,329 번째 하나님 말씀

2004년 4월 6일 06시 11분

1 사랑하는 나의 아들아!
2 "네, 아버님! 말씀하옵소서."
3 무거운 짐을 지고 너희들이 먼 길을
간다 해도, 가는 마음이 기쁨으로 가
는 것이냐, 그렇지 않으면 고통의 세
월로 가느냐는 너희들이 생각하기에
달렸음을 알아야 될 것이니라.
4 너희들의 부모가 자식에게 무엇을 전
하고자 하여 그것을 이고 지고 가는
부모가 아무리 힘들고 허리가 굽었다
해도 그가 도저히 견디기 어려운 고
통에 힘이 딸린다 해도,
5 그는 기쁨이요, 즐거운 마음으로써 그
모두를 인내하고 갈 수 있는 것이 인
간 너희들의 마음이요, 사랑하는 마음
이요, 스스로의 기쁨을 얻고자 하는
것이 인간 세상에 살아가는 순리가
아니더냐?
6 아무리 어렵고 힘들어도 부모가 자식
을 사랑함이니, 그 자식에게 나눠 주
는 그 기쁨으로 인하여 이고 지고 가
는 그 마음에 너희들이 즐거움이요,
고통이라 생각하지 아니하니 그는 갈
수 있는 것이니라.
7 너희들이 지금 나의 법전을 만드는 멀
고도 먼 그 길을 가는 것, 그리고 너희
들이 악을 버리고 천사와 같은 마음으
로 거듭나는 그와 같은 삶을 내가 살
라 하였음이니,
8 그 모두가 다 너희들이 즐거운 마음으
로써 그 모두를 역사한다면, 너희들은
고달프고 힘들고 어렵다는 그와 같은
말을 할 일이 없으며, 그와 같이 어렵
고 힘든 길이 아니요, 즐겁고 행복한
마음으로 모두를 갈 수 있음을 알아야
될 것이니라.
9 나의 아들이 160권의 성령을 받아 새
로운 성경이요, 새로운 법전이라 하여

만백성을 구하는 기틀을 만드는 것도,
10 네가 즐거운 마음으로써 나에게 기도
하고 경배하여 나의 성령을 받아 기록
한다면, 그는 즐거움이요, 지루하지
아니함이요, 고통스럽지 아니함이니
라.
11 다만, 그것을 네가 고통이라 생각할
때, 나의 법전이 세상에 나오는 길은
점점 멀어질 것이며, 세월은 그저 무
수히 흘러가며,
12 나의 법전이 세상에 나와 만백성을 구
하는 역사는 10년이요, 네가 평생 동
안 해도 못 할 수 있음이니라.
13 그러나 네가 이것이 대명이요, 그리고
그 모두를 즐거운 마음으로 역사할 때,
14 나의 법전은 너희들이 상상할 수 없는
짧은 시간에 세상에 나와 만백성이 이
를 접하는 은혜와 영광과 축복을 누릴
수 있는 것이니라.
15 나의 아들을 따르는 제자들이요, 나의
법전을 만드는 선택된 너희들, 그리고
나의 법전을 가지고 만백성을 구하는
너희들이 어떠한 마음으로써, 어떠한
생각으로써 그를 하느냐에 따라서 모
두의 성과가 거둬지고 거둬지지 아니
하며,
16 또한 너희들이 고달프고 힘든 그와 같
은 길인가, 그렇지 않으면 즐겁고 행
복한 길인가 하는 것을 너희들은 알고
있을 것이니라.
17 너희들이 지금의 오늘의 법전을 만들
고 전하는, 그리고 나의 아들을 따르
는 백성, 너희들이 오늘의 삶이 고달
프고 힘들다 하나,
18 너희들은 아주 큰 나무가 자랄 수 있
는 그 씨앗을 너희들 스스로 지금 심
고 있다는 것을 알아야 될 것이니라.
19 지금의 너희들이 모두 미비하나 너희
들이 어렵고 힘들게 심는 그 씨앗은
이 세상을 덮어 그늘을 지어 만백성이
요, 모든 날짐승이요, 동식물이 쉬어
갈 수 있는 그와 같이 위대한 나무로
자랄 것이니, 그걸 너희들이 심고 있
음이니라.
20 그러니 그와 같은 생각이요, 그와 같
은 마음으로 오늘의 삶을 너희들이 즐
거운 마음으로 할 때, 모두가 즐거움
이요, 고달프지 아니하며 힘들지 않은
길이니라.
21 그러나 너희들이 이를 힘들게 생각하
며, 너 자신의 행복으로 생각하지 아
니하며, 네가 이를 선택된 것이 영광
이라 생각하지 아니한다면,
22 이 길은 정녕 고달프고 힘들며 역겨
워서 너희들은 결코 갈 수 없으며 무
너진다는 것을 알라.
23 그러니 지금 나의 법전을 만들고 이를
전하는 선택된 제자들이요, 그리고 만
백성에게 전하는 너희들은 모두가 행
복이요, 영광된 길이요, 즐거움으로써
모두를 행한다면,
24 오늘의 하루하루가 너희들이 어렵고
힘든 것이 즐거움이요, 행복한 시간으
로 변화될 것이요,
25 그렇지 아니하면 너희들이 고통이요,
시련이요, 힘든 길이라 생각할 것이니,
26 나의 법전이 세상에 나올 수 있는 시
간은 멀어지며, 그리고 만백성이 이를
보고 깨우치는 것도 멀어질 것이며,
27 그 누구도 이를 터득할 수 없으며, 누

구도 얻을 수 없는 영광을 얻지 못하는 그와 같은 불행한 형국으로 된다는 것을 알아야 될 것이니라, 사랑하는 나의 아들딸들아!

10,330 번째 하나님 말씀

2004년 4월 6일 06시 18분

1 사랑하는 나의 아들아!

2 "네, 아버님! 말씀하옵소서."

3 나 여호와가 너희들에게 지상의 낙원을 내려 주었으며, 그러니 너희들이 오늘의 삶이 천국과 같은 삶으로 지상에서 이루어져야 되며, 너희들이 자유로움을 느끼며 행복을 느끼며 그와 같이 살아가야 할 백성, 너희들에게 내가 내려 준 상이요, 내가 너희들을 그리 살게 하였음이니라.

4 그러나 지금 자유를 느끼며 행복한 삶을 살아야 할 이 지상의 육의 삶이 과연 어떠하더냐?

5 나 여호와가 내려다보는 이 아름다운 지상의 천국은 죽음의 세상이 되었으며,

6 그러니 죽음의 세상에서 죽음의 병에 걸려 있는 나의 백성, 너희들이 오늘의 살아가는 그와 같은 형국임이니, 그를 보는 내 마음이 과연 어떠하던가?

7 이 죽음의 세상에서 죽음의 병에 걸려 시름하는 만백성, 과연 그 백성들을 어찌 구제할 것이며 그를 치료할 것인가 한번 생각해 보라.

8 오늘의 너희들의 믿음이요, 모든 종교 집단이 지금 흘러오면서 이 세상을 죽음의 세상으로 만들었으며, 나의 사랑하는 백성들까지 죽을 병에 걸려 있으니,

9 너희들이 씨앗을 뿌려 가꾸고 기르는 그와 같은 수고로움이 없이 그저 구원을 받은 자요, 그저 너희들은 축복받는 자요, 하늘에 오를 수 있는 자들이요, 그리고 열매를 거둠을 받을 것이며, 너희들은 거둬들이는 은혜와 영광을 받을 것이라는 그 백성들이니,

10 거기에 허덕이는 너희들이야말로 죽을 병에 걸린 자와 같음을 알라.

11 그러니 이들을 어떻게 구제할 수 있단 말이던가?

12 이는 모든 종교 개혁이요, 종교 혁명으로부터 모두가 다스려져야 될 것이며,

13 종교 혁명에 더불어 사회의 모든 백성들이 개혁과 혁명으로써 모두가 이루어지지 아니하면 아니 됨이니라.

14 그와 같은 역사가 아니고는 결코 이를 이룰 수 없으며, 거듭날 수 있는 형국이 될 수 없음을 알아야 될 것이니라.

15 지금의 병든 죽음의 세상에서 어떠한 기적으로 나의 백성들을 구원할 수 있단 말이더냐?

16 어떠한 형국으로도 구원할 수 없음이니라.

17 굳어질 대로 굳어져 있으며, 병들어 죽어 가는 것을 그들이 알지 못하는 자이기 때문이니라.

18 그러니 이는 창조주 나 여호와의 성령으로써 너희들이 무엇을 이루고자 하는 것, 그 뜻을 이루고자 하는 것, 그 모두가 다 나의 성령으로 임했을 때만

너희들이 나의 백성이요, 바른 세상을
보며 하늘에 오르는 길을 볼 수 있다
는 그와 같은 깨달음을 얻어야 될 것
이며,
19 또한 너희들이 성령으로 임해야만 모
두를 역사한다는 것을 알면서, 그 성
령이 어찌하여 임하는 것인가, 그 원
인이요, 근본을 찾아 너희들이 성령이
임할 수 있는 백성으로서 거듭나는
그 길을 가지 아니하면,
20 너희들은 어떠한 것으로써 무엇으로
도 너희들을 구제할 수 없으며 구원
할 수 없는 그와 같은 형국이 되었음
이니라.
21 지금까지 너희들이 구약이요, 신약이
요, 그 성경대로 내가 나의 아들을 통
하여 전한 대로, 또 내가 모세를 통하
여 전한 대로 너희들이 그와 같이 제
대로 이해하고 그 길을 가고자 하여
깨우쳐 살아왔다면, 지금의 이와 같은
세상은 되지 아니하였음이니라.
22 그러나 모든 종교 집단이요, 그들은
왜곡되게 이해했으며, 그들이 제대로
그 뜻을 알지 못하며,
23 모르는 자가 나의 백성들을 인도하고
깨우쳤다, 그리고 저희들이 구원의 길
로 인도한다 하여 지금과 같은 악습에
젖어 있는 세상이 되었으며,
24 악습에 젖어 살아가는 백성들이 되었
으며, 악습이요, 사탄과 같은 자들이
이 세상을 지배하도록 된 것이 오늘의
형국임을 알아야 될 것이니라.
25 너희들이 바로 성서를 이해하고 바로
사는 삶을 살고자 하는 것, 그리고 하
늘의 뜻을 깨닫는 백성이 있어 정녕
바르게 인도했다면, 결코 오늘과 같이
사탄이요, 사악한 자들이 이 세상을
지배하게는 되지 아니하였을 것이니
라.
26 그러니 이 세상을 어찌 구원한단 말이
더냐?
27 너희들은 지상의 천국을 이 세상에서
건설하며, 하늘에서 이루어진 것같이
이 땅에서 이루어지는 그와 같은 역사
를 이루겠다 하여 몸부림치며 구원의
길을 가는 그 백성들,
28 그들이 정녕 나 여호와의 뜻에 의하여
참진리의 길을 가는 것이 아니요, 모
순 덩어리요, 거짓된 것이요, 그리고
진리의 뜻을 모르는 그와 같은 형국이
기에, 너희들이 나의 뜻을 거역하는
믿음이요, 신앙생활로써 지금의 삶을
살아가고 있다는 것을 알라.
29 그러니 거기에 젖어 있는 자, 거기에
빠져 있는 자, 아무리 외치고 소리 질
러도 그를 듣지 아니하니, 그들을 깨
우치고 바로 서게 하는 것은 나의 성
령이라 하였음이니,
30 그리하여 내가 나의 성령의 법전을 세
상에 내려보내니, 나의 성령은 너희들
이 성령이 임하는 백성이요, 구원의
길이요, 나를 경배하는 것이요, 그 모
든 답을 통달할 수 있도록 거기에 들
어 있으니,
31 나의 법전을 읽고 깨우치지 아니하면
절대 너희들이 모순 덩어리요, 거짓된
것이요, 남을 기만하는 이와 같은 오
늘의 믿음을 바로잡을 수 없다 함이니,
32 그를 가르치고 다스리는 것은 나의 법
전을 전하는 너희들의 그 대명이 없

이는 아무것도 이루어질 수 없다는
것을 알아야 될 것이니라.

10,331 번째 하나님 말씀

2004년 4월 6일 06시 24분

1 사랑하는 나의 아들아!
2 "네, 아버님! 말씀하옵소서."
3 나의 사랑하는 백성들이 나의 법전이
요, 너희들이 전하는 아름다운 가슴의
사랑의 말을 전하는 것을 그들이 듣지
못하며 그를 거부하며 그를 믿으려 하
지 아니함이니, 그 모두를 어리석은
백성이요, 불쌍하다 너희들이 그리 생
각하느니라.
4 그러나 그것 또한 그들의 뜻이 아니
요, 그들의 탓이 아님을 알아야 될 것
이니라.
5 오늘의 수천 년 동안 믿어 오는 속에
서 종교 지도자요, 그리고 목회자라는
그들이 사랑하는 나의 백성들 앞에서
실망시켰으며, 너희들에게 거짓 했으
며 너희들을 악용하고 이용하는 그와
같은 수법으로써 흘러왔기에,
6 나의 백성들이 믿었던 자에게 수없이
실망을 느끼며, 존경했던 자에게 너희
들이 침을 뱉지 아니하면 아니 되는
그와 같은 지도자들의 모습이요,
7 시작은 그들이 아름답고 곱게 하나,
세월이 흐르고 변함에 따라서 그들의
변하는 인간의 형태를 보면서 모든 백
성들이 실망을 했으며, 그리하여 세상
에 믿을 자가 없다는 그와 같은 의심
투성이로써 나의 백성들의 마음이 굳
어져 있으니, 과연 누구를 믿는단 말
이더냐?
8 저희들이 그리 믿고 존경했던 자가 배
신하며 등을 돌리며, 그 인간 본연의
자세가 너희들 백성만도 못한 행위를
하는 그와 같은 것을 볼 때, 과연 그들
이 무엇을 느끼고 무엇을 얻었겠느냐?
9 그들은 배신이요, 불신이기 때문에 아
무리 참진리요, 진정한 뜻을 가지고
전한다 해도 듣지 못함이니라.
10 너희들이 그저 이것저것을 써서 세상
에 내보내는 것이 얼마나 많으냐?
11 이것이 하늘에 오르는 길이요, 이것을
믿는 자, 구원의 길이라 하여 수많은
사람이 수많은 글로 한두 권의 책을
세상에 써 내는가 하면,
12 나로부터 성령을 받았으며, 나로부터
명을 받았다 하여 구세주요, 또 예수
가 재림했다 하여, 또는 모세가 재림
했다 하여 그들이 지금 수없이 이 세
상을 덮고 있음이니,
13 그들이 그곳에 가 듣고 보니, 그것 또
한 기만이요, 속임이니,
14 그리하여 그 백성들이 지금 나의 법전
이요, 새로운 성경이요, 참진리가 내
려온다 해도 믿지 아니하며 등을 돌리
며, 태워 버리고 찢어 버리는 그와 같
은 형국은 바로 종교 지도자들이 그리
만들었으며 그리 살아왔기 때문이니
라.
15 그러니 이와 같은 험악한 세상이요,
이와 같이 삐뚤어진 세상이요, 이를
바로잡을 수 있는 것은 너희의 삶이
바른 자세요, 그리고 나의 법전을 하
얀 눈이 세상을 덮듯이 전하고 전하여
그들이 보도록 그리하는 길밖에 없으

며, 그것 외에는 그 마음을 달래 주고
잡을 수가 없음이니라.
16 그러니 나의 법전을 찢어 버리고 욕하
는 그 백성들이요, 믿지 못한다는 백
성들, 너희들의 말을 듣지 못하는 그
백성들이 얼마나 속고 속았으면 그러
하겠는가?
17 그러니 그들을 가련하고 불쌍한 마음
으로써 너희들이 보도록 그리하라.
18 그리고 그 마음의 상처요, 그 마음을
달래 줄 수 있는 대화로써 너희들이
접근한다면, 그들은 바로 나의 법전을
읽고 접할 것이니라.
19 그들은 남에게 속고 속았음이니, 속고
속아 아픈 마음의 상처를 너희들이
보지 아니하고는, 그 마음의 대화의
문을 열지 아니하고는 법전을 전할 수
없음이니라.
20 그들이 왜 문이 닫혀 있는 줄 알겠느
냐?
21 너희들에게 말하지 못하나, 제가 믿고
존경하는 종교 지도자요, 목자들이요,
그 모두에게 실망을 느꼈으며, 세상에
믿을 자가 하나도 없다는 그 마음이
굳어져 있기에,
22 믿을 수 없는 자, 그저 있는 길, 그저
인간 세상에 더불어 살아가는 것, 어
렵고 힘든 길을 서로 의논하며 믿어
가는 세상, 그리고 이해관계가 있는
세상, 제가 준 것처럼 받을 수 있는 세
상,
23 이와 같은 인간 세속의 삶에 빠져 거
기서 너희들이 믿음은 저버렸으며, 하
늘에 오르는 길이 무엇인가를 다 저
버리고 더불어 살아가는 그와 같은 형
국이니,
24 이제는 그들이 믿음이라는 것은 마음
속에 포기한 자들이 아니더냐?
25 오로지 그저 형식적으로 흘러가는 그
속에서 여기인들 어떻고 저기인들 어
떠하더냐, 그러니 그 자리에 있겠다는
마음이니,
26 그들의 가련하고 불쌍함은 속고 속아
온 그와 같은 삶이니, 그 마음을 달래
는 쪽으로 너희들이 대화의 문을 열면
나의 법전을 받지 않는 자가 없을 것
이니 그리 알라.
27 모든 자에게 속았으며 모든 자에게 기
만을 당했으나, 너희들이 마지막 이를
보고 여기에서도 너희를 기만하며 속
이는가를 보고,
28 그리고 너희들이 믿음을 가던 길과 너
희들이 지금 깨우치고 있는 허전함과
공허한 마음이 여기에 와 결국 나의
법전을 읽으면서 달래지지 아니하고
채워지지 아니할 때 그때 떠나도 될
것이라 그리 말하면, 그들이 대화의
문을 열 것이니 그리 전하라, 사랑하
는 나의 아들딸들아!

10,332 번째 하나님 말씀

2004년 4월 6일 06시 30분

1 사랑하는 나의 아들아!
2 "네, 아버님! 말씀하옵소서."
3 지금의 모든 나의 백성들이요, 종교
집단이요, 지도자요, 너희들이 믿음이
요, 신앙의 길을 달려오는 것은 나의
어리석은 백성들이 진정한 참진리를
갖고자 몸부림쳤으나,

4 모든 집단이요, 그리고 가르치는 선생
이라는 자들은 나의 백성들의 숫자를
가지고 숫자놀음에만 집착하며, 금화
와 은화를 얼마만큼 네 앞에 쌓아 놓
았느냐, 네 발밑에 네가 그를 딛고 서
있느냐 하는 것,
5 그 양에 대하여, 금화와 은화의 양이
요, 인간의 나의 백성들의 머릿수를
그저 재물로 계산하는 그 숫자놀음에
만 모두를 바쳤으며, 거기에 여념이
없는 집단이요,
6 그리하여 너희들이 힘을 자랑하며, 숫
자를 자랑하며, 네 발밑에 있는 재물
의 양을 가지고 자랑하며, 그리고 나
의 사랑하는 백성들의 고혈을 갈취하
여 너희들이 얼마나 더 큰 성전이요,
아름다운 성전을 짓고 가지고 있으며,
네 이름을 과시하고 살아가는 것인가,
모두 거기에만 연연하며,
7 저 자신의 이름이요, 제 광명을 위해
살아가는 그와 같은 자들 속에서 모두
가 지금의 믿음이요, 신앙이라는 것이
존재하고 갔으니,
8 거기는 진리가 없으며, 하늘의 뜻이
없으며, 그리하여 나와는 관계없는 것
이요, 그러니 나와 관계없는 것을 위
하여 너희들의 모두를 바치며 지금 가
고 있는 믿음이니,
9 나 여호와의 나라요, 나에게 오며 창
조주 아버지의 품에 온다는 것, 영원
히 거듭나는 세상에 온다는 너희들이
숫자놀음이요, 재물을 갈취하는 길이
요, 더 큰 성전이라는 것이요, 교회를
짓는 곳에만 모두를 바치는 그와 같은
이중적인 삶 속에서 참진리요, 나의
뜻은 하나도 없으며,
10 그리하여 내가 너희들이 하는 짓이 나
와 관계없는 짓만을 하고 있다 하였음
이니, 이를 깊이 깨우쳐 들여다보는
삶을 살지 아니하면 아니 될 것이니라.
11 너희 말대로 수많은 종교 지도자요,
그 밑에서 깨우친 백성들이 성서대로
그대로 지키고 살아 그대로 행했다면,
과연 오늘에 이와 같이 험악한 세상
이요, 너희들이 말하는 말세의 세상이
요, 도둑이 들끓는 세상이 되었겠느
냐?
12 나의 성경의 가르침대로 너희들이 제
대로 가르치지 못했으며 그 뜻을 알지
못함이니, 너희들이 겉에만 보는 그와
같은 신앙생활이요, 그와 같은 성경의
가르침으로 인하여 이 세상은 병들고
썩어져 가는 세상이 되었으며,
13 나의 사랑하는 백성들은 병들어 죽어
가는 중병을 앓는 이와 같은 세상이
되지는 아니하였을 것이니, 그 책임이
요, 그 한계가 과연 어디 있다 생각하
느냐?
14 오늘의 너희들이 그와 같이 잘못되었
으며, 모두가 다 썩어져 죽어 가는 중
병에 걸려 있는 이 세상이 된 것은,
15 오늘의 그 많은 종교 집단이요, 지도
자 너희들이 바로 성경을 공부하지 아
니하였으며, 나 여호와의 뜻을 제대로
깨우쳐 행하지 못하였기 때문이니라.
16 오로지 세를 불리기 위하여 숫자놀음
이요, 재물을 거둬들이기 위하여 너희
들이 그와 같은 행위요, 더 크고 방대
한 성전을 지어 너희들의 이름을 과
시하며, 너희들이 인간의 영광을 찾는

데 모두를 악용하고 이용하였기 때문
에 오늘의 이와 같이 병들고 썩어진
세상이 되었으니,
17 거기에서 너희들이 찌든 자요, 거기서
세뇌된 자요, 오로지 그것밖에 모르는
그 백성들, 지금 계란이라는 것을 가
지고 바위를 깨려고 대든다는 말이
있듯이, 그보다도 더 나약한 것을 가
지고 그보다 더 단단한 것을 부수고
깨고자 하는 것이 너희들이 오늘의 임
무요, 대명이니,
18 너희들의 모두를 바쳐야 될 것이요,
네 몸과 네 정신이요, 네 충성을 모두
결집하여 거기에 던지고 던져 너를 태
우는 그와 같은 너희들의 수고로움이
요, 노력 없이는 아무것도 거둬들일
수 없으며 그를 녹일 수 없음이니라.
19 너희들이 나의 법전을 가슴에 안고 나
의 뜻을 행하며 내 뜻에 의하여 모두
를 바치겠다는 그 마음을 가지고 정
성으로써 굳어졌을 때, 그 마음만이
그 불과 같은 열정만이 바위를 뚫을
수 있으며, 바위를 녹일 수 있는 것이
요,
20 계란으로 깰 수도 없으며 더 나약한
것으로 던져서는 결코 깰 수도 없음이
니, 너희들의 열정이요, 너희들이 모
든 마음이요, 정성을 다하여 활활 타
는 불꽃으로써 그 바위를 녹이도록
해야 됨이니, 너희들 자신이 어찌 너
를 태워야 되는지를 알겠느냐?
21 너를 태우는 그 불꽃이 그 바위를 녹
일 수 있다는 걸 알라, 사랑하는 나의
아들딸들아!

10,333 번째 하나님 말씀

2004년 4월 6일 06시 35분

1 사랑하는 나의 아들아!
2 "네, 아버님! 말씀하옵소서."
3 나의 백성 너희들이 아무리 비상한
두뇌를 가졌으며 아무리 현명한 지혜
를 가졌다 해도, 너희들이 넘을 수 없
는 선이 있으며 절대 넘지 못하는 선
이 있음을 알아야 될 것이니라.
4 그러니 너희들이 비상한 두뇌요, 아무
리 현명한 머리를 가지고 세상사의
모두를 지배하고 통제한다 해도 너희
들은 모르는 것이 있음이니라.
5 지상에 너희들이 살아가는 삶인 육의
세상과 하늘이 연계되는 그와 같은
삶이 어찌하여 연계되었으며, 천국과
육의 세상인 지상이 어찌 연계되어
모두가 어떤 관계로써 이루어지는가
그와 같은 것을 과연 아는 백성이 있
는가?
6 그와 같은 뜻을 너희들이 알지 못하고
있음이니라.
7 그러니 너희들은 알아야 될 것이니라.
8 마음을 비우며 너희들이 성령이 임하
는 백성이 되었을 때, 너희들은 지상
의 삶이요, 인간관계의 그 모두가 하
늘에 거듭나는 인간의 삶이요, 하늘
의 역사하는 그 모두가 연계되어 있는
것, 그 방법과 관계를 너희들이 알게
될 것이며,
9 그렇지 아니하는 백성은 어떠한 방법
이든지 너희들이 어찌 연결되며, 연결
고리가 있는 것이며, 그 연결 고리가
어찌하여 너희와 연계되는가 그것을

절대 알 수 없는 것이니라.
10 그러니 너희들이 그를 알아야 되며 그
것을 알지 못하면 너희들이 모르느니
라.
11 알지 못하고 목적지를 모르고 캄캄한
밤길을 걸어간다면 그는 무엇이더냐?
12 그저 제자리에서 뱅뱅 돌다 말 것이
며, 그리고 제가 목적하는 길과는 관
계없이 너희들이 다른 길을 가는 것과
마찬가지로,
13 육의 세상에 너희들이 살아가는 삶과
너희들이 죽어 나에게 오는 천국이요,
하늘나라의 그 뜻이 어찌 연계되었으
며, 어찌 연결의 고리가 되었으며, 어
찌하여 그 끈을 끊지 않고 너희들이
나에게 올 수 있는가, 이 방법이요, 이
뜻을 너희들이 모르면 아니 됨이니,
14 이것은 인간의 비상한 두뇌요, 지혜로
써 절대 알 수 없는 것이 하늘의 법도
이니라.
15 그러니 내가 그와 같은 것을 너희들에
게 깨우쳐 주기 위하여 지금 나의 아
들을 통하여 나의 모두를 태워 성령이
라 하여 나의 법전을 세상에 만들어
냄이니,
16 이를 받아 기록하는 너의 그 제자들
이요, 그리고 모두를 만들고 역사하는
나의 선택된 백성, 너희들이 얼마나
귀하고 소중한가를 알겠느냐?
17 나 여호와가 2천 년 전에 나의 아들
예수를 통하여 너희들에게 전하며, 그
모두를 역사하고자 했던 그 비밀이요,
이루지 못한 역사를 지금 나의 아들
을 통하여 너희들에게 전하며,
18 나의 아들 예수에게 내렸던 그 비밀마
저도, 전해진 것마저도 지금 내가 모
두를 개봉하여 너희들에게 더불어 역
사하도록 깨우쳐 주며,
19 내가 새로 내리는 성경을 가지고 모
든 백성을 바로 만들며 바로 세우는
그와 같은 세상을 만들기 위하여 나
여호와가 지금 모든 법전을 내려보내
는 것은 그 속에 모두를 다 기록하여
전하는 것이며, 160권의 법전으로써
내가 모두를 전하는 그 의미의 뜻을
알겠느냐?
20 이를 모르는 자, 거듭날 수 없으며, 하
늘에 오를 수 있는 길이 없음이니, 나
의 법전을 전하고 전하는 의미가 여기
있으니,
21 전하는 나의 법전을 또한 읽고 깨우치
지 아니하면 누가 변할 수 있겠느냐?
22 그러니 너희들은 이는 사탄이요, 마귀
요, 그와 같은 말을 하지 말며, 이 세
상에 존재하는 모두는 나 여호와의 뜻
이니, 나의 법전도 나의 뜻에 의하여
나오는 것이라 하여 너희들이 정독하
고 깨우쳐 바른 삶을 살도록 그리하
라, 사랑하는 나의 아들딸들아!

10,334 번째 하나님 말씀

2004년 4월 6일 06시 40분

1 사랑하는 나의 아들아!
2 "네, 아버님! 말씀하옵소서."
3 나의 피조물 만백성 너희들은 습관이
라는 것이 있느니라.
4 너희들이 한 가지 행동을 하기 시작하
면 그 행동을 하고 또 하고 반복하는
사이에, 너희들은 그것이 좋은 방법이

든 나쁜 방법이든, 남이 보아서 아름
다운 방법이든 남이 보기에 역겨운 방
법이든 너희들이 그와 같은 짓을 하게
되면, 계속 그를 무의식적으로 하게
되어 있음이니라.
5 그저 코를 고는 자, 또한 잠을 자면서
뒹구는 자, 그와 같은 모두의 너희들
이 꿈속에 행하는 것도 너희들이 수
시로 그와 같이 삶에서 계속 적용하
며, 그와 같은 행동을 하며 그와 같은
행동이 반복되고 있지 않더냐?
6 다리를 떠는 자, 손을 흔드는 자, 머리
를 긁는 자, 머리를 쥐어박는 자, 그
모든 행위를 스스로 너희도 모르게
계속 반복하고 반복하는 버릇이라는
것이 아니더냐?
7 그 버릇이라는 것은 너희들이 모르는
사이에 수시로 그 모두가 역사하는 것
이니라.
8 그리고 그와 같이 행하는 것이 너희들
이 아니더냐?
9 남을 욕하기 시작하는 자는 계속 남을
욕하며, 남을 칭찬하고자 하는 자는
그 칭찬이 습관으로 변하게 되어 너희
들이 칭찬을 하게 되어 있는 것이니
라.
10 그러니 너희들이 이 세상에 살아가는
이치가 거기에 다 있음을 알라.
11 습관을 버리지 못하는 그 속에서 답이
있느니라.
12 너희들이 아름다운 생각을 하는 사람
은 아름다운 생각을 하지 아니하면 모
든 것은 역겨워서 생각할 수 없음이니
라.
13 아름다운 것을 생각하기 위하여 너희
들이 그 습관이요, 버릇이 든다면, 너
희들은 아름다운 말만을 하며 아름다
운 행동만을 하고 살게 되어 있는 것
이니라.
14 그러니 악한 짓을 하기 시작하면, 악
한 것이 너희들의 몸에 배며, 선을 행
하지 못하며, 악을 행함으로써 즐거워
하며 그 악만을 행하게 되어 있느니라.
15 그러니 너희들이 선을 행하는 그와 같
은 삶이요, 그와 같은 습관이 든다면,
자연적으로 선을 행하며 아름다운 행
위만을 할 수 있는 것이 아니더냐?
16 그러니 나의 율법을 지킬 수 없으며,
나의 십계명을 지킬 수 없으며, 나의
법전을 너희들이 지킬 수 없다 말하지
말라.
17 너희들이 나의 법전을 지키는 것으로
써 너희들의 모든 마음을 돌려 법전을
지키고 또 지키고 십계명을 지키고 지
키고 살겠다 하여 지키다 보면,
18 너희들이 어느 사이에 그 십계명을 지
키는 삶으로써 너희들이 말하는 버릇
이 들게 되어 있음이니,
19 너희들은 그 버릇을 너희들 모르게 행
하게 되어 있는 것이 나의 사랑하는
너희들이 가지고 있는 마음이요, 형태
이거늘,
20 어찌하여 너희들이 선한 것이요, 죄를
안 짓고 살 수 없으며 나의 십계명을
지키고 살 수 없다 그리 감히 말하느
냐?
21 너희들이 한번 나쁘든 좋든 그 버릇이
든 것은 너희도 모르게 계속 그를 반
복함이니, 그 버릇 하나 고치기가 얼
마나 어렵더냐?

22 그러니 너희들이 말하는 악과 선이라
는 그 삶 속에서 너희들이 악의 버릇
을 들이면 악한 짓, 사악한 짓을 하는
것을 고치기 힘드나,
23 너희들이 선하고 착한 그와 같은 행위
요, 그 버릇이 든다면, 너희들은 선하
고 착한 것 외에는 아무것도 할 수가
없음을 알아야 될 것이니라.
24 지금 나의 아들을 따르는 제자, 너희
들이 어렵고 힘들다 생각하지 말며,
모든 생활을 법전을 만드는 데 모두
를 바친다면,
25 너희들은 법전을 만드는 것이 즐거움
이요, 그 즐거움 외에는 아무것도 즐
거움을 얻을 수 없는 것이 너희들의
마음이 아니더냐?
26 너희들이 서로 연인의 사이가 됨이니,
그 연인의 사랑함이 굳고 굳으면 연
인을 만나는 것보다도 더 행복하고 즐
거운 것이 없지 않더냐?
27 그와 같은 이치가 바로 너희들의 마음
이니라.
28 나의 법전을 만들어 만백성에게 전하
겠다는 그것만을 사랑하며 거기에 모
두를 바치면, 그것이 즐거움이요 행복
함이요,
29 그리고 즐겁고 행복함 속에 그를 만들
며, 너희들은 나의 법전을 만들지 아
니하면 삶의 생활을 잃게 되는 것이니
라.
30 좋은 사이요, 아름다운 사이요, 연인
들을 강제로 떼어 놓고 그를 만나지
못하게 하여 그리 같이하지 못할 때
너희들이 얼마나 번뇌와 고통이 있겠
느냐?
31 그러니 너희들이 선한 것에 버릇을
들이며, 너희들이 그와 같이 선한 것
으로 삶을 살아가는 모든 생활을 한
다면, 그 습관이 들었다 하면, 그 버릇
이 길들어졌다면, 너희들이 선하고 아
름다운 것을 하지 아니하고는 살 수
없으며,
32 선한 것과 아름다운 것, 그와 같은 것
이 아니면, 너희들은 삶을 잃으며, 인
간의 삶 자체를 무의미하게 생각하며,
그리고 삶의 용기를 잃어버리며, 살고
자 하는 의욕마저도 잃어버리는 것이
며 버리는 것이 너희들이니,
33 너희들이 아름답고 좋은 습관을 들이
라.
34 그리고 그 버릇을 들이면 너희들이 죄
를 짓지 아니하고 인간은 살 수 없다
말할 수 없으며, 나의 십계명을 지키
고 살 수 없다 감히 말할 수 없을 것이
니 그리 전하라, 사랑하는 나의 아들
아!

10,335 번째 하나님 말씀

2004년 4월 6일 10시 13분

1 사랑하는 나의 아들아!
2 "네, 아버님! 말씀하옵소서."
3 나의 백성들이 제 손톱 밑에 찔린 가
시의 아픔은 알아 그는 빼려 하나, 제
심장이 썩어져 가며 저 자신이 중병에
걸려 가는 것은 모르는 어리석은 백성
들이라 하였음이니,
4 나의 아들을 따르는 제자, 너희들은
그와 같은 어리석은 백성이 되지 말라
한 그 뜻을 알겠느냐?

5 지금 모든 백성들이 살아가면서 너희
들이 작고 큰 은혜요, 그 은사를 입었
다 하여 그곳에 너희들이 목매어 울고
불고 감사를 하면서, 나로부터 생명을
받아 세상에 나간 그 큰 은혜를 모르
며,
6 더욱이 너희들이 지금 믿음의 길을 가
는 것이 잘못되었으며, 나의 뜻을 거
역하는 믿음이라 하여,
7 너희들이 정녕 구원의 길이요, 너희
들이 무엇과도 바꿀 수 없으며 얻을
수 없는 하늘에 오르는 길이요, 그 모
두를 깨우쳐 주는 나의 법전이요, 새
로운 성경이 나의 아들을 통하여, 그
제자를 통하여 이 160권으로 세상에
나와 전해지건만,
8 이 큰 은혜요, 이 영광을 모르고 너희
들이 지금 허덕이는 모습이니 이를
어찌해야 된단 말이더냐?
9 너희들이 한 번 지나가고 지나간 네
인생에서 다시 기회가 없다 하지 않더
냐?
10 너희들이 나를 아버지라 부를 수 있
으며, 회개할 수 있으며, 그리고 나의
법전을 읽고 깨우치는 그것도 너희들
이 죽어 육이 흙으로 가며 너희들의
영혼이 나에게 와 심판을 받을 때는
아무리 법전을 읽고 깨우치려 해도 기
회가 없으며, 그와 같은 것이 너희에
게 주어지지 아니한다 하였으며, 그는
있을 수 없는 일이라 내가 그리 애통
하게 너희들에게 전하고 전하건만,
11 어찌하여 너희들이 이 크나큰 은혜요,
영광이요, 세상 것을 다 주고도 살 수
없는 나의 귀중한 법전이요, 새로운
성경을 작은 것 하나도 너희들이 주고
구하여 읽으려 하지 아니하며, 그와
같이 바꾸려 하지 아니하는 어리석은
백성들,
12 이 귀하고 소중한 나의 법전을 너희들
이 그 금화 몇 닢을 주고 구입하여 읽
는 것은 고사하고, 그저 거저 읽고 깨
우쳐 하늘에 오라 해도 이 귀하고 소
중한 것을 벌레 보듯이 하는 그 어리
석은 백성들이야말로,
13 손톱 밑의 가시를 보고 너희들이 오두
방정을 떠는 그와 같은 백성보다도 더
우매하고 가련하고 불쌍한 백성들이
니, 이를 어찌 가르치고 다스린단 말
이더냐?
14 사랑하는 나의 아들딸들아!
15 나의 법전 한 권을 전해 세상에 이를
보고 깨우치는 그 백성이 세상 것을
다 주고도 얻지 못하는 은혜를 받는다
하였거늘,
16 너희들이 나의 법전을 전하여 한 사람
을 깨우치면 그 상은 또한 누구 것이
더냐?
17 다 너희들 것임을 너희들은 알라.
18 내가 너희들이 사랑하는 마음이요, 사
랑하는 마음으로 살라 하는 것은 네가
부족한 것이요, 모자란 것을 채우는
그와 같은 삶을 살기 위해 사랑을 베
풀라 하였음이니,
19 나의 법전을 전하여 한 백성이 깨우쳐
세상 것을 다 주고도 얻지 못하는 귀
한 것을 얻었다 하면,
20 그 귀하고 귀한 것을 너희들 앞에 쌓
아 놓는 그와 같은 공적이 있지 않더
냐?

21 그러니 그 공적이야말로 너희들이 열
개의 나쁜 짓을 한 것을 덮고도 남는
그와 같은 은혜요, 축복이니,
22 그리하여 너희들이 나의 법전을 전함
에 소홀히 하지 말라 함이요, 그리고
너희 형제요, 네 부모요, 주변부터 구
하라는 내 뜻을 알겠느냐?
23 진정 귀하고 소중한 것이라면, 너희들
이 네 형제요, 네 자식이요, 부모부터
전하지 않고 누구에게 주겠느냐?
24 그러니 너희들이 나의 법전을 믿고 따
르는 마음이 과연 어디에 있는가 스스
로 너희들의 마음을 점검하며 깨우쳐
보라.
25 내가 내려다보는 나의 아들을 따르는
제자들이요, 나의 법전을 읽고 깨우친
백성, 너희들이 그리 말로 나의 법전
이 소중하고 귀하다 생각한다면,
26 너희들이 네 형제요, 부모를 위하여
너희들이 전쟁터에 나가 싸우는 병사
보다도 더 무서운 마음으로 깨우치고
인도해야 될 것을, 과연 어찌하고 있
는가 스스로 돌아보라.
27 그를 보는 내 마음이 아직도 너희들
이 자격이 없으며 다스려지지 아니했
다면, 너희들은 어찌하겠는가?
28 이와 같은 내가 오늘 내리는 이 뜻을
너희들은 깨우쳐야 될 것이며, 이를
그 제자들에게 전하여 너희들이 너희
자신을 돌아보며, 너의 형제요, 네 자
식이요, 네 부모요, 이웃부터 구원하
는 것을,
29 전쟁터에 나가 생명을 걸고 싸우는
전사보다도 더 너희들이 무서운 정신
으로써 그 부모를 설득하며 형제를 설
득하며 자식을 설득하여,
30 그들이 나의 성전에 오지 않는다 해
도, 나의 법전을 읽어 하늘의 빛을 볼
수 있도록 그리 전하는 것이 너희들의
소임이 아니더냐?
31 너희들이 귀하고 소중한 것이라 생각
하면 누구에게 주겠는가?
32 그러니 너희들이 네 형제도 주지 못하
는 소중하고 귀한 것이 나의 법전이라
말하는 것과 무엇이 다르단 말이더냐?
33 말과 행동으로써 너희들이 그리해야
되는가?
34 말로써 행동으로써 행하지 아니하고
너희 자식이요, 너희 형제부터 구하
고자 하는 열화와 같은 마음이 가슴
속에 없다면,
35 너희들은 나의 법전을 형식적으로 보
고, 나의 법전의 귀하고 소중한 것도
그저 뜬구름에 흘러가는 평범한 사람
들의 생각에 지나지 않기 때문에 너
희들이 구원의 길에 손을 벌리지 못
하며 그를 인도하지 못하는 것이니,
36 너희들이 어떠한 마음으로 있는가를
스스로 점검해 보라.

10,336 번째 하나님 말씀

2004년 4월 6일 10시 23분

1 사랑하는 나의 아들아!
2 "네, 아버님! 말씀하옵소서."
3 너를 따르는 제자들이요, 나의 백성들
이요, 그리고 믿음의 길을 가는 모든
백성, 너희들은 이를 깨닫고 사는 현
명한 백성이 되어야 됨을 잊지 말라.
4 너희들의 생명을 이 세상에 보내 준

자가 있으며, 이 세상에 너희를 존재
하게 한 자가 있다는 것을 과연 생각
하는가?
5 너희들이 그와 같은 생각을 해 봐야
될 것이니라.
6 나 여호와 창조주 아버지라 너희들이
매달리고 울고불고 그와 같은 것을 떠
나서,
7 너희의 생명을 세상에 내보내 준 자가
있으며, 너희들을 살아갈 수 있도록
해 준 자가 있다는 단순한 그 생각에
서 너희들이 마음 자세를 한번 생각해
보라.
8 그러니 그분의 뜻과 그분의 생각이 무
엇인가를 과연 너희들은 생각해 보고
사는 삶을 사는 것인가, 너희 자신을
한번 들여다보는 그와 같은 시간을 가
질 수 있을 것이니라.
9 정녕 너희들을 보내 준 자가 있으며
너희들이 역사하도록 명한 분이 있다
하면,
10 그분의 생각과 그분의 뜻이 무엇인가,
그리고 그분의 뜻에 의하여 네가 살
아가고 있는가 하는 것을, 네가 어찌
살아가는 것인가를 생각해 볼 수 있
는 기회를 얻게 될 것이니라.
11 보내 준 이가 없으며 네 생명이 너희
자신의 손에 달렸으며 네 마음대로
할 수 있는 것이며, 네 생명이 네 것이
라고 착각하고 사는 그 백성들은 과연
아닌가?
12 그 착각 속에서 벗어나지 못한다면,
너희들의 생명을 보내 준 자요, 그 은
혜를 베푼 자를 생각하지 못하며 그
를 의식하지 못하는 것일 것이니라.
13 그러나 그를 의식하지 못하며 네 마음
대로 네 운에 달렸으며 네 손에 달렸
다는 생각을 하는 자와,
14 보내 준 이가 있으며 보내 준 분이 있
기 때문에 그분의 뜻에 의하여 어찌
살아가야 될 것인가, 그분이 명하는
것을 어찌 따라갈 것인가, 이와 같이
생각을 하는 백성은 삶의 자세가 달라
질 것이니라.
15 제 손에 모든 것이 달렸으며, 생명 또
한 제가 마음대로 할 수 있다는 생각
을 하는 자는 교만과 오만이요, 그리
고 세상사의 이치를 알려 하지 아니하
며, 단순한 육의 향락을 위한 삶을 살
려 하나,
16 보낸 이가 있으니 그 보낸 이가 바로
또 거둬들일 수 있으며 거둬들이는
분이 있다는 그 두려운 생각을 하고
산다면, 너희들은 과연 어떠한 삶을
살겠는가?
17 이것은 너희들이 같은 인간이라 해도
생각하는 것이요, 생각에 따라서 삶의
방향이 천태만상으로 엇갈린다는 것
을 알 수 있을 것이니라.
18 그러니 보내 준 분이 있으며 보내신
분이 있다 한다면, 너희들은 보내신
분이 하시라도 너희들을 거둬들일 수
있으며 거두어 갈 수 있다는 것을 안
다면, 오늘의 삶의 자세요, 너희들이
어떠한 생각을 하고 살아야 되는 것인
가, 너희 자신을 들여다보도록 그리하
라, 사랑하는 나의 아들딸아!
19 그리고 보내 주신 이가 어떠한 삶을
살라 했으며, 보내 주신 이가 어떠한
삶을 사는 것을 원하여 너희를 보내

주셨는가 그 뜻을 너희들이 다시 한
번 살펴본다면, 너희들이 오늘의 삶을
어찌 살아야 될 것인가를 깨달을 수
있을 것이니라.
20 그러니 너희들이 보내 주신 분의 그
뜻에 의하여 그대로 살지 아니하고 행
하지 아니하며,
21 보내신 이가 거둬 갔을 때, 너희들은
그분 앞에 가 너희들이 그 명한 것을
살았나 안 살았느냐 하는 것으로 바
로 너희들이 그 체벌을 받게 될 것이
며 그 대가를 치를 수 있는 것이 아니
더냐?
22 그것이 바로 너희들의 심판이니라.
23 거기서 그분의 뜻에 따라 산 자는 그
분의 품에 영원히 거주할 것이요, 그
렇지 아니하는 자는 버린 자가 되어
유황불에 던져지며 너희들이 지옥 불
로 간다는 그것을 어찌하여 모른단
말이더냐?
24 그러니 너희들이 이와 같은 이치요,
순리를 조용히 생각해 스스로 깨달음
을 얻고 터득한다 해도,
25 너희들이 지금 지옥문 앞에 가서 몸
부림치며 들어가지 아니하려고 아우
성치는 너희의 그 모습을 보지 아니
할 것이며 그 형국을 겪지는 아니할
것이니라.
26 오늘의 너희가 살아 있을 때 나를 찾
을 수 있으며, 나의 법전을 너희들이
보고 찢어 버리고 던지고 마귀요, 사
탄이라 할 수 있는 이 시점이 얼마나
귀하고 소중한 것인가?
27 너희들이 나에게 와 심판을 받을 때
는 이 귀하고 소중한 것을 접할 수도
없으며, 아무리 너희들이 한 번만 만
지게 해 달라, 한 장만 읽게 해 달라
애걸복걸해도 나의 법전을 전해 주는
자가 없으며, 너희들은 받을 수도 없
으며 들을 수도 없음이니,
28 태양보다도 더 뜨거운 나의 법전을 접
하고 만질 수가 없으며, 너희들이 심
판대 앞에서는 할 수 없다는 그 무서
운 사실을 알라.
29 나는 나의 아들을 통하여 모두를 기록
하여 전했음이니, 이것이 정녕 그와
같은 위력이 있고 너희들이 구원하고
구원하지 않는 법전이요, 아니라는 것
은,
30 너희들이 살아서 찢어 버리고 던지며
거짓 선지자요, 사탄의 종의 앞잡이에
게 너희들이 이를 보면 지옥으로 간
다는 그 말에 현혹되어 구원받는다는
욕심에 나의 법전을 저버리지 말며,
31 너희들이 그 모두를 접어 두고 읽고
한번 그 내용을 들여다보며, 나의 아
들이 살아가는 모습이요, 그 제자들이
살아가는 모습을 들여다보면,
32 오늘의 너희들의 삶과 그들의 삶이
차이가 있을 것이니,
33 누가 더 아름다운 삶을 살며, 누가 정
의로운 삶을 살며, 누가 예의 바르고
고운 삶을 살며, 누가 봉사와 희생과
사랑을 하면서 사는지를 너희들이 알
것이니,
34 너희들이 낫다면 그들에게 너희들을
따라오라 할 것이며, 그들이 너희들
앞에 가면 너희들이 그들을 따라가면
너희들이 바로 그들을 따라서 하늘에
오르는 빛을 따라 나에게 올 수 있는

영광을 얻는 순간이 됨이니 그리 전
하라, 사랑하는 나의 아들딸들아!

10,337 번째 하나님 말씀

2004년 4월 6일 10시 28분

1 사랑하는 나의 아들아!
2 "네, 아버님! 말씀하옵소서."
3 너희들이 가는 세월에 따라서 하루하
루의 삶을 그저 보내는 것, 그것이 얼
마나 너희들이 귀중하고 소중한 것을
다 버리는 것인지 알겠느냐?
4 인간 세상에 생명보다 더 소중한 것이
너희들의 시간이요, 황금보다 더 소중
한 것이 시간이라 했으니, 이제 그 삶
의 시간을 너희들이 황금과 어찌 비교
하느냐?
5 구원을 받고 못 받는 그와 같은 너희
들의 길이 거기에 있음이니, 인간 세
속에서 말하기를, 시간은 황금보다도
더 소중하다 하니, 인간이 가장 선호
하고 원하는 것이 황금이니 그것과 바
꿀 수 없다 하였음이니,
6 한 발짝 너희들이 세상에 나가서 세상
을 보고 하늘의 이치를 본다면, 너희
들은 그 황금보다도 더 소중하고 귀하
고 귀한 것이 오늘의 살아가는 흘러가
는 그 시간이라는 것을 어찌 모르더냐?
7 그 시간 속에서 너희들이 바로 서야
되며 바로 나지 아니하면, 너희들은
결코 나에게 오를 수 없다 하였음이니,
8 이 흐르는 시간 속에서 너희들이 심
판의 기준인 나의 법전을 읽을 수 있
으며, 그를 보고 깨달을 수 있으며, 나
의 아들을 통하여 내리는 하늘의 강
론을 들을 수 있으며,
9 나의 아들을 따라서 가는 제자들의
아름다움을 너희들이 보고 깨우칠 것
이며, 그들이 전하는 말을 들을 수 있
는 것이니,
10 이 시간을 너희들이 그리 허송세월하
고 보내도 되겠느냐?
11 그러니 이제는 너희들 자신을 돌이켜
보고 너 자신을 생각해 보는 그와 같
은 삶을 살지 아니하면 아니 되니, 시
간이 없느니라.
12 네가 누구로부터 이 세상에 왔으며
누구로부터 보내온 자인가를 너희들
이 생각하며, 처음 단계에서부터 기초
에서부터 하나하나 깨닫는 그 시간을
갖는다면,
13 너희들은 위대한 지혜를 얻게 될 것이
며, 하늘의 뜻을 알게 되는 지혜를 내
가 내려 줄 것이거늘,
14 어찌하여 너희 자신을 돌이켜 보고
생각하는 그와 같은 마음을 갖지 못하
고 너희들이 우왕좌왕 가는 세월 속에
서 그리 살아간단 말이더냐, 사랑하는
나의 아들딸들아!
15 그러면 너희가 육의 세상의 삶에서 지
금 호의호식하면서 하루하루 즐거움
의 삶을 사는 것, 그것에 만족하며 그
것이 인간 최대의 행복이요, 영광이
요,
16 그다음에 모두는 이루어지는 것이 없
다 생각하여 너희들이 그리 빠져들어
가는 그 삶에서,
17 너희들이 가던 발길을 멈추고 돌이킬
수 있는 은혜와 너희들의 그 지혜가,
너희들 자신을 돌이켜 보며 보낸 이가

있으며 보내 준 이가 있다는 그 이치 하나만 깨달아도,
18 너희들이 호의호식하는 삶으로써 인간의 육의 그 삶에 의하여 만족한 삶은 결코 너희들이 두려워 살 수 없는 그와 같은 지혜를 얻게 될 것이니라.
19 너희들이 보내 준 이에게 부끄러운 삶을 살고 있는지, 그렇지 않으면 너희의 생명을 주며 모두를 내리신 분의 그 뜻에 따라 너희들이 삶을 살고 있는지,
20 지금 너희들 자신을 점검하고 또 점검해 봐서, 잘못 가는 것이 있다면 이 순간에 너희들이 회개하고 바로 서야 되는 그와 같은 삶의 변화의 길을 가지 아니하면 아니 됨이니라.
21 너희들은 나의 법전을 보라.
22 그 법전 속에 세상과 하늘의 이치를 모두가 통달하며, 너희들이 나 여호와와 연계되며, 연결의 고리가 어찌 이루어지며 어찌 지켜야 되는 것인가, 그 모든 답이 거기 있거늘,
23 어찌하여 이를 버리고 너희들이 하늘에 오르며 구원을 받을 수 있다 감히 말을 하느냐, 사랑하는 나의 아들딸들아!
24 너희가 어떠한 대가를 치러야 하는 것인지, 그리고 너희들이 지금 나의 법전을 읽으며 이 귀한 시간을 너희들이 점검하며 깨우치는 시간으로써 과거를 돌아다보며 너희들의 삶을 하나하나 냉철하게 분석해 보고 따질 때,
25 과연 너희들이 얼마만큼 사랑을 베풀고 아름답게 살았는가 그 무게를 네 양손에 달아 보도록 그리하라, 사랑하는 나의 아들딸들아!
26 그리하여 죄지은 것이 많다면 너희들이 그 대가를 치르는 것은 보낸 이가 있고 보내 준 이가 있기 때문이라는 그 생각을 하라.
27 그렇지 아니하면 너희들이 아무것도 이룰 수 없음을 알라, 사랑하는 나의 아들딸들아!
28 다시 한 번 돌이켜 보며 너희들이 삶을 들여다보라.
29 그리고 지금의 너희들이 나에게 회개요, 용서의 기도를 드릴 수 있는 것은 오로지 육이 존재하는 이 세상에서만 할 수 있다는 그 무서움과 두려움을 명심하도록 그리하라.
30 그것이 지난 다음에는 너희가 아무것도 이룰 수 없으며, 돌아오는 것이 없으며, 돌이킬 수 있는 기회가 없다 함을 알라.

10,338 번째 하나님 말씀

2004년 4월 6일 10시 32분

1 사랑하는 나의 아들아!
2 "네, 아버님! 말씀하옵소서."
3 나의 백성, 너희들은 내가 명한 것이요, 나의 계명이요, 그 모두를 행하고 지키고 살지 아니하면 절대 아니 됨을 그들에게 전하라.
4 내가 나의 아들을 통하여 160권의 법전을 세상에 내려보냄이니, 이는 내가 구원의 빛이요, 그리고 너희들이 구원의 기본이요,
5 이대로 지키고 하늘에 오르면 너희들

이 구원의 길을 볼 수 있으며 나에게
올 수 있다 하였음이니,
6 나의 법전을 읽지 아니하면 구원의 길
을 올 수 없으며 하늘에 오를 수 없다
하였느니라.
7 그리고 나의 법전 속에 모두가 다 들
어 있으니, 그를 가슴에 안고 정독하
는 자, 나에게 올 수 있는 길이 있다
하였음이니, 너희에게 내가 명을 내림
이니라.
8 나의 명령을 거역한 죄가 무엇이며,
너희들이 명령을 내린 나의 법전을
접하지 아니하며 이를 보고 깨닫고 행
하는 삶을 살지 아니하고, 너희들이
나의 명령을 위배하며, 나의 명령을
거부한 그 죄가 얼마나 두렵고 무서
운 것인가,
9 그 대가가 무엇인가는 너희들이 머지
않아 알게 될 것이니, 나의 법전을 읽
고 깨우쳐 하늘에 오르는 길이요, 그
빛을 따라 나에게 오라 하는 것은 나
의 명령이니라.
10 그러니 나의 명령을 거부하는 백성,
너희들이 그 명령을 거부한 대가가
무엇인지 알게 될 것이니라.
11 나 여호와가 명하는 그 모두를 행하지
아니하면 아니 되느니라.
12 그리하여 내가 나의 근본은 사랑이라
했으니, 너희들이 사랑을 행하고 베푸
는 것으로써 결집되지 아니하면, 너희
들이 구원해 달라는 것도 너희들 입에
서 말하지 말라.
13 그러니 너희들과는 아무런 연계도 없
으며 어떠한 관계도 이루어지지 아니
하며, 어떠한 연결 고리도 형성되지
않는 것이 너희들이 사랑으로써 결집
되지 아니한 백성이니라.
14 이제 나의 아들을 따르는 제자, 너희
가 변하는 길을 알며 하늘의 뜻을 아
나, 너희들이 사랑함이요, 사랑을 실
천하는 것에 모두가 굳어지고 결집되
어 하나가 되지 아니하면 아니 된다
는 것을 알라.
15 네 가슴속에 수만 가지 생각을 가지고
있으며, 계산된 마음을 가지고 있으
며, 너희들도 그와 같은 마음을 가지
고 가면서 구원이라는 생각을 하지
말며, 나에게 오를 생각을 하지도 말
라 그리 내가 너희들에게 명함이니라.
16 너희가 지금까지 지고 온 죄에 대한
그 짐을 지금의 세상에서 벗어야 된다
내가 너희들에게 수없이 가르쳤음이
니, 그리고 너희들이 그 죄를 벗는 것
뿐만이 아니요,
17 지상에서 너희들이 지은 죄를 지상에
서 열 배의 사랑으로써 행하는 삶을
살아야만 너희들이 구원의 길이요, 나
에게 오를 수 있는 빛을 본다 하였으
니,
18 열 배 이상으로 베풀고 행하는 것을
주저하지 말라, 사랑하는 나의 아들딸
들아!
19 말로만 용서를 받으며 말로만 믿음으
로써 너희들이 구원받는 것이 아니니
라.
20 내가 너희들에게 뭐라 하였느냐?
21 평범한 수준으로써 너희들이 나에게
오를 수 있는 길이 없다 하였거늘, 오
늘의 믿음의 길을 가는 모든 백성들이
평범한 수준도 안 되는 미달된 그와

같은 상태에서 나에게 올라올 수 있
다 울부짖고 부르짖는 백성임을 알아
야 될 것이니,
22 구원인 줄 알라, 그리고 구원이라 믿
고 소리 지르는 거짓된 지도자들 속
에 너희들 자신을 함부로 그리 내던
지며 버리는 어리석은 삶을 살지 말
며, 잠에서 깨어나도록 그리하라, 사
랑하는 나의 아들딸들아!

10,339 번째 하나님 말씀

2004년 4월 6일 10시 38분

1 사랑하는 나의 아들아!
2 "네, 아버님! 말씀하옵소서."
3 나 여호와의 아픈 마음이 무엇인 줄
알겠느냐?
4 모든 나의 사랑하는 백성들이, 수십억
의 인구의 백성들이 오로지 제 이익
을 위하여, 저 자신의 이익을 채우기
위하여 모두가 살아가는 그와 같은 삶
을 산다면,
5 수십억의 그 인구를 하나하나 놓고 내
가 너희들을 분석하고 봄이니, 모두가
다 거기에서 벗어나지 못함이니라.
6 너희들의 셀 수 없는 머리카락 수까
지 알며 번개보다도 더 빨리 스쳐 가
는 모든 죄악과 선행도 나 여호와는
놓치지 아니하고 모두를 다 보고 있다
하였음이니,
7 내가 이 지상에 나의 백성의 그 수억
의 인구를 하나하나 분석하며 하나하
나 분리해서 내가 너희들의 마음이요,
너희들의 속을 보지 못한다 생각하느
냐?
8 믿음의 길을 간다는 백성이요, 지도자
라는 선생이라는 자요, 너희들이 이
세상에 인격을 갖춘, 이 세상을 지도
하는 그 모든 백성들이요, 그리고 나
의 아들을 따르는 제자들이요, 나의
법전을 읽고 깨우쳤다는 그 백성들,
너희들 그 모두 자신의 이익을 채우
지 아니하려는 백성이 없으며,
9 오로지 제 이익을 채우고자 하는 그와
같은 삶을 사니, 이 세상이 서로가 찢
어지고 갈라지는 그와 같은 형국이 되
어 있음이니라.
10 그러니 하나밖에 없는 것을 서로가 갖
겠다고 싸워 제 앞에 놓는다면, 그것
은 모두가 찢어지고 갈라져 형태를
찾아볼 수 없는 것이 아니더냐?
11 그러니 너희들이 제 앞에 더 큰 이익
을 놓기 위해, 제 이익을 채우기 위하
여 너희들이 물고 뜯고 싸우는 그와
같은 형국이 되어 버렸으니,
12 나의 사랑이요, 사랑의 본체가 모두가
찢어지고 갈라져 그 사랑의 실마리도
찾을 수가 없으며, 가장 가는 명주실
보다도 더 못하게 사랑이 찢어지고 찢
어졌으니, 그걸 다 긁어모아 하나의
형태로 만든다는 것이 얼마나 어렵고
힘든 길이더냐, 사랑하는 나의 아들딸
들아!
13 그러니 그를 양보하는 자, 그를 갖지
아니하는 백성이 세상에 있을 때, 사
랑의 형체는 그 모습을 지닐 수 있지
않겠느냐?
14 하나의 아름다운 물건을 놓고 서로 그
저 갈기갈기 찢어 그를 가져간다면,
그는 원상 복구시킬 수가 없으며 다시

만들 수가 없지 않더냐?
15 그러니 그것을 다시 만든다는 것이 얼마나 힘들고 어려운 길이더냐?
16 그러니 그 형태를 다시 보내어 너희들이 그를 음미하고 보호하고 관리하도록 하고자 하는 것이니, 내가 160권의 새로운 법전을 세상에 내려보낸 이치 또한 거기 있음을 알라.
17 그러니 누가 뭐라 하더라도 나의 아들을 따르는 제자들이요, 나의 법전을 읽고 깨우친 백성, 너희들이라도 이제는 제 이익을 채우려는 마음을 비우며, 제 이익을 채우고자 노력하고 살아가는 그 삶을 비우라.
18 너희들이 비우면 너희들을 보고 모두 배울 것이니라.
19 종교 집단이요, 지도자까지도 모든 그들이 지금 성현의 노릇을 하며, 저희들이 나로부터 명받은 목자요, 만백성을 구하는 자요, 깨끗하고 청결하게 산다 말하나,
20 그 모두가 다 사기꾼이요, 그 모두가 거짓된 자들이니, 그것이 무엇인 줄 알겠느냐?
21 제가 편하고자 제 이익을 제 앞에 채우려 제 앞에 놓고자 하는 그와 같은 욕심을 버리지 못했기 때문이니라.
22 내가 하늘에서 콩을 내려보낸 것처럼 모든 백성들 중에 터치한 백성이 수없이 있다 하였음이니라.
23 그러니 하나를 깨우친 백성이 그것이 가장 위대한 것이며 소중한 것이며, 그 이상의 것이 세상에 없는 줄 알고 제 앞에 두려 하며 제 앞에 모이게 하고자 하는 것이니,
24 제 이익을 챙기고자 하는 욕심 때문에 나로부터 성령을 받을 자격을 가진 자들도 다 버려지며, 그들이 무너지며 썩어져 가는 그와 같은 형국이요,
25 오늘의 나의 아들이요, 나의 아들이 가는 길에 그 법전을 받치고 도와야 할 그들이 다 무너지고 쓰러져 있음이니,
26 오로지 새싹같이 나오는 나의 아들을 따르는 제자들이요, 나의 법전을 읽고 깨우친 너희들밖에 없음이니,
27 너희들은 제 이익을 채우려 하지 말며 제 앞에 큰 떡을 놓으려 하는 마음을 버리라, 사랑하는 나의 아들딸들아!

10,340 번째 하나님 말씀

2004년 4월 6일 10시 44분

1 사랑하는 나의 아들아!
2 "네, 아버님! 말씀하옵소서."
3 지금의 삶을 어떻게 살아야 되는가 그것을 먼저 너희가 알아야 되며, 그를 깊이 연구하고 생각하지 아니하면 아니 되느니라.
4 너희들이 지금까지 삶의 세월 속에서 너희들이 알고 모르고 살아온 삶을, 지금 앞으로 남은 생명의 그 시간을 내가 너희들에게 내려 준 그 귀하고 소중한 생명의 은혜의 시간을 너희들이 어떻게 살아야 되는 것인가 먼저 그것을 깨우치고 연구하는 마음 자세로 돌이켜 보지 아니하면 아니 됨이니라.
5 현재의 삶에 대한 나 여호와가 원하

고 바라는 것을 모르고 너희들이 어
떻게 구원의 빛을 볼 수 있단 말이더
냐?
6 그러니 너희들이 어찌 살아갈 것이며
앞으로 삶을 어찌 살아가야 할 것인
가를 연구하고 깨우치는 것이, 나 여
호와가 원하는 삶의 빛을 너희들이
볼 수 있으며 그 길을 볼 수 있기 때문
이니라.
7 그와 같이 노력하고 연구하지 않는 백
성, 너희들이 결코 거듭날 수 없음이
니라.
8 그리하여 그와 같이 노력하는 사랑하
는 백성, 너희들을 위하여 내가 나의
아들을 통하여 160권이라는 이 대장
정의 법전으로 세상에 내려보내니,
9 이것이 너희들이 내가 원하는 길이요,
바라는 길이 무엇인가를 볼 수 있는
빛이 거기에 있음이니라, 사랑하는 나
의 아들딸들아!
10 나의 뜻을 알 수 있음이니라.
11 나의 뜻을 모르고 이 세상의 삶의 전
부를 너희들이 아무리 나에게 바치며
울부짖는다 해도 내 뜻이 아니요, 비
진리의 길을 가고 있음이니, 그 모두
는 다 나와 관계없다 함이니,
12 나의 법전을 읽고 깨우치도록 그리하
라, 사랑하는 나의 아들딸들아!
13 지금 너희들이 살아가는 그 삶이 무엇
이더냐?
14 물질을 쌓아 두며 자신의 생명의 그
소중한 시간을 너희들이 육신의 삶이
요, 쾌락과 즐거움을 추구하는 데 모
두를 사용하는 삶을 살아서는 아니 되
는 것이니라.
15 그러니 너희들이 이를 버리려 해도 인
간이기 때문에 버리지 못하며, 육을
가지고 있기 때문에 버리지 못하며,
세상사의 살아가는 이해관계요, 처자
식이 있으며, 삶이 있으며, 명예가 있
으며, 욕망이 있기에 너희들이 그대로
살 수 없다 함이니라.
16 그리하여 성령이 임해야만 너희들이
모두를 살 수 있으며, 모두를 놓을 수
있다는 그 말을 하지 않느냐?
17 너희의 그 애절한 마음을 내가 들어주
고 이루어 주기 위하여 나의 아들을
통하여 160권의 법전을 세상에 내려
보내며, 나의 아들이 죽을 때까지 영
원히 내가 하늘의 뜻을 내려보냄이니
라.
18 하늘과 구름을 두루마리 삼아 너희들
이 쓰고 써도 안 되며 바다의 물을 잉
크로 해서 다 마를 때까지 찍어 쓰고
또 찍어 써도 다 못 내리는 하늘의 뜻
을, 나의 아들이 살아 있는 동안에 내
릴 수 있는 데까지 모두를 다 내려 너
희들을 깨우치고자 하는 것이 나 여호
와의 뜻이니,
19 육의 삶의 쾌락과 즐거움이요, 호의호
식에서 벗어나지 못하는 그와 같은 마
음을 다스릴 수 있으며, 거기에서 벗
어날 수 있는 용기요, 그 귀하고 소중
한 것이 나의 법전 속에 모두가 수록
되어 있음을 알라, 사랑하는 나의 아
들딸들아!
20 이를 보라, 그리하여 보지 아니하는
자 아니 됨이라 내가 이리 애절하게
너희들에게 부탁하며 이리 또 전하고
전하는 것을 알겠느냐?

21 물질과 생명까지도 네 것이 아니라 하지 아니하였더냐?

22 모든 것이 다 너희 것이 아니라 내가 가르치고 그리 깨닫도록 하였거늘,

23 어찌하여 너희들이 이를 깨닫지 못하며 무엇인가를 더 이루고 더 쌓아 놓고자 전쟁과 같은 그 삶을 살아가느냐?

24 그러니 육의 세상의 쾌락을 위하여 즐거움을 위해 쌓아 놓고 쌓고자 하는 그 욕심을 버리고 놓을 수 있는 것은 나의 법전을 너희들이 정독하면 그 속에 답이 있으며 그 훈련하는 방법이 있으니,

25 각자가 거듭날 수 있는 이 귀하고 소중한 선물을 내가 너희들에게 내리거늘,

26 이를 받아 기록하며 희생하는 나의 아들을 사탄이요, 이단이라 말하며,

27 밤과 낮을 가리지 아니하고 손발이 저리는 아픔을 인내하며, 모든 자연의 즐거움이요, 세상의 즐거움이요, 세상의 향락이라는 것을 다 저버리고 가는 나의 아들을 따르는 사랑하는 그 제자들,

28 남들이 아름다운 꽃을 구경하며 남들이 꽃밭에 가 놀기를 원하는 것, 그 모두를 접어 두며 나의 뜻을 만들어 세상에 전하겠다 하여, 남들이 볼 때 그 케케묵은 장소요, 그 어두운 삶이요, 그리고 어둡고 답답한 나의 성전에 지켜 앉아 하루 종일 고생하며 역사하는 그 제자들이 이루고자 하는 그 뜻이 무엇이더냐?

29 그와 같은 것을 너희들이 모르고 있음이니, 그들의 마음속에는 무엇이 있느냐?

30 바로 물질과 생명까지도 모두를 구원하는 진리요, 그리고 너희의 모두를 살아가는 것이 거기에 있기 때문에 그들이 그와 같은 길을 가고 있는 것을 너희들이 어찌 모른단 말이더냐?

31 나의 아들을 통하여 모두를 역사하여 계속 내려보낼 것이니, 나의 아들이 숨을 거둘 때까지 이 세상에 진리는 내려올 것이니,

32 너희들이 이를 보고 깨우치지 아니하며 이 길에 들어서지 아니하는 백성은 결코 거듭날 수 없음을 알라.

10,341 번째 하나님 말씀

2004년 4월 6일 10시 47분

1 사랑하는 나의 아들아!

2 "네, 아버님! 말씀하옵소서."

3 내 사랑하는 너를 따르는 제자들이요, 나의 법전을 읽고 깨우치는 만백성, 그들에게 제 손으로 제 살을 한번 만져 보라 그리하라.

4 그 살이 무엇으로 되어 있으며 네 육신이 무엇으로 되어 있느냐?

5 나 여호와가 흙으로써 만든 백성이요, 흙으로써 모두 역사한 너희들이라 하지 않더냐?

6 그러니 너희들이 결국 흙으로 돌아가는 백성이 된다 하지 않더냐?

7 그러니 나 여호와가 너희들에게 160권의 법전을 내리며 나의 아들을 이리 달구고 너희들을 구원하고자 하며, 그 제자들로 하여금 법전을 만들어 세상

에 전하는 그 역사를 하는 것은 무엇
이더냐?
8 나 여호와가 원하는 백성이요, 나와
더불어 살아가는 그와 같은 백성으로
너희들이 길러지며 다스려지며 거듭
나는 백성으로서 내가 만들고자 하는
애절한 뜻이 여기에 있음을 알라, 사
랑하는 나의 아들딸들아!
9 이제 나의 아들을 따르는 제자, 너희
들은 들으라.
10 나 여호와가 흙으로써 너희들을 만들
었으며, 흙으로 된 나의 백성이니, 네
살을 네가 문질러 보고 만져 보라 하
지 않더냐?
11 아픔을 느끼는 그 살이 흙으로 되었음
이니,
12 너희들이 정녕 흙으로 된 네 육신이
흙으로 돌아가면서 너희들이 거듭나
는 영혼도 그 흙 속에 그냥 묻어 버리
는 삶을 살겠느냐,
13 아니면 너희들이 어렵고 힘든 길을
가 너희들이 나 여호와로부터 길러진
자식이요, 내 뜻대로 사는 백성이요,
그리고 흙으로 된 백성들이 영혼으로
써 영원히 사는 생명을 가진 백성으로
거듭나는 그 길을 가겠느냐?
14 내가 너희들을 만들기를 흙으로 육은
만들었으나, 그 영혼은 내가 길러 준
백성이요, 내가 사랑하는 백성이요,
그리고 나와 더불어 영원히 사는 백
성을 만들고자 함이니,
15 흙으로 된 백성이 영원히 사는 나의
뜻과 같이하는 새 생명으로 새로 태
어나는 것, 그리고 너희들이 천국에
와 변하지 않는 삶을 사는 그와 같은
삶으로써 너희들을 내가 길들이고자
하는 그 길을 따라올 것이냐,
16 그렇지 않으면 너희들이 모두가 흙으
로 되었으니, 흙으로 돌아가는 순간에
모두를 흙 속에 묻어 버리는 그와 같
은 삶을 살겠느냐?
17 너희들이 여기서 선택하도록 그리하
라, 사랑하는 나의 아들딸들아!
18 나 여호와는 더 이상 내려 줄 것이 없
으며 더 이상 가르칠 것이 없으며 더
이상 설명할 것이 없음을 너희들은 알
라.

10,342 번째 하나님 말씀

2004년 4월 6일 10시 50분

1 사랑하는 나의 아들아!
2 "네, 아버님! 말씀하옵소서."
3 너희들이 오늘의 삶이요, 오늘의 세상
에 사는 것으로써 만족하는 사랑하는
나의 아들을 따르는 제자들이요, 법전
을 만드는, 내가 보기도 아까운 너희
들, 그리고 나의 법전을 읽고 깨우치
고자 몸부림치는 사랑하는 너희들은
들으라.
4 너희들이 어떻게 다음 세상을 살 것인
가 준비하는 삶을 살아야 한다는 것
을, 다음 세상에 너희들이 역사하는
그 삶을 대비하여 어떻게 살 것인가
그를 연구하고 그 길을 가야 되는 것
이 너희들이라는 걸 절대 잊지 말라.
5 어떠한 사람도 지금의 너희들이 가진
모든 것을 그대로 짊어지고 바리바리
싣고 죽음의 선을 넘을 때, 그 모두를
다 싣고 와서 너희들이 죽은 다음에

그 세상에서 너희가 육에서 가지고
온 것을 네 마음대로 쓰고 사용하며
부귀영화요, 호의호식을 누릴 수 있
단 말이더냐?
6 이는 이 지구 역사상의 어떠한 백성
도 그와 같이 이루어진 자가 없으며,
앞으로도 영원히 나 여호와가 존재하
는 세상에서 그와 같은 것이 이루어질
수가 없는 것이니라.
7 그러니 너희들이 오늘의 육의 삶에서
모든 호의호식을 위해 거둬들이고 쌓
은 것, 그 모두가 너희들이 죽음의 선
을 넘을 때, 그를 너희들이 바리바리
짊어지고 이고 지고 와서 마음대로 쓰
고 그 영화를 누릴 수 있다면 나는 말
하지 아니하나,
8 이는 지금까지도 있을 수 없었으며,
있지 아니하였으며, 앞으로도 영원히
이와 같은 기적의 역사는 있을 수 없
을 것이니,
9 오늘의 세상에서 끝나는 그 삶을 가지
고 너희들이 그리 연연하지 말며, 적
을 만들지 말며, 그와 같은 사악한 마
음으로 살지 말라.
10 내가 나의 아들을 통하여 말했느니라.
11 흙으로 만들어진 너희들이 흙으로써
끝나겠느냐,
12 그렇지 않으면 내가 원하는 백성으로
서 길들여지고 다스려져서 영원히 사
는 새로운 세상에 와, 흙으로 죽지 않
는 삶을 살겠느냐?
13 그것을 선택하는 것이 너희들이 이루
어야 할 길이라 하였음이니라.
14 그와 같은 모든 것을 이루는 것은 지
구의 역사상 지금의 너희들이 존재하
고 있는 그 짧은 삶에서 모두를 이루
는 것이며,
15 앞으로 역사하고 못 하는 것이 오늘의
삶에 너희들의 손에 달렸다는 것을 절
대 잊지 말라.
16 나 여호와가 모두의 주인은 나라 하였
으며, 너희는 관리하고 보관하는 것이
라 하였거늘,
17 관리하고 보관하는 자들이 어찌하여
그것이 영원히 네 것으로 착각하며,
죽어서까지 너희들이 그 모두를 짊어
지며 그 영화와 부귀를 누릴 것처럼
손을 펴지 못하는 그와 같은 삶에서
허덕인단 말이더냐?
18 그러니 너희들이 다 이 세상에 놓고
가는 것, 버리고 가는 것, 가지고 가지
못하는 것, 그리고 관리하다 놓고 가
는 것, 그 세계에서 너희들이 허덕이
지 말며, 그 세계에서 눈이 어두워 벗
어나지 못하며, 창공의 높고 넓음을
보라.
19 그리고 다음 세상의 삶을 준비하는 현
명한 삶을 살라.
20 그를 잊어버리고 사는 자, 그를 뒷전
으로 하는 자, 영원히 거듭나는 은혜
요, 흙으로써 빚어진 백성이 흙에서
새 생명이 태어난 그와 같은 은혜를
얻는 너희들이 심판대에 섰을 때 그
모두를 저버리게 됨이니,
21 흙이 흙으로 돌아가는 그와 같은 삶을
살지 말도록 그리하라.

10,343 번째 하나님 말씀

2004년 4월 6일 10시 55분

1 사랑하는 나의 아들아!
2 "네, 아버님! 말씀하옵소서"
3 이제 나의 아들을 따르는 너희들의 마
음이 변함이 곱고 고와 너희들이 지금
변하는 그 마음을 보는 것이 나 여호
와의 기쁨이라 하였음이니,
4 내가 하늘의 이치요, 땅의 이치를 너
희들에게 전함이니, 이를 명심하도록
그리하라.
5 너희들이 구원을 받기 위한 것, 하늘
에 오르고자 하는 그와 같은 것으로
사나, 모든 것은 하늘나라에 있는 것
이 아니요, 하늘나라에 역사하는 것이
아니라는 것을 알라 그리 전하라.
6 너희들이 천국은 하늘의 나라요, 나의
나라는 하늘의 나라요, 그리하여 너희
들이 하늘에 오르는 길은 하늘에서
모두가 역사하고 이루어지는 것처럼
그리하여 너희들이 인간 세상을 들여
다보지 아니하며,
7 너희들이 오로지 구원이요, 예수의 보
혈이요, 믿고 얻는 것으로, 울고불고
하는 것으로 재물을 하늘에 쌓으면
너희들이 구원을 받는다 하니,
8 모두는 다 하늘에서 이루어지는 것같
이 그리 착각하고 사는 것이 오늘의
종교 집단이요, 믿음의 길을 가는 맹
종 맹신하는 신도들이요, 그리고 어리
석은 지도자들이 나의 백성들을 그리
가르쳤음이니라.
9 그러나 이제 나의 아들을 따르는 제
자, 너희들은 알라.
10 모든 것은 하늘에서 이루어지는 것이
아니요, 땅에 있음이며, 땅에서 모든
것이 이루어진다는 것을 알아야 될
것이니라.
11 땅의 세상에서 살면서 너희들이 어찌
사느냐의 그 삶에 따라 너희들의 심
판의 기준이니, 너희들이 구원을 받고
하늘에 오르는 것은 높은 하늘에서 역
사하며 하늘에 있는 것이 아니니라.
12 하늘에 오르는 길은 하늘에 있는 것이
아니요, 땅에 있음을 알아야 되느니라.
13 땅에 있음을 모르는 백성들이기 때문
에 너희들이 이 지상에서 이루어지는
것, 너희들이 나에게 기도하며 회개하
며 용서를 빌 수 있으며, 너희들이 축
복의 은혜를 받을 수 있는 그 모두를
버리고 있음이니라.
14 모두는 너희들이 아래에 있으며, 낮은
곳에 있으며, 땅에서 모두가 역사하고
이루어지거늘, 그 땅에서 이루어지는
것을 모두를 다 덮어 버리며 지워 버
리고 하늘만을 바라보니,
15 하늘에 너희들이 오고 못 오는 것은
하늘에 뜻이 있는 것이 아니요, 땅에
있음을, 이제 내가 너의 제자들에게
내리는 상이요, 깨우침이요, 지혜를
내림이니, 내가 너희들을 사랑함이니
라.
16 이제 너희들은 정신을 바짝 차려 오
늘의 삶에서부터 자세를 바꾸라.
17 하늘을 보지 말며, 모두가 역사하고
천국에 오르는 것, 구원받는 것, 그 모
두는 하늘에 있는 것이 아니요, 땅에
있는 것이니라.
18 미물의 하나까지, 흘러가는 바람까지,

파도 소리까지, 그리고 동식물이 살아
가는 것, 너희들과 더불어 존재하는
것, 네 이웃의 형제요, 너희들이 살아
가는 모두 다 그 속에서 하늘에 오르
는 길이 있음이니, 이를 모르고 지금
울고불고하는 것이 믿음의 길을 가는
백성들이니,
19 그들이 뭐라 하든 하늘에 오르는 길
이요, 하늘의 뜻이요, 하늘의 진리는
가장 낮은 곳에 있다 한 그 뜻을 안다
면, 모두는 땅에 있으며, 땅에서 이루
어지는 역사가 이루어지고 안 이루어
짐이 여기 있으니, 땅에서 모두를 구
하고 찾도록 그리 전하라, 사랑하는
나의 아들아!
20 내가 너희들을 사랑하기에 하늘의 뜻
이요, 너희가 하늘에 오르는 길을 내
가 또 한 계단 너희 손을 잡아 끌어올
림이니, 너희들이 또한 높이 올라오는
오늘의 은혜를 입음이니, 모두는 땅에
있다는 이치를 깨달으라.

10,344 번째 하나님 말씀

2004년 4월 6일 11시 00분

1 사랑하는 나의 아들아!
2 "네, 아버님! 말씀하옵소서."
3 사랑하는 나의 아들딸들과 그리고 너
희가 지금의 삶의 시간이 과연 얼마나
많이 남고 길게 남아 있다 생각하느냐?
4 지금의 살아가는 그 백성이 이방인이
요, 믿음의 길을 가는 백성이요, 나의
아들을 따르는 모든 백성, 너희들이
지금 살아 있는 시간이 과연 얼마나
길고 많이 남아 있는가를 한번 생각해
봤느냐?
5 그를 아는 자가 없음이니, 너희들이
얼마나 많이 남아 있으며 얼마나 길게
남아 있는지 아는 자 아무도 없느니라.
6 그것이 너희들이 지혜의 한계요, 깨달
음이지 않더냐?
7 그러니 너희들이 지금 살아가는 삶이
요, 회개할 수 있는 시간이요, 바로 날
수 있는 시간이요, 거듭날 수 있는 시
간이 얼마 남지 않은 것을 알고 있는
백성들이라면,
8 너희들이 지금까지 살아온 잘못된 부
분이요, 잘못 살아온 그 모두를 바로
잡기에도 오늘의 이 시간이 모자라지
아니하더냐?
9 너희들이 부를 누리고 금화와 은화를
걷기 위해서는 쉬지 않고 달리며 노력
하나,
10 너희들이 지금까지 잘못된 그 삶을 바
로잡기 위하여, 그 삶을 지워 버리기
위하여 너희들이 노력하는 시간은 갖
지 아니함이니,
11 너희들이 지금 얼마나 바로잡기 위한
그 시간이 모자라며 시간이 없는 줄
알고 있느냐?
12 너무나 어리석고 불쌍한 것이 나의 백
성들이기에, 내가 나의 법전에 기록하
여 이 모두를 너희들에게 깨우쳐 주고
전하는 이와 같은 일을 역사함이니라.
13 이 세상의 모두를 다 사랑해 볼 시간
이 너희들이 과연 얼마나 있느냐?
14 너희들이 이 세상의 모두를 과연 사
랑해 볼 수 있는 시간이 있으며, 얼마
나 사랑해 보고 사느냐?
15 네 주변의 이웃이요, 네 형제요, 부모

를 얼마나 너희들이 사랑해 보고 사
랑하는 속에서 사느냐?
16 너희들이 이 세상의 동물이요, 미물에
게까지 이르는 자연에 속해 있는 모
두를 다 너희들이 사랑해 보지 못하고
살아가는 것이 당연한 것이니,
17 그 모두를 다 사랑해 보고 살아가는
그와 같은 삶을 사는 것이 너희의 삶
이거늘,
18 과연 너희가 지금 살아 있는 그 생명
의 시간 속에 이 세상의 모두를 얼마
나 사랑하는가?
19 네 부모요, 네 형제도 사랑하지 못하
고 살아가는 것이 너희들이 아니더냐?
20 그러니 너무나 모르고 지금 살아가는
것이 너희들의 오늘의 삶이 아니더냐?
21 그러니 너희들은 사랑하는 것, 모두를
사랑해 보고 사랑하는 마음을 가지고
살아야 되는 것이며, 이 세상에 너희
들이 살아오면서 가장 큰 빛을 남기
고 오는 것이 무엇인 줄 알겠느냐?
22 너희들이 남을 사랑하는 그 빛 외에는
어떤 것도 져서도 아니 되며, 너희들
이 남을 사랑하는 빛 그것을 많이 남
기고 와야 되는 것이거늘, 과연 너희
들이 나의 사랑을 얼마나 행하며 얼
마나 실천하느냐?
23 그러니 너희들이 이 세상 것의 억만
분의 일도 사랑하지 못하고 사랑해 보
지도 못하며,
24 내가 이 세상에 사랑을 베풀며 모두
를 감싸라 하였거늘, 너희들이 열 가
지도 제대로 사랑하지 못하고 사랑해
보지 못하고 옴이니,
25 너희들이 남은 시간에 모두를 사랑하
며, 네 이웃을 사랑하며, 모든 동식물
이요, 미생물까지 사랑하는 아름다운
마음으로써 승화되라 하는 것이 나 여
호와의 뜻이요,
26 그와 같이 변하는 삶을 살라 하는 것
이 나의 바람임을 너희들은 알아야 될
것이니라.
27 사랑하는 나의 아들딸들아!
28 모두를 사랑하는 마음을 갖고 살아야
하는 것이 나의 백성, 너희들이요, 그
리하여 너희들에게 높은 지혜요, 내가
높이 생각하며 판단할 수 있는 것을
다 주었거늘,
29 너희들이 이 세상 것도 사랑해 보지
못하면서 어찌하여 이 세상에서 악은
그리 행하고 사랑하는 백성이 되었단
말이더냐?
30 너희들이 모두를 사랑한 만큼, 모두를
사랑해 보고 온 만큼 그것이 나에게
받을 상이요, 은총이요, 영광이라는
것을 안다면,
31 이제는 너희들이 모두를 사랑하라.
32 네 이웃이요, 네 형제요, 네 집안부터
사랑하며, 사람을 사랑하며, 모든 미
물이요, 동식물이요, 자연의 모두를
사랑하는 아름다운 마음으로써 거듭
나는 그와 같은 백성으로 살지 아니하
면 아니 됨이니라.

10,345 번째 하나님 말씀

2004년 4월 6일 11시 06분

1 사랑하는 나의 아들아!
2 "네, 아버님! 말씀하옵소서."
3 너희들이 흙으로써 받은 생명이요, 거

듭난 백성이니,
4 너희들이 흙으로써 그대로 돌아가는 삶을 살 것이냐, 그렇지 않으면 내가 길들여 주며 내가 원하는 백성으로 살다 너희들이 거듭나는 영광과 은혜의 축복을 받을 것인가 하는 것은 너희들에게 달렸다 하였음이니라.
5 그리고 너희들이 살아가면서 모두의 하늘의 뜻은 하늘에서 역사하는 것이 아니요,
6 너희들이 구원받고 거듭나는 것은 땅에 있으며 땅 아래 있다 내가 그리 말하였음이니라.
7 그리고 어떤 것도 젊어지고 바리바리 싸 가지고 온 백성이 한 사람도 없으며 앞으로도 그와 같은 것은 존재하지 아니한다 하였음이니, 그러니 너희들이 이 세상에서 삶을 사는 것이 어떠한 것이던가?
8 아무것도 없으며 부질없는 것이 아니더냐?
9 그러니 너희들이 지금 부질없는 그 삶을 위해서 피 터지는 싸움을 쉬지 않고 하는 것이 나의 사랑을 베풀라고 한 그 백성들이 하고 있는 짓이니라.
10 사랑으로써 거듭나며 사랑을 베풀며 살아가라 한 그 백성들이 이익의 분배요, 제 앞에 무엇을 놓고자 제 욕심을 채우기 위하여 잠시도 피 터지는 싸움을 멈추지 아니하는 것이 너희들의 몰골이요, 오늘의 형상임이니라.
11 내가 너희들에게 그리 명하니, 너희는 사탄이요, 이단이라 그리 말하나, 너희들이 곱게 단장한 그 얼굴이면 무엇하더냐?
12 너희들이 앞에 있는 자와 피 터지게 싸우며, 뒤로 돌아서면 뒷사람과 피 터지게 싸우며, 좌우에 있는 사람과 피 터지는 싸움을 쉬지 아니하고 하고 있음이니,
13 네 얼굴이요, 네 모습이 얼마나 엉망진창으로 찢어지고 갈라졌는지 알겠느냐?
14 그 추한 모습은 내가 볼 수 없는 것이거늘, 어찌하여 너희들이 이와 같이 추하고 더러운 모습으로 살아간단 말이더냐?
15 그러니 너희들이 욕심을 버리며, 더 이루고자 하는 것을 버리며, 양보하는 미덕이요, 사랑하는 마음으로 가는 자만이 피 터지는 그 싸움에서 피하는 자요, 상처 입지 않는 자니,
16 그리하여 사랑하는 나의 아들딸 너희들이 곱게 다스려 고운 모습으로 나에게 오르라 함이니,
17 그리하여 너희들이 사랑을 베풀며 사랑을 실천하며 살아가는 백성이요, 사랑이라는 것은 부족한 너의 모두를 치유한다 하였으니, 사랑이라는 것은 네 몸에 상처를 막아 주는 것이니라.
18 이 험악한 세상에서 너희들이 지금 피투성이가 되는 그 싸움을 쉬지 않고 함이니, 내가 오죽하면 앞에 가는 자는 앞에 있는 자와 피투성이의 싸움을 하며, 뒤로 돌아서면 또 뒷사람과 피투성이 싸움이요, 좌측에 있는 자는 좌측에 있는 자와, 우측에 있는 자는 우측에 있는 자와,
19 모든 백성들과 너희들이 피 터지는 전쟁을 하는 그와 같은 삶을 살고 그 싸

움에서 벗어나지 못함이니,
20 너희 자신이 엉망진창이 되었으며 너
희 스스로 쓰러질 날이 머지않았으며,
그 몰골로써는 나에게 오를 수 없다는
것을 알아야 될 것이며, 그와 같은 백
성을 나는 받아들이지 아니함이니라.
21 내가 사랑을 실천하고 사랑을 행하는
백성은 피 터지는 싸움을 하지 아니하
며, 얼굴이요, 네 몸에 상처가 나지 아
니함이니,
22 너희들의 모습에 상처 난 숫자만큼 바
로 너희들이 그 죄의 대목이라는 것을
알라.
23 상처를 내서는 아니 되며, 상처를 가
지고 나에게 와서는 아니 됨이니, 나
의 아들을 따르는 제자들이요, 나의
법전을 읽은 백성, 너희들은 알라.
24 모든 백성들이 앞에 있는 자와 피 터
지게 싸우며, 좌우 앞뒤에 있는 자와
피 터지는 싸움을 해 상처투성이니,
너희들은 그와 같은 삶을 살지 말라.
25 그것은 사랑을 베푸는 길밖에 없음이
니, 사랑을 베풀며 나누며 살도록 그
리하며, 모두를 양보하는 미덕의 마음
으로 살라.
26 그러면 앞에 있는 자가 너를 공격하려
해도 공격하지 못할 것이니라.
27 내가 가장 기본인 열여섯 권의 법전
속에 뭐라 말하였느냐?
28 누군가 독화살을 너에게 쏨이니, '허
허!' 웃는 그 소리에 독화살이 네 앞에
떨어진다 하였으니,
29 앞에 있는 자가 너를 공격하려 해도
'허허!' 웃는 너를 공격하지 못할 것이
며, 뒤에 있는 자가 공격하려 하나 '허
허!' 웃는 너를 공격하지 못하니,
30 웃지 않는 좌우에 있는 사람들을 피
터지게 공격하는 그와 같은 비켜 가는
역사가 이루어지니,
31 나에게 상처 없이 오는 백성은 사랑을
실천한 백성이라는 것, 그것으로써 내
가 모두를 다스리며 역사한다는 것,
점수를 매기며 심판의 기준이라는 것
을 절대 잊지 말고 명심하도록 그리하
라, 나의 아들딸들아!

10,346 번째 하나님 말씀

2004년 4월 6일 11시 14분

1 사랑하는 나의 아들아!
2 "네, 아버님! 말씀하옵소서."
3 너희들이 살아가는 삶의 시간이 얼마
나 부족하고 모자란 것인 줄 알겠느냐?
4 지구의 역사요, 영원히 변하지 아니하
며 끝이 없는 이 세상의 삶에 너희를
비추어 볼 때, 너희들이 얼마나 미미
한 존재며 얼마나 짧고 간단한 삶을
사는지 알겠느냐?
5 그러니 그 짧은 세월 속에서 너희들이
살아가다 보면, 나 여호와가 원하며
나의 본체라는 사랑하기도 부족하며
사랑을 실천하는 것도 모자란 시간인
데,
6 너희들이 무엇이 그리도 마음이 아프
고 그 마음이 저려서 피 터지는 싸움
을 하며 그 싸움 속에서 너희들이 살
아가는 그와 같은 삶을 살고 있단 말
이더냐?
7 그러니 싸울 일이 어디 있으며, 싸울
것이 무엇이 있단 말이더냐?

8 그러니 너희들이 남을 시시비비할 시간이 그래도 남아 있단 말이더냐?

9 그리고 너희들이 시기하고 질투하는 그와 같은 쓸데없는 부질없는 말장난을 할 시간이 과연 너희들에게 남아 있으며, 그와 같은 시간이 용납된다 생각하느냐, 사랑하는 나의 아들딸들아!

10 너희가 남을 욕되게 한 일, 그리고 죄되는 일, 그리고 너희 스스로 죄지은 것이요, 그와 같은 것을 너희들이 사람들 앞에 자랑하며,

11 그것이 당당한 모습인 것처럼, 그리고 그것이 똑똑한 자요, 우월한 자인 것처럼 너희들이 그를 자랑하고 말할 수 있는 그와 같은 삶을 살아가는 시간이 과연 너희들에게 주어졌다 생각하며, 그와 같은 시간이 얼마나 있다 생각하느냐, 어리석은 백성들아!

12 나는 너희들에게 하나를 깨우쳐 주고자 하느니라.

13 너희들이 평소에 감정이 있으며 서로 피 터지게 싸우는 사이라 해도, 너희들이 진정 전쟁터에 같이 나가는 전우요, 병사가 되어 그 전쟁터에 나가서 전쟁을 치른다면,

14 그 전쟁을 치르는 전우들 사이에서 너희들이 가기 전까지 피 터지며 미워하고 시기하며 질투했던 그 마음이 과연 그 전쟁터에서도 가질 수 있는 시간이 있더냐?

15 오늘의 삶을 살아가야 하는 것, 나의 법전을 전하는 백성, 너희들이 전쟁터에 나가서 싸우는 전우와 같은 한마음이 된다면, 너희들이 바로 서지 못하며 죄와 악에 흔들리며, 나의 법전을 만들어 역사하는 것을 주저할 수 있으며,

16 네 형제요, 네 자식이요, 네 부모를 구원하는 데 과연 너희들이 게을리할 수 있으며, 그를 이루지 못한다 할 수 있으며,

17 너희들 입에서 시시비비하는 소리요, 추하고 더러운 소리요, 남을 음해하는 소리를 하며, 사랑을 하지 아니하고 살 수 있단 말이더냐?

18 모두가 사랑이요, 너희들이 감싸는 마음으로 살 수 있는 것이 바로 그러한 것이니라.

19 전쟁터에 나와서 너희들이 적을 향하여 공격하며, 적과 죽기 아니면 살기로 그 생사의 싸움을 하는 같은 전우가, 아무리 너희들이 어제 섭섭하고 미운 감정이 있으며 용서할 수 없는 마음이 있다 해도, 너희들이 그 전쟁터에서 그와 같은 마음을 가질 수 있더냐?

20 그러니 나의 아들을 따르는 제자들이요, 나의 법전을 읽고 깨우친 만백성, 너희들은 전쟁터에 나가서 싸우는 전우라 너희 형제를 생각한다면,

21 과연 그들이 얼마나 소중하고 귀한가?

22 너희들이 쳐다보기도 아까운 그 백성이거늘, 어찌하여 그를 시시비비하며 너희들이 마음을 비우지 못한단 말이더냐?

23 전쟁터에 나가 전쟁을 하는 총알이 빗발치는 속에서 너희들이 사악하고 더러운 생각을 할 수 있단 말이더냐?

24 전쟁터에 나온 전우와 같은 마음으로

너희들이 나의 법전을 대하며 만백성
을 구하는 데 모두를 다 바치도록 그
리하라.
25 전쟁터에 나온 그 전우가 어제의 너희
들이 치고받는 싸움이요, 미워했던 자
라 하더라도, 용서하지 못할 짓을 했
다 해도, 너희들이 싸움터에서 그 생
각을 가질 수 있고, 지우지 못할 수 있
다더냐?
26 모두를 지우고 모두를 용서할 것이며
그의 소중함을 알 것이니라.
27 그 전쟁터에서 너희들은 싸워서 이겨
야 되고 또 살아야 되며, 그리고 너희
들이 미워했던 그 전우가 있어 너를
지켜 주며, 그리고 너희들이 작은 시
시비비하는 그 마음을 가지고 너희들
이 서로 죽고 사는 그 속에서도 그 감
정을 치우치지 못하는 그와 같은 마음
을 가지고 있는 백성이 있단 말이더냐?
28 그곳에 남아 있는 감정은 아무것도
없을 것이니라.
29 그렇다면 너희들이 그만 못한 마음으
로써 만백성을 구하며 만백성을 구하
는 역사의 길에 전사로서 설 수 있단
말이더냐?
30 나의 성전에서 너희들이 어떠한 말도
아름다운 말이요, 아름다운 행동 외에
는 할 수가 없음이니,
31 이제 너희들은 모두가 전쟁터에 가서
싸우는 그 전우보다도 더 굳게 뭉쳐진
그와 같은 병사가 되도록 그리하라.
32 강한 훈련이요, 훈련 속에서 그 팀워
크가 이루어지듯이, 너희들이 아직도
강한 훈련이요, 강한 그 훈련에 돌입
하지 못하였기 때문에, 너희들이 어떠
한 말이든 어떠한 행동이든 쉽게 할
수 있음이니,
33 전쟁터의 전우라 너희들은 그리하라.
34 내가 그리하여 너희들에게 전사라 한
그 의미를 아느냐?
35 아름답고 사랑하는 마음, 전쟁터의 전
우처럼 그와 같이 생각하면 사랑하지
못할 것이 없으며, 이루어지지 못할
것이 없으며, 네 형제요, 네 부모를 구
원하지 못할 것이 없음이니라.
36 그러니 정녕 목숨을 다하여 나의 법전
이요, 성령의 모두를 너희들이 임할
수 있도록 그리 가라.
37 전쟁터에 가서 싸우는 그 마음으로 너
희들이 나의 법전을 지키며, 나의 계
명을 지키고 살아간다면, 그 성령이
너희들에게 어찌하여 임하지 못하겠
느냐?
38 성령이 임하는 것은 너희가 단 1초도
안 되어서 그와 같은 역사의 은혜를
입을 수 있는 것이 너희들의 자세이
니, 너희가 싸우고 미워할 수 있는 마
음이 어디 있겠느냐?
39 그러니 전쟁터에서 같이 싸우는 전우
요, 전우와 한마음이 되어 너희들이
그 전쟁을 승리로 이끌며 너희들이 살
아 나와야 되며,
40 살고자 하는 그 하나의 일념으로, 너
희들이 그보다 더 열배 백배 천배 만
배 더한 마음으로 하나가 되도록 그리
하라.
41 그러면 모두를 이루고 모두를 얻을 것
이며 모두를 역사할 것이니라.
42 전사라 함을 너희들은 깊이 새기도록
그리하라.

10,347 번째 하나님 말씀

2004년 4월 6일 11시 18분

1 사랑하는 나의 아들아!
2 "네, 아버님! 말씀하옵소서."
3 너희들이 시기하고 질투하며 싸우고 사는 그와 같은 삶이 과연 어떠한 곳에서 이루어지느냐?
4 너희의 믿음이 다 거짓된 것이며, 진실한 믿음이 아니며, 나 여호와가 존재한다 생각하지 않는 백성들이니라.
5 말로써는 울고불고 나를 부르고 찾고 나에게 오른다 하며, 나의 아들 예수의 보혈의 은혜요, 그 은혜로써 구원을 받았다 하며 '주여, 주여!' 부르짖고 하는 그것이 다 형식적이며 너희들이 거래하는 것이며 위선이라 함이니라.
6 나 여호와가 존재함을 의식하지 않는 백성들이 할 수 있는 행위니라.
7 너희들이 나에게 받은 그 모든 은혜에 감사하지 아니하는 백성만이 할 수 있는 그와 같은 행위니라.
8 그러니 너희들이 시기와 질투요, 불화가 있는 것은 바로 아무것도 믿지 않는 자들이요, 나를 경배하지 아니하는 백성임을 알라.
9 너희들이 나 여호와가 존재함을 알며, 나를 진심으로 섬기는 백성이라 하면, 진정한 믿음이요, 참진리의 길을 간다면, 너희들이 천사가 되지 못할 것이 어디 있더냐?
10 내가 너희들에게 뭐라 말하였느냐?
11 전쟁터에서 같이 전쟁을 치르는 전우가 어제 너희들이 시시비비하고 싸우고 치고받았던 그 감정도 그 전쟁터에서 그대로 그를 가지고 너희들이 싸운다 했더냐?
12 전쟁이라는 그 앞에 너희들의 작은 감정의 그 모두는 다 씻은 듯이 잊혀지며,
13 오로지 너희들이 싸워서 이기며, 서로를 보호하고 서로 지키는 가장 소중한 너희들의 동지요, 이웃이 된다 하지 아니하였더냐?
14 그러니 너희들이 그와 같은 감정도 없어질 수 있는 것이 전쟁터의 그 싸움이거늘,
15 만백성을 구하는 너희들이 나를 믿고 따르며 구원의 길을 온다는 자, 그리고 만백성을 인도하는 자들이 어찌하여 너희들이 하나가 되지 못하며,
16 너희들이 시시비비하며 불평하며 남을 음해하는 말을 감히 할 수 있으며, 사랑이라는 것을 베풀지 못하며, 너희들이 무엇을 나누어 주는 데 주저하며, 그리 소중하고 아까워서 행동하지 못하는 그와 같은 삶을 살 수 있단 말이더냐?
17 너희들은 나의 뜻대로 살아가는 자가 아니요, 나의 성령을 받아 나의 성령이요, 나의 성경대로 살아가는 백성이 아님을 알아야 될 것이니라.
18 그러니 지금 나의 아들을 따르는 백성들이요, 그리고 믿음의 길을 가는 백성, 너희들이 과연 어떠한 마음 자세로써 믿음의 길을 가는가?
19 죽음 앞에서 너희들이 그 한 가지 살고자 하는 집념보다 천배 만배 더 강한 믿음으로써 나의 복음을 전하며,

나의 법전을 읽으며 나의 뜻을 너희들
이 받아들이는 삶을 사는가?
20 과연 복음을 전하는 너희들이 시시비
비할 수 있으며, 남을 시기하고 질투
하는 말을 할 수 있는가?
21 그와 같은 말을 하는 자, 너희들이 말
로써는 복음을 전하며 나의 뜻에 의하
여 살아가는 백성들이라 하나, 나를
능멸하는 죄를 짓고 있다는 걸 알라.
22 그러니 너희들이 미워하는 마음이요,
용서하지 못할 마음이 어디 있느냐?
23 전쟁터에 가서 같이 싸우는 그 전쟁의
포화 속에서 전우가 하나 되어 싸우는
그 마음보다 천배 만배 강한 의지로써
네 이웃을 사랑하라.
24 그들이 만백성을 구하는 자들이니라.
25 영원히 존재하는 나의 백성들을 너희
들이 구원하며, 천 년에 걸쳐서 하늘
에서 이루어진 것같이 이 땅에서 이루
어지는 대역사를 이루는 선택된 너희
들은,
26 전쟁에 나가 목숨을 유지하여 같이 싸
우는 전우애보다도 천배 만배 굳게 맺
어져야 될 것이 오늘 나의 성전에 있
는 나의 아들을 따르는 제자들이요,
나의 법전을 읽고 가는 백성들이니라.
27 오늘의 믿음의 길을 가는 백성들이요,
신앙을 가진 백성들이요, 거래하는
자, 구원에 의하여 맹종 맹신하는 그
백성들에게는 이를 기대할 수 없으며
바랄 수가 없으며 찾아볼 수 없기에,
28 너희가 마지막 거는 기대요, 사랑이
요, 희망이라는 것을 알라, 사랑하는
나의 아들딸들아!

10,348 번째 하나님 말씀

2004년 4월 6일 11시 30분

1 사랑하는 나의 아들아!
2 "네, 아버님! 말씀하옵소서."
3 내가 이 작은 성전을 아름다운 것으로
써 새것으로써 모두를 가꾸고 역사하
라 하였음이니,
4 너는 정녕 그 뜻을 따르지 아니하였으
며 그 뜻을 거역하였음이니, 그것이
네 인간의 생각이요, 네 판단이었음이
니,
5 지금에 와서 너는 내가 너에게 명한
뜻을 아는가?
6 "네, 아버님!
7 그를 깨달은 저는 두렵고 무서운 마
음으로써 저 자신의 설 자리를 모르
오며 아버님께 눈물의 용서를 비옵나
이다.
8 아버님! 제가 그 뜻을 알지 못했으며,
9 아버님의 말씀하신 뜻을 알았다면, 어
떠한 인간 세상에 어려움이 있다 해도
작은 것으로써, 새것으로써 아름답게
열과 성의를 다하여 호화롭지 않은 상
태에서 모두를 준비하였을 것이거늘,
10 그와 같은 현명함을 갖지 못한 것, 그
것은 아버님의 뜻을 모르고 있었기 때
문이며, 이 어리석은 저의 잘못이라
그리 생각되옵나이다."
11 사랑하는 나의 아들아!
12 어찌하여 내가 어렵고 힘든 너희들에
게 그 작은 것을, 너희들이 그저 초라
할지라도 새것으로써 모두를 비치하
라 하였는지, 그 뜻을 아느냐?
13 "네, 아버님! 이제 160권의 법전이요,

그리고 130권의 법전을 넘게 써 가며
아버님의 말씀을 듣고 듣고 깨달은 지
금에 와 그 마음을 알고 있으며,
14 그 마음이 얼마나 저려 오는 아픔인
것인지 이제야 깨달았사옵나이다.
15 아버님! 두 무릎 꿇고 아버님께 죄를
청하오며, 아버님의 그 아픈 마음에
제가 이리도 상처를 냈음이니,
16 이제 제가 바로 설 수 있는 그와 같은
마음이요, 그와 같은 자세로써 작은
성전을 작고 아름다운 모습으로 가꾸
도록 그리하겠사옵나이다.
17 누가 뭐라 해도 이 지상에서 아버님
의 처음 생기는 성전이요, 이는 하나
밖에 없는 성전이라는 것을 제가 그리
생각하지 못했으며,
18 인간의 부족한 마음이요, 인간의 어려
운 그와 같은 삶에 의하여 제가 그저
되는 대로 모두를 준비하였으니,
19 이 세상에 수천 년 동안에 그 수많은
교회요, 성당이요, 성전이요, 헤아릴
수 없는 것이 이 지구를 덮고 있으나,
아버님의 성전이 하나도 없었으며, 아
버님의 성전이 하나도 제자리를 찾지
못하고 있었으며, 그 모두가 다 아버
지를 능멸하는 것으로써 존재하였음
이니,
20 이 작은 몇 평 안 되는 이 성전이야말
로 아버님이 이 세상에서 처음으로 만
드는 성전이요, 아버지의 소중하고 귀
한 그 성전이라는 것을 몰랐사옵나이
다.
21 작은 물건 열 개 중의 하나를 놓더라
도 깨끗하고 소중한 것으로써 아버님
성전에 아버님을 기쁘게 해 드리는 것
이 거기에 있다는 것을, 그것을 제가
미처 몰랐으며 미처 깨닫지 못하였사
옵나이다, 아버님!"
22 사랑하는 나의 아들아!
23 눈물을 거두라.
24 그러나 그 모두를 네 생각이요, 네 뜻
으로 앞으로는 그리하지 말며, 네가
깨달음이 높고 지혜가 있으므로 내
뜻을 네가 지금에 앎이니, 그것으로써
나 여호와의 기쁨이니라.
25 그러하니라, 이 세상에 그 모든 성전
이 헬 수 없이 많이 있으니, 각종 성전
이요, 성전을 세울 수 없으며, 그들이
호화롭고 찬란하게 세우는 것, 그 모
두는 내 것이 아니며, 나와 관계가 없
으며,
26 6천 년이라는 그 세월이 흐른 다음에
이 지상에 내가 바로 나의 성전 하나
를 작게 만듦이니, 거기에 내가 좋은
그릇으로써, 좋은 것으로써 가꿔 놓고
싶었던 것이 나의 뜻이요,
27 너희들이 하나의 난을 키우며 하나의
꽃나무를 심더라도 정성을 다하여 심
어 주는 그와 같은 마음을 바랐던 것
이 나 여호와의 뜻이었음이니라.
28 사랑하는 나의 아들아!
29 그러니 네가 네 생각이요, 그 모두는
앞으로 접어 두도록 그리하라.
30 이것을 경험으로 하여 네 생각이요,
네 뜻대로 하지 말라.
31 내가 너에게 명하는 것, 네가 넘어서
는 안 되는 그와 같은 명을 한다 해도
거기에는 너에게 깨달음이 있으며, 너
를 가르치기 위한 비유의 뜻이라는 걸
알며, 그를 너는 행하도록 하라, 사랑

하는 나의 아들아!
32 내가 너를 사랑하며, 이와 같이 역사
하는 너의 제자들을 사랑함이니, 그리
알며 눈물을 거두도록 그리하라.
33 내 마음을 알았으며 내 뜻을 네가 알
았으면 되었느니라, 사랑하는 나의 아
들아!

10,349 번째 하나님 말씀

2004년 4월 6일 11시 34분

1 사랑하는 나의 아들아!
2 "네, 아버님! 말씀하옵소서."
3 모든 종교 집단이요, 믿음의 길을 가
는 자들이 뭐라 말하느냐?
4 그 신도들 앞에 지도자라는 자라 서
있는 자가 제가 죄의 구덩이요, 죄 속
에 더불어 있는 자가 그 신도들에게
목청을 높여 묻느니라.
5 '여러분은 믿음에 완전합니까?' '네,
저희들은 완전합니다.'
6 '여러분은 100퍼센트 구원을 받았습
니까?' '네, 100퍼센트 구원을 받았습
니다.'
7 '죄에 우리는 모두 완전합니까?' '네,
완전히 구원을 받았습니다.' 그리 가
르치고 대답하도록 유도하는 것이 오
늘의 종교 집단이요, 지도자들이요,
8 그 소리를 지르며 하나의 부끄러움도
없으며 저 자신이 어떠한 형태이며,
제가 죄의 쇠사슬에 얼마나 짓눌려
있는지도 모르는 자들이며,
9 제 몸이 얼마나 상처투성이며, 제 몸
이 얼마나 썩어져 가는지도 모르는
자들이 '구원을 받았습니까, 완전합니
까?' '네, 그렇습니다.' 그리 말하느니
라.
10 그러니 이제 나의 아들을 따르는 제자
들이요, 나의 법전을 읽고 깨우친 만
백성, 너희들은 그들이 뭐라 그리 아
우성을 치며 대답을 하더라도, 너희들
은 '네, 아닙니다. 그리고 그렇게 아니
되었습니다.' 하고 대답하는 백성이
되라.
11 '저희들은 완전하지 못합니다. 100퍼
센트 구원을 받지 못했습니다.' 그와
같이 대답하는 백성이 되라, 사랑하
는 나의 아들딸들아!
12 완전하며 완전히 100퍼센트 구원받
았다는 그 목소리에 현혹되지 말며 그
를 부러워하지 말라.
13 너희가 어찌 감히 완전하며 완전히 구
원을 받았다 말할 수 있단 말이냐?
14 '네 죄가 모두 사해졌지 않느냐? 예수
의 보혈로써 너희들은 모두를 사한 백
성이 되지 않느냐?' 그리 물을 때, '네,
그렇습니다.' 그리 대답하며 소리 지
르는 것이 그들이 아니더냐?
15 그러니 지금의 믿음의 길을 가는 백
성, 너희들이 그와 같은 형국으로 흘
러가며 그 속에 젖어 있음이니,
16 저희들이 죄가 죄인 줄 모르며, 깨우
치는 것이 무엇이며, 회개하는 것이
무엇이며, 바로 서는 것이 무엇인지도
모르는 그와 같은 백성들이니라.
17 그러니 나의 아들을 따르는 제자들에
게 '너희들의 죄가 다 사해졌느냐?'
묻거든 '아니옵니다. 저희들은 죄 속
에 있으며 죄 속에서 벗어나지 못하고
있사옵나이다. 그리하여 아버님! 저

의 죄를 용서하여 주옵소서.' 너희들
이 간곡한 기도를 드린다 그리 말하
라.
18 이것이 그들과 나의 백성이요, 선택
된 나의 아들딸과의 차별화이니, 이로
써 증거하도록 그리하라.
19 너희들은 완전하지 못하며 100퍼센
트 구원받지 못했으며, 너희들은 완전
히 죄 사함을 받지 못한 백성이라는
것, 거기에 너희들이 조금도 굽히지
말며 굴하지 말며,
20 완전히 구원받고 완전하다는 그 백성
들, 죄가 없다는 백성들, 그들의 그 말
에 현혹되어 그 길을 가며 그곳에 무
너지는 백성이 나오지 않도록 잘 깨우
쳐 주고 전하도록 하라, 사랑하는 나
의 아들아!

10,350 번째 하나님 말씀

2004년 4월 6일 11시 37분

1 사랑하는 나의 아들아!
2 "네, 아버님! 말씀하옵소서."
3 너희들이 하나의 아름다운 화초를 기
름이니, 그는 퇴비를 토양에 주며 물
을 주며 잘 길러야 되지 않더냐?
4 그러니 주인이 게을러 물을 주지 아
니하고 그를 돌보지 아니한다면, 그
화초의 생명은 고통 속에 시들어 말라
죽게 되지 않더냐?
5 그러니 그 화초는 죽어 가면서 그 주
인을 찬양하며 존경하겠는가, 그 주인
을 원망하며 시들어 죽어 가겠느냐?
6 하나의 그 꽃나무도 그와 같이 어찌
주인이 관리하고 다스리느냐에 따라
서 고통 속에 죽어 가는 그와 같은 형
국이 될 것이니라.
7 그러니 너희들이 물을 주지 아니하며
돌보지 아니하는 주인이 과연 어떻다
그 난초들이요, 그 꽃나무가 생각하
겠느냐?
8 내가 이와 같은 비유의 뜻을 너희들
에게 전하는 것이 무엇인 줄 알겠느냐?
9 지금 나의 법전을 만드는 백성들이요,
나의 법전을 전하는 백성, 너희들이
바로 화초에 물을 주는 그와 같은 주
인임을 알라.
10 모든 백성들에게 지금의 나의 법전으
로써 너희들이 그 생명수를 전하지 아
니하면, 그들은 다 시들어 말라죽어
가며 지옥으로 가게 됨이니,
11 과연 그와 같은 자들이 죽어 와 누구
를 원망하며 누구를 욕하겠느냐?
12 이를 깨우쳤으며, 일찍이 나로부터 선
택받아 하늘에 오르는 길이요, 참진리
의 길이 무엇이라는 걸 알고 있는 것,
물을 주면 되는 것을 물을 주지 아니
하여 그들이 시들어 지옥으로 갔다면,
그들은 누구를 원망하겠느냐?
13 그러니 너희들이 그와 같은 원망을 듣
는 백성이 되어서는 아니 됨이니라.
14 그리하여 너희들이 몸과 성의와 열성
을 다하여 나의 법전을 만들어 만백성
에게 흰 눈이 세상을 덮듯이 모두를
덮어, 그를 피하는 백성이 없도록 그
리하라 함이니 그리 알라.
15 그러니 하나의 꽃나무요, 하나의 난초
도 주인을 만나서 그 주인이 어찌 관
리하고 가꾸느냐에 따라서 그 생명이
존재함이요, 그가 꽃을 피울 수 있는

것이 아니더냐?
16 그러니 그 주인이 게을렀을 때 그 아
름다운 꽃나무는 시들어 말라죽어 가
면서 그 만난 주인을 원망하며 그 주
인을 만난 것을 얼마나 후회하겠는가?
17 그러나 그의 의사대로 이루어지는 것
은 아니지 않더냐?
18 그와 마찬가지로 너희들이 나의 법전
이요, 이 생명수를 만백성에게 부어
주어 그들이 구원의 길을 볼 수 있도
록 하는 것,
19 성령으로써 거듭나는 생명수를 얻고
못 얻는 것은 부어 주는 너희들에게
달렸음이니, 이를 명심하고 명심하도
록 그리하라, 사랑하는 나의 아들딸들
아!

10,351 번째 하나님 말씀

2004년 4월 6일 11시 41분

1 사랑하는 나의 아들아!
2 모든 믿음의 길을 잘못 가고 있는 사
랑하는 백성들에게 깨우쳐 주라.
3 내가 성서에 기록하여 전하지 않았더
냐?
4 모르는 자는 죄가 아니 된다 그리하지
아니하였더냐?
5 나의 법전에 뭐라 하였느냐?
6 모르고 잘못하는 자는 너희들이 최선
을 다하여 깨우쳐야 되며, 모르고 가
는 자는 불쌍한 백성이요, 그 죄가 아
니라 하지 아니하였더냐?
7 그러니 너희들이 예수의 보혈로써 구
원을 받았다 해도, 그들이 지은 죄는
결코 죄가 너희를 떠나는 것이 아니
요, 영원히 너희들에게서 물러나는 것
이 아니라는 것을 그들에게 가르쳐 주
도록 그리하라.
8 예수의 보혈로써 너희들이 완벽히 구
원을 받았다 해도, 그와 같은 삶을 살
았다 해도,
9 너희가 지은 죄는 죄라는 것은 절대
떠나지 아니하고 그 죄가 남아 있다는
그 의미를 가르쳐 주라.
10 나의 아들이 뭐라 너희들에 가르쳤더
냐?
11 나의 법전에 그리 전하지 아니하였던
가?
12 이 귀하고 소중한 나의 명을 받아 나
의 법전을 만들고 이것을 세상에 전하
여 만백성을 구하는 그 생명수의 역할
을 한다 해도,
13 그들이 지금까지 지은 죄는 남아 있으
며, 그 죄는 그들이 스스로 모두를 해
결하며 모두를 다 갚는 그와 같은 산
고의 길을 가지 아니하면 절대 이룰
수 없다는 내 이 뜻을 너희들이 그대
로 듣고 흘려보내서는 아니 됨이니,
14 모든 백성은 들으라.
15 내가 나의 아들을 통하여 전하여 너
희들이 어떠한 아름다운 일을 한다 해
도, 순교자의 길을 간다 해도, 진정한
순교자의 그 길을 역사한다 해도,
16 너희들이 가지고 있는 그 죄는 떠나지
아니하며 너희들에게 있다는 것, 그리
하여 그것이 심판의 기준이라는 이 완
벽한 하늘의 이치를 너희들이 꼭 깨우
치도록 그리하라.
17 그러니 앞으로 너희들이 어찌 살아가
야 하는지 그 삶만이 남아 있음을 잊

지 말라 그리 말하라.
18 너희가 믿는 믿음이 아무리 완벽하며
완전무결한 그 믿음으로 가는 백성이
라 내가 판정을 내려 준 그 백성도 지
금까지 지은 죄는 그대로 죄로써 남아
있다는 것을 알라 그리 전하도록 하
라, 사랑하는 나의 아들딸들아!
19 이것을 모르는 백성들이 표백되었으
며 씻어졌으며 죄가 없으며 완전무결
한 백성이요, 100퍼센트 구원을 받은
백성이라 저희들이 그 추한 입으로써
그와 같이 하니,
20 그 말은 추한 목소리로써 세상을 오염
하며 하늘을 오염하며 나를 역겹게 만
드는 행위라는 것을 그들에게 전해 주
라, 사랑하는 나의 아들아!

10,352 번째 하나님 말씀

2004년 4월 6일 11시 47분

1 사랑하는 나의 아들아!
2 "네, 아버님! 말씀하옵소서."
3 너희들이 깨달음의 경지가 높으니, 내
가 너에게 무엇을 전하라 하였느냐?
4 "네, 아버님께서 그리 말씀하셨사옵나
이다.
5 하늘에 오르며 구원을 받는 그 모두는
하늘에 있는 것이 아니라, 땅 아래 가
장 낮은 곳에 그 모두가 있는 것을, 거
기서 하늘에 오르는 길이 역사하는 걸
모르는 백성이라 하였으며, 그를 깨우
치는 것은 아버님께서 내린 상이라
하였사옵나이다.
6 그리고 아버님께서 저희들이 흙으로
만들어졌으며 흙으로 만들어진 육신
을 아버님께서 바라는 그와 같은 백
성으로 거듭나는 길을 가도록 살아가
는 것이 저희들이 오늘의 믿음이요,
하나님께 기쁨을 드리며 아버님께 받
는 영광의 길이라는 것을 그리 말씀을
주셨사옵나이다.
7 그리하여 아버님께서 저에게 말씀하
시기를, 너 자신의 이익을 구하는 그
와 같은 삶을 살지 아니할 때 그 모두
를 볼 수 있다 그리 말씀하셨사옵나이
다."
8 그러나 지금 나의 믿음의 길을 가는
백성들이 가고 있는 길이 무엇이더냐?
9 그와 같은 깨달음이요, 그와 같은 이
치를 가는 백성들이 과연 어디 있느냐?
10 저희들은 하늘에 오른다며 나를 경배
한다면서 그들이 구원의 길이요, 믿음
의 그것은 다 무엇을 믿고 가는지 알
겠느냐?
11 "네, 아버님! 저는 잘 알지는 못하옵
나이다.
12 그러나 모든 믿음의 길을 가는 그 백
성들의 마음을 아버님께서 보여 주시
는 것은 이와 같은 그림을 제가 보고
있사옵나이다."
13 내가 너에게 보여 주는 그 그림을 그
대로 네가 설명하여 너의 제자들에게
깨우쳐 주도록 그리하라.
14 "네, 아버님! 지금의 모든 믿음의 길
을 가는 백성들이 몇천 년 동안 흘러
온 것은 아버님의 진리요, 아버님을
경배하고 따르는 것이 아니라,
15 교회를 사랑하라, 교회를 사랑하도록
하라 그와 같은 울부짖음이요, 그 가
르침으로써 모두가 젖어 있는 그림으

로 지금 보이고 있사옵나이다.
16 종교 지도자는 스스로 교회를 사랑하
라, 손으로 지은 건축물이요, 아버님
께서 짓지 말라 그리 강요하신 교회
를 사랑하라, 사랑하라 그리 가르치니,
17 그 의미가 무엇인가를 아버님께서 보
여 주고 계시옵나이다.
18 사랑이라는 것은 모두를 다 주며 아낌
없이 주고 사랑하고 돕고 살아가는
것, 가장 소중한 사이에 베푸는 것이
사랑이요, 소중한 것이라 그리 비치나,
19 그들은 교회를 사랑하라 함이니, 그것
은 아버님을 사랑하지 말며, 아버님을
사랑하는 그 마음이요, 그것은 아버님
을 따르는 것이 아니라, 저희들의 손
으로 지은 그 교회를 저희들이 사랑하
라 그리 가르치며, 그것으로써 믿고
가는 것이 오늘의 그 믿음이요, 그 현
장의 실상이니, 지금 아버님께서 보
여 주신 그 그림이 그러하옵나이다."
20 그러니 그것이 어떠한 것을 역사하느
냐?
21 "교회를 사랑하라 하는 그것은 그 교
회를 위함이라 하니,
22 이는 아버님을 받들고 아버님의 진리
를 따르는 것이 아니라, 저희들이 그
와 같이 교회를 사랑하라는 것이 그
모두를 거둬들이며 그 모두를 바치라
그리 교회를 사랑하다 보니,
23 바치지 아니할 것이 없으며 아까울 것
이 없음이니, 모두를 다 바치는 그와
같은 백성들로 이끌어 가고자 하는 그
흉악한 자들이 하는 흉계이며,
24 그들이 하는 말이 얼마나 무섭고 두려
운 것인가를 모르고 그들이 함부로 말
하는 그 죄악의 굴레가 얼마나 무서운
것이며,
25 유황불을 지나야 되며, 끓는 기름 가
마솥을 지나야 되며, 인간으로서 견딜
수 없는 고통을 다 겪는 것이 그들이
가야 할 길이라는 것이 보이고 있사
옵나이다."
26 그러니 그들의 그 실상을 전하여 너
의 제자들에게 깨우쳐 주도록 그리하
라.
27 너희들이 교회를 사랑하라는 것은 무
엇이더냐?
28 재물을 바치며, 그리고 교회를 사랑한
다음에 무엇이더냐?
29 지도자를 사랑하라는 것이 그 간악한
수법이 아니더냐?
30 그러니 나를 사랑하라 함이 아니요,
내 뜻에 따라 살아가라는 것이 아니
라, 저희들의 교회를 사랑하라 하는
것은 저희들에게 모두를 바치라는 것
이니, 이것이 사탄이요, 악마만이 할
수 있는 길이니,
31 네가 성전을 사랑하라 그리하느냐, 그
리고 너를 사랑하라 하느냐?
32 나 여호와를 사랑하며 내 뜻을 따라
행하며 너희들이 변하는 것으로써 내
가 가장 큰 기쁨이라 하였거늘,
33 오늘의 종교 집단이요, 지도자요, 네
가 보는 그 그림은 무엇이더냐?
34 "그들은 교회를 사랑하라 하옵나이다.
교회를 사랑하라, 교회를 사랑하는 것
이 구원을 받는다 그리 가르치고 있사
오니, 이것이 아버님의 가슴 아픔임을
저는 알겠사옵나이다."
35 사랑하는 나의 아들아!

36 이와 같이 잘못 가고 잘못 흘러가는
것을 하나하나 기록하여 만백성이 읽
고 깨우치도록 그리하며, 너의 제자들
부터 먼저 깨우쳐 주도록 그리하라.
37 나의 성전을 사랑하는 것이 아니요,
너를 사랑하는 것이 아니요, 참진리
요, 나 여호와의 뜻을 알고자 노력하
는 그와 같은 백성으로 살아가되, 마
음이 흔들리며 마음이 동요되지 아니
하도록 그리 가르치라.
38 모두가 교회를 사랑하라 함이니, 내가
짓지 말라는 교회를 사랑하는 것은 그
교회를 사랑함이니, 그를 사랑하기에
그가 떨어지면 더 채워야 되며, 그가
부서지면 고쳐야 되며, 작으면 더 크
게 지어야 되며, 무너지면 아름답게
고쳐야 되며, 더 황홀하게 고쳐야 되
니, 나의 백성의 피로써 얼룩진 것이
니라.
39 저희들이 큰 교회를 지은 것은 나의
피조물 만백성들의 피를 뽑아 호수를
만드는 것과 같으니라.
40 전쟁터에 수없이 젊은이가 죽어서 그
피가 질퍽하듯이 된 것이 큰 교회요,
41 그리고 너희들이 아름답게 꾸린 것은
나의 피로써, 나의 백성들의 피로써,
나의 아들 예수의 피로써 너희들이 그
림을 미친 듯이 그려 놓고 팔려는 그
속에서 너희들이 감히 하늘에 오르는
길이요, 천국에 오르는 길이라 울부짖
는 그 사탄들의 모습이라는 것을, 네
가 보고 있음을 그대로 전하라.

10,353 번째 하나님 말씀

2004년 4월 6일 11시 57분

1 사랑하는 나의 아들아!
2 "네, 아버님! 말씀하옵소서."
3 영적으로 임한 백성이요, 깨달음의 은
혜를 받은 백성의 한계의 길을 너는
아느냐?
4 "네, 아버님! 이제야 깨달을 것 같으
며, 이제야 알 수 있을 것 같사옵나이
다."
5 그러니라. 지혜가 깨우치며 성령이 임
한 백성이야말로 내가 비유의 뜻으로
전하는 그 모두를 알아들을 수 있는
것이니, 그를 모르는 백성들이 지도자
가 될 수는 없는 것이니라.
6 영적인 가르침이요, 하늘의 뜻은 너희
가 알 수 없느니라.
7 나 여호와가 너희들에게 해서는 아니
되는 그 명령을 내린다 하여 이는 너
희 생각대로 거절하는 믿음이 진정한
믿음이 아님을 알라.
8 그러나 너희들은 거기에 내가 행해서
는 아니 되는 것을 행하라 명할 때는
그 의미와 뜻이 있음이니, 너희들이
이를 볼 수 있는 것은 성령이요, 깨달
음의 지혜가 높지 아니하면 아니 되며,
9 나의 법전을 가슴에 안고 정독하는 자
는 너희들은 해서는 아니 되는 일을
내가 하라 명하는 그 비유의 뜻을 바
로 알 수 있음이니,
10 이것을 알지 못하고 그대로 행한다면,
너희들은 나의 뜻을 거역하는 것이요,
모든 백성을 구하는 전사로서 바로 설
수 없는 것이니라.

11 해서는 아니 되는 그것을 내가 행하라
함이니, 너희는 깨우침이요, 그곳에서
너희들이 비유의 뜻이요, 너희들을 가
르치기 위한 것이니, 너희들이 이를
알아야 될 것이니,
12 이것은 성령으로 임한 백성이요, 나의
법전을 가슴에 안고 정독하고 정독하
지 아니하는 백성은 내가 내리는 뜻을
모를 것이니라.
13 너희들이 취하고 받아서는 아니 되는
것을 내가 상으로 내린다 함이니, 너
희들이 그것을 상으로 그냥 받아들이
는 그와 같은 생각을 해서는 아니 됨
이니라.
14 사랑하는 나의 아들아!
15 내가 너희들에게 해서는 아니 되는 것
을 내리며 받아서는 아니 되는 상을
내릴 때, 너는 거기서 무엇을 얻고 깨
달아야 되는가?
16 "네, 아버님!
17 거기에서 아버님께서 비유로써 가르
치는 그 뜻을 빨리 알아들으며 그 깨
달음을 알아야만 성서를 볼 수 있으
며, 아버님의 뜻을 알 수 있으며, 만백
성을 가르칠 수 있사옵나이다.
18 아버님께서 저에게 명하기를, 천 길
낭떠러지에 네가 떨어져 죽으라, 그리
고 네가 바닷속으로 들어가 죽으라
하여,
19 제가 천 길 낭떠러지에서 떨어져 죽으
며, 제가 바닷속으로 기어들어 가 죽
는 것은 그것은 아버님의 뜻이 아니며
아버님의 가르치고자 하는 뜻이 아니
옵나이다."
20 그러면 너는 무엇을 깨달았느냐?
21 "네, 아버님! 그렇사옵나이다.
22 아버님께서 사랑하는 아들, 저를 갖다
이 160권의 법전을 만들기 전에 천 길
낭떠러지에 떨어져 죽으라, 바닷속에
네가 들어가 죽으라 그리 명할 리가
절대 없사옵나이다."
23 그는 바로 그러니라.
24 네가 천 길 낭떠러지에서 떨어지면 네
가 죽음이니, 네가 죽을 수 있는 그와
같은 험악한 곳에 가서도 네가 나의
법전을 전하며 나의 성령을 전하라는
그와 같은 의미임을 알았느냐?
25 "네, 아버님! 알고 있사옵나이다."
26 그러니라, 그리하여 네가 나의 아들이
니라.
27 내가 천 길 낭떠러지에서 너 보고 떨
어져 죽으라 하겠느냐?
28 그러니 네가 그것을 모르고 그대로 떨
어지고 죽는 것은 나의 뜻을 거역하는
것이요,
29 내가 너에게 명한 뜻을 알았다면 바로
그것이니라.
30 네가 떨어져 죽는 그와 같은 고통보다
도 더 아프고 험한 곳에 가서도 그보
다 너를 박대하고 핍박하는 백성이요,
갈기갈기 너를 찍어 죽이려 한다 해도
거기 가서 그 백성을 구하러 가라 하
는 것이 나의 명령이라는 것을 너는
알고 있지 않으냐?
31 "네, 아버님! 그를 깨닫고 있사옵나이
다.
32 아버님께서 사랑하는 저를 바닷속에
들어가 물고기 밥이 되라 하실 일은
없사옵나이다.
33 그 고통과 시련이 있다 하더라도 이

방인이요, 아버님의 뜻을 모르는 자들
이요, 그리고 지금의 잘못 가는 그 백
성들이 저를 물고기가 밥으로 삼듯이,
34 그와 같은 밥이 된다 하더라도 제가
그 속에 그와 같이 가서 뛰어들어 그
들을 구하고 역사하라 아버지께서 내
리시는 명령이요,
35 이것을 알아듣지 못하면 아무것도 알
수 없사옵나이다."
36 성령이 임한 백성이요, 지도자가 없기
에 성경의 그 뜻을 몰라, 글은 글이요,
내용은 내용대로 그리하니,
37 복이라는 것이 그저 재물을 내려 주고
상을 내려 주고 은혜를 내려 주는 것
이라 하여 그저 복 받으라 하고 성령
받으라 하며 그저 이마빡을 내리치는
그와 같은 흉악한 짓을 하니,
38 그것이 성령을 내려 주는 것이 아니
요, 너희들이 천사와 같은 삶으로 사
는 것이 성령이 내려짐이니, 너는 이
를 알 수 있으나 종교 지도자들이 그
걸 모름이니라.
39 그러니 이제 너의 제자들이 그를 깨
닫기 시작할 것이며, 그를 깨닫는 제
자들로 됨이니, 그들이 전사요, 나로
부터 선택된 선생이라 함을 너는 알겠
느냐?
40 "네, 아버님! 이제야 그 의미를 알고
있사옵나이다.
41 어떤 것이 아버님의 뜻인지를 알지
못한다면, 이는 정녕 세상을 뒤집는
그와 같은 것이요, 사탄으로 무너지며
마귀의 종이 되는 것은 당연한 것이니,
42 거기서 넘어지지 않는 백성, 깨닫는
백성만이 바로 아버님께서 쓰시는 백
성이라는 것을 알고 깨닫고 있사옵나
이다."
43 너희가 상대해서는 아니 되는 백성들
속에 너희들이 뛰어들어 가 그들을 구
원하는 것, 그 비유의 뜻이요, 그 가르
침이 거기에 모두가 있음이니라.
44 나의 백성이요, 너희들이 나로부터 전
사로 선택되어 가야 할 길이 그것이
니, 그것을 깨닫는 백성이 되어야만
너희들이 남들 앞에 실수하지 아니하
고 바로 서는 백성이요, 차별화되는
백성임을 너희들이 알라.
45 남의 것을 취하는 것, 남의 것을 네 것
처럼 취하는 것은 그것이 무엇인 줄
알겠느냐?
46 남의 것을 네가 취하라는 것은 도둑
이요 잘못된 것이니, 남의 것을 취하
고 귀중한 것을 너희들이 가져온다면,
네 것보다도 남의 것을 그와 같이 소
중히 생각하고 다루라는 그와 같은 뜻
임을 알겠느냐?
47 이것이 무슨 뜻인가 너희들이 스스로
깨닫도록 그리하라.
48 이제 사랑하는 '홍철화' 그 부부 너희
들에게 하나를 알려 줌이니라.
49 너희들을 가르치던 선생이요, 너에게
그 모두를 역사했던 그 선생이요, 네
가 따르던 선생이 바로 비유를 몰랐
기에,
50 가지라 명한 것을 그저 갖고 명하면
되는 것으로 그리 따랐기에, 그것이
나의 아들과 네가 따랐던 그 선생과의
차별화요, 네 슬픈 마음을 달래지 못
하는 것이 거기에 있음이니,
51 이 이치를 내가 너희들에게 깨우쳐 줌

이니, 너는 이 점을 알도록 그리하며,
이 뜻을 알아 네 마음이 편안하게 나
의 아들을 따라 모두를 역사하도록
그리하라, 사랑하는 나의 아들아!
52 너희 부부는 내 뜻을 알 것이니라.
53 너희 선생이라는 자가 취하라는 것을
그 비유의 뜻을 모르며 하늘의 뜻을
모르고 그저 취하고 취하는 그와 같
은 것이기 때문에 그가 사탄이 되며
무너진 자가 되니,
54 나의 아들이 오늘 바닷속으로 떨어지
라, 천 길 낭떠러지로 떨어지라 한 그
뜻은,
55 그와 같이 천 갈래 만 갈래 찢어져도
적 속에 들어가 상대방 속에 들어가
그들을 구원하라 하는 그 뜻을 못 알
아들었기 때문에,
56 취하라 하면 취하고 먹으라 하면 먹고
그것밖에 하지 못하였기 때문에 사탄
이 된 것이며, 영이 열리지 않는 백성
이요, 작은 지혜를 얻어 역사했기 때
문에,
57 너희들의 아픈 마음이요, 너희들이 그
인연의 고리를 지울 수 있도록 내가
특별히 너에게 상을 내리며 깨우침을
전함이니,
58 너희들은 두 무릎을 꿇어 나의 아들의
이 가르침을 받아들이도록 그리하라.

10,354 번째 하나님 말씀

2004년 4월 6일 12시 02분

1 사랑하는 나의 아들아!
2 "네, 아버님! 말씀하옵소서."
3 구원의 길이요, 구원이라는 그 길을
가는 것은 죄 있는 백성들에게 필요하
며 죄짓고 사는 백성에게 필요한 것이
아니더냐?
4 그러니 모든 종교 집단이요, 광신도들
이 저희는 죄가 완전히 없으며 완결하
다 하니, 그들에게 구원이요, 믿음의
그 길이 뭐하러 필요하겠느냐?
5 그러니 이방인들에게 너희들이 복음
을 전하며 그들을 깨우쳐 역사하도록,
그리고 너희들을 따르도록 하는 것이
너희의 사명이 아니더냐?
6 그러니 내가 보는 이방인은 바로 무엇
인 줄 알겠느냐, 사랑하는 나의 아들
아!
7 지금의 모든 종교 집단이요, 구원을
받았다며 완벽하게 저희들이 나에게
오를 수 있는 자격을 가졌다는 그 백
성들이야말로 무너지고 무너진 그 이
방인들임을 알라.
8 너희들이 말하는 믿지 않는 그 백성들
이 이방인이 아니니라.
9 그들은 제 부모를 공경하고 사랑하는
것이라도 지키고 가니 그들이야말로
나의 백성이요,
10 지금 믿음의 길을 잘못 가는, 잘못된
신앙의 길을 가는 백성들이 바로 무서
운 이방인이니, 그들을 너희들이 깨우
치는 데 전부를 다하라.
11 내가 일찍이 너희들에게 그들과 시시
비비하며 나의 법전을 가지고 왈가왈
부하지 말라 하였음이니라.
12 그러나 이제는 너희들이 깨달음이 높
아졌으며 그들에게 설명할 수 있으며
그들을 설득시킬 수 있는 그와 같은
위치에 올랐음이니라.

13 그러니 병든 자에게 너희들은 약을
조제할 수 있으며 병든 자를 수술할
수 있는 그 단계까지 올라 있는 것이
지금 나의 아들을 따르는 제자들이요,
나의 법전을 만들며 나의 아들과 가까
이 더불어 가는 그 제자들이니,
14 내가 그들에게 약을 지을 수 있으며
병자를 고칠 수 있으며 죽어 가는 자
를 살릴 수 있는 그와 같은 의술을 너
희들에게 전수하였음이니,
15 이제 너희들이 나의 법전을 가지고 그
들을 깨우치며, 그들을 바로잡고 인도
하는 데 주저하지 말며 두려워하지 말
며, 그 속에 뛰어들어 그들을 구원하
도록 그리하라, 사랑하는 나의 아들아!

10,355 번째 하나님 말씀

2004년 4월 6일 12시 04분

1 사랑하는 나의 아들아!
2 "네, 아버님! 말씀하옵소서."
3 믿음이요, 나에게 오는 역사는 변하지
아니하면 아무것도 아니 됨이니라.
4 제자리에 맴도는 것은 진리가 아니요,
믿음이 아니니라.
5 내가 열여섯 권의 기본의 법전에 너희
들에게 다른 사람들과 시시비비하지
말며 강론하지 말며 너희들이 바로 서
도록 하라 하였음이니,
6 오늘의 160권의 법전을 목전에 둔 너
희들의 그 깨달음이요, 그 비유의 뜻
을 너희들이 남들과 대화하여 그들을
설득하고 가르칠 수 있는 그 단계에
왔으니, 내가 너희들에게 뭐라 말하였
느냐?
7 그들과 너희들이 당당히 맞서며 그들
과 갑론을박을 하며 이론을 제시하여
대화하라 하지 않더냐?
8 이것이 바로 너희들이 성장했음이니,
성장한 백성에게 성장한 만큼 직분이
요, 책임을 부여하는 것이 나 여호와
의 뜻이요, 하늘의 뜻이요, 믿음이 변
하는 순리임을 알라.
9 나의 비유의 뜻을 변하지 않는 백성은
알 수 없음이니라.
10 전진하지 않는 백성은 절대 알 수 없
음을 알라.
11 구약 시대에서 너희들이 그 모두를 역
사한 것을 접어 두며 신약 시대가 열
리는 것은 무엇이더냐?
12 변화의 순리에 따라서 너희들이 그리
변화되는 것이니라.
13 나의 아들을 따르는 그 제자들이 열여
섯 권을 공부했을 때와 100권이 넘는
강론을 들었을 때, 너희들이 변화되며
그릇의 차이가 있지 않더냐?
14 그러니 그 그릇의 차이가 있는 것만큼
거기에 합당한 임무요, 합당한 직분을
맡아 행하는 것이 당연한 것이 아니더
냐?
15 그러니 너희들이 신약 시대가 오는 것
도 순리에 의한 것이요, 신약 시대에
서 제3의 시대로 흐르는 변화 또한 순
리적인 것이니라.
16 이는 내가 모두 계획한 단계에 의해
나의 뜻에 의하여 역사하거늘, 너희들
이 이를 저버리고 거부하는 그와 같은
믿음으로 가는 것이 얼마나 어리석고
불쌍한 백성인 줄 알겠느냐?
17 믿음은 변화되느니라.

18 그리고 참진리는 전진하느니라.
19 변화되고 변화되지 않는 것은 죽음이
요, 고여 있는 것이요, 썩음을 알아야
될 것이니 그리 전하라.

10,356 번째 하나님 말씀

2004년 4월 6일 12시 08분

1 사랑하는 나의 아들아!
2 "네, 아버님! 말씀하옵소서."
3 너희들이 조심스럽고 조심스럽게 나
의 법전을 전하며, 그리고 나의 강론
을 듣도록 하여 너희들이 그를 초청하
여 듣게 함이니,
4 그들이 과연 법전을 읽고 너희들이 같
이 가며 변화되는 삶을 살아가는 백성
한 명을 구원했을 때, 너희들의 기쁨
이요, 그 즐거운 마음이 오죽하겠느냐?
5 또한 반대로써 너희들이 어떠하더냐?
6 그것을 보고 전하였으나 변화되지 아
니하며 대답이 없으며, 너희들을 잘못
된 자요, 이단이요, 사탄에 빠진 자라
며 정신 차리라 말하는 그와 같은 백
성들이 있다면, 너희들이 그 답답한
마음이요, 아픈 마음이 얼마나 고통스
럽고 괴롭더냐?
7 그러니 너희들이 전하고 깨우치는 것
을 깨닫지 못하며 너희들의 뜻을 따르
지 아니할 때 그 마음이 아픔이니,
8 나 여호와가 바라보는 그 마음은 얼마
나 아프며 내 마음이 저려 오는가 너
희들은 생각해 보았느냐?
9 사랑하는 나의 아들딸들아!
10 그 모두가 나의 아들딸이니, 나의 아
들딸에게 바른길을 가라, 곱게 가라
하여 너희들이 조심스럽게 법전을 전
해 주며, 나의 강론을 듣게 할 때, 그
들이 변하고 변하는 삶을 살 때 나 여
호와의 기쁨은 이루 말할 수 없으나,
11 그들이 거부하고 떠날 때 그들이 지옥
불에 가 울고불고하는 그 형상을 나는
알고 있음이니, 내 마음이 너희들보다
더 아프고 저려 오는 것을 알지 않더
냐?
12 그러니 내 아픈 마음을 너희들은 생각
한다면, 그를 바라본다면 너희들이 섭
하고 아픈 마음을 스스로 달래도록 그
리하라, 사랑하는 나의 아들딸들아!
13 너희들이 나의 아픔을 어찌 못 보느냐?
14 그를 보도록 하라.
15 모두는 나와 고리가 연결되어 있으며
나와 연결되지 아니한 백성이 없음이
니, 그 고리를 끊어야 하는 내 마음이
얼마나 아프겠느냐?
16 너희들은 돌아서서 다른 사람을 깨우
치며 그저 제 복이려니 생각하면 되나,
17 나는 그 백성들과 고리가 연결되어 있
으니, 끊을 수 없는 그 고리를 끊어야
하는 그 아픔을 너희들이 생각한다면,
18 너희들이 마음을 서러워하지 말며 괴
로워하지 말며 슬퍼하지 말며, 마음을
달래도록 그리하라.
19 그것도 다 너희들이 역사한 것이요,
너희들이 할 일을 다 했다 생각하며
기쁜 마음으로써 살아가도록 그리하
며 주저하지 말며 계속 노력하고 노력
하라.
20 너희들이 좌절하고 섭섭한 마음을 가
짐으로 용기를 잃으며 너희들이 더 큰
일을 역사할 수 없이 그리되는 것이

니, 이를 명심하도록 그리하라.

10,357 번째 하나님 말씀

2004년 4월 6일 12시 11분

1 사랑하는 나의 아들아!

2 "네, 아버님! 말씀하옵소서."

3 나의 사랑하는 너를 따르는 제자, 너희들이 겸허함이요, 겸손한 마음으로 모두를 살아가라.

4 세상의 이치는 다 아무것도 아니며 거기에 다 있음을 알라.

5 나의 백성, 너희들은 항상 변화되는 삶을 살며, 그 속에서 나의 뜻을 알게 되는 것이 아니더냐?

6 그러니 너희들이 나의 법전을 읽으며 성서를 진심으로 공부하고 변화되는 삶을 사는 그 속에서 나의 뜻을 알며 깨닫게 되는 것이니라.

7 똑같은 나의 아들딸이요, 똑같은 조건에서 너희들이 변화되는 것에 따라 많이 나의 뜻을 깨닫고 아는 자요, 그저 적게 나의 뜻을 깨닫고 아는 자요, 그리고 아무리 가도 아무것도 모르고 내 뜻을 알지 못하는 백성으로 그리 차별화되며 그리 구분되는 것이 아니더냐?

8 그러니 너희들이 나의 뜻을 많이 아는 백성은 인간 세상의 육의 삶에서 악하고 잘못된 행동이요, 생각을 더 많이 자제하고 다스릴 수 있는 지혜를 얻는 백성이 될 것이며, 그리고 그와 같이 삶을 살 것이요,

9 적게 나의 뜻을 아는 백성은 그만큼 육의 세상에 살아 너희들이 잘못되며 악한 것을 그저 적게 막고 다스려 가는 것이요,

10 모르는 자는 그저 악을 행하면서도 그것이 죄인지 아닌지 모르고 그와 같이 살아가는 것이니,

11 너희들의 차이의 한계가 그것뿐임을 알라, 사랑하는 나의 아들딸들아!

12 너희들이 지금 나 여호와의 뜻을 많이 알며, 많이 알아서 너희들의 생각이요, 악한 마음이요, 육의 잘못된 행동, 모두를 너희들이 넓고 크고 깊게 자제하고 다스려 간다 하나,

13 아직 깨닫지 못하는 그 백성이 일순간에 성령이 임하면 너희 못지 않은 그 깨달음이요, 육의 다스림이요, 통제하는 능력을 갖고 변화되는 삶으로 삶이니,

14 너희들은 항상 겸손하며 겸허한 자세로 살아가도록 그리하라, 사랑하는 나의 아들딸들아!

15 그것도 또한 지혜를 얻은 백성이 살아가는 방법임을 알라.

16 그러니 내가 너희들에게 법전을 내리며, 나의 아들을 통하여 모두의 역사하는 것은, 너희들이 나의 뜻을 얼마나 많이 알고 못 아느냐 그것을 깨우쳐 주도록 함이니,

17 많이 아는 백성이 세상에 태어나며 그 백성이 많이 있을 때, 너희들은 감정이요, 죄악을 다스리는 그 힘이 악이요, 사탄을 다스리는 그와 같은 하나의 힘으로 됨이니,

18 그리하여 내가 너희들이 나의 법전을 읽고 정독하고 또 정독하여 나의 뜻을 많이 깨닫는 백성이 세상에 존재하는

삶을 살도록 하기 위함이니,
19 너희들은 조금 더 알고, 조금 적게 알
고, 모르는 것, 그 차이뿐이니, 너희들
이 겸허하도록 그리하라, 사랑하는 나
의 아들딸들아!
20 나의 법전을 만든다 해서, 나의 법전
을 전한다 해서, 나의 참진리를 알며
하늘의 이치를 알며 나의 뜻을 안다
하여 너희들이 오만하고 교만한 자세
라면,
21 지금의 잘못 가는 종교 집단이요, 지
도자요, 그 백성들과 무엇이 다르겠느
냐?
22 너희들은 많이 알고 적게 알고 모르는
그 차이뿐이라는 것을 알며,
23 오늘의 알고 있는 것에 겸손한 자세로
살아가도록 하라, 사랑하는 나의 아들
딸들아!
24 그리했을 때 너희들에게 끝없는 지혜
를 내가 부어 줌이니라.

10,358 번째 하나님 말씀

2004년 4월 6일 12시 14분

1 사랑하는 나의 아들아!
2 "네, 아버님! 말씀하옵소서."
3 나의 피조물 만백성이요, 너를 따르는
제자들이 이 세상에 어떠한 백성도
따라올 수 없을 만큼 그래도 너희들이
부족함이 적은 그 백성들로서 지금 살
아감이니라.
4 그럴수록 너희들은 뭐라 말하느냐?
5 알곡식이 익으면 익을수록 고개를 숙
인다 했듯이, 너희들이 '나는 부족한
백성이요, 나는 부족한 사람이요, 나
는 부족한 제자요, 나는 부족한 백성
이며 하나님의 아들딸이요, 가장 부
족한 자라' 그리 살라.
6 그리하여 너희는 부족한 백성이요, 부
족한 사람이기에 예수가 전하고자 역
사했던 그것을 따라 그 삶을 살고자
하며, 그 역사를 밟아 변하고자 하며,
또한 그리하여 그 길을 가고자 노력하
는 백성이라 생각하며,
7 위로는 나 여호와의 뜻을 알아 그 뜻
에 따라 살아가는 순수한 마음으로써
마음 자세가 변하는 그와 같은 삶으로
써 살아가고자 하는 백성이요,
8 내가 부어 주는 그 성령을 너희가 받
을 수 있도록 네 그릇을 닦고 씻는 데
만 모두를 다함이니,
9 너희는 부족한 백성이요, 부족한 사람
이라는 그와 같은 겸허한 마음으로
살아가도록 그리한다면, 그것이 구원
의 길이요, 하늘의 영광을 너희들이
한 몸에 받을 수 있는 길이 거기 있거
늘,
10 어찌하여 너희들이 그와 같은 것으로
행하여 따르지는 아니하며 그저 거저
얻을 수 있는 것처럼, 거저 얻어지는
것처럼, 모두를 다 얻은 것처럼 너희
들이 그와 같이 그 속에서 흔들리는
삶이요, 광분된 삶을 살고 가니, 그를
바라보는 내 마음이 아픔이니라.
11 그러니 너희들은 '나는 부족한 자요,
나는 어리석은 백성이요, 그리하여 나
는 예수님의 삶을 그대로 밟고 그대로
따르려 하며, 하나님께서 명하는 뜻이
무엇인가 그를 알아 그 뜻대로 살아가
고자 하는, 나는 그것 외에는 아무것

도 모르는 사람이라' 하는 그 순수한
마음으로 살아가는 자세로써 이 세상
을 살 때,
12 구원이요, 그 모두의 거듭나며 영광을
너희들이 한 몸에 받을 수 있는 백성
이라는 것을 명심하고 또 명심하고 잊
지 말도록 그리하라, 사랑하는 나의
아들딸들아!

10,359 번째 하나님 말씀

2004년 4월 6일 12시 17분

1 사랑하는 나의 아들아!
2 "네, 아버님! 말씀하옵소서."
3 너는 과연 너를 따르는 제자들이 법전
을 만들며 강론을 듣는 그들에게 네가
전하고 싶은 말이 무엇이 있으며 그들
에게 깨우쳐 주고 싶은 것이 무엇이
있느냐?
4 "네, 아버님!
5 저는 저를 따르는 제자들이요, 법전을
읽고 깨우친 형제요, 아버님의 사랑하
는 아들딸들에게 다음과 같은 말을 전
하고 싶사옵나이다, 아버님!
6 법전을 읽는 백성이요, 그리고 저희들
이 알아야 할 것은, 지금 저는 아버님
의 아들이라 명받았으나, 아버님께서
하늘의 뜻을 저를 통하여 세상에 내려
보내시니, 저는 아버님의 뜻을 받들어
땅에 전하는 그것만이 제가 할 수 있
는 일이요, 제가 하는 역사요,
7 그리고 바로 하늘의 뜻을 땅에 전함이
니, 그 땅에서 그 뜻을 받아 아버님의
뜻을 역사하며, 아버님의 뜻대로 행하
는 그 모든 것은 저의 제자들이요, 그
리고 법전을 읽고 깨우친 선택된 백성
들이 만백성을 깨우쳐 그들을 변하도
록 하여, 그 깨우친 백성들을 하늘에
바치는 대명을 받은 백성들이라 그리
생각하옵나이다.
8 그러니 저는 아버님의 뜻을 받아 땅에
전하는 임무이며, 그를 받아 행해서
만백성을 하늘에 오르고 못 오르는 역
사를 이루는 지금의 제자들이요, 아버
님의 아들딸들이 저보다 열배 백배 천
배 더 귀한 백성이요, 소중한 백성이
라는 것, 그리고 아버님 뜻을 역사하
는 것은 그 백성들이요, 그 제자들에
게 달렸다는 것,
9 그러니 저는 아무것도 아니며, 그 백
성들이요, 제자들이 얼마나 소중하고
귀한 백성들인가 저는 그를 전하며 그
들에게 그를 알려 주고 싶사오며, 그
들이 그를 깨우치도록 하고자 하는 것
이 제 뜻이옵나이다, 아버님!"
10 사랑하는 나의 아들아! 그러니라.
11 바로 너는 하늘의 뜻을, 내 뜻을 받아
내가 명하는 대로 그것을 땅에 전하며
지상에 전하는 것이 네 임무이나,
12 그를 받아서 내가 원하는 씨앗을 뿌리
고 가꾸고 관리하여 내가 열매를 거둘
수 있는 것은 너를 따르는 제자들이
요, 나의 법전을 읽고 깨우친 만백성,
그들이 할 일이니,
13 너보다 그들이 몇백 배 더 소중하고
귀한 나의 아들딸이라는 것을 네가 알
았다면,
14 너는 내 뜻을 알았음이니, 그리 그들
에게 전하여 그들의 귀하고 소중함을
다시 한 번 깨우쳐 주고 인식하도록

그리하라, 사랑하는 나의 아들아!

10,360 번째 하나님 말씀

2004년 4월 6일 12시 36분

1 사랑하는 나의 아들아!
2 "네, 아버님! 말씀하옵소서."
3 수억의 인구가 밀집되어 있으며 하나로 굳어져 있는 종교 집단을 따르는 것과, 그리고 단신으로 외롭고 고독한 길을 가는 나의 아들, 너를 따르고 가는 그 길은, 그 백성들이 선택할 때 그것은 당연한 것이 아니더냐?
4 수억의 인구가 모인 그 많은 종파의 집단을 따르는 것, 그들이 그 길을 가는 것은 당연한 것이니라.
5 너를 버려두고 등을 돌리고 가는 것은 당연한 이치니, 너무 슬퍼하며 괴로워하지 말라.
6 아무리 참진리의 진정한 것을 그들에게 전해 준다 해도 나의 피조물 만백성들이 깨닫지 못하며, 성경의 비유를 알지도 못하며, 하늘의 뜻을 모르니,
7 숫자에 혈안이 되어 가는 그들 속에서 수억의 집단을 따르고 같이 가는 그 길이야말로 화려하고, 보기에 얼마나 화기애애한 길이며, 너희들이 고독하고 외롭지 않은 길이 아니더냐?
8 그러니 나의 아들이 혼자 가는 그 고독하고 외로운 길을 따를 자가 없는 것은 당연함이니라.
9 그러나 너희들은 알아야 될 것이니라.
10 지금의 가는 길이 너희들이 하늘에 오르는 길이라면 뭐하러 말하겠느냐?
11 그러니 그것이 나에게 오르는 길이 아니요, 너희들이 지옥의 문에 와 들어가지 않으려고 몸부림치는 그 벼랑을 향하여 달려감이니, 그들이 잘못되어 잘못 가고 있다 함이니라.
12 그러니 그것을 아는 백성, 너희들이 그를 바로잡아 주지 아니한다면, 너희들이 기르는 아름다운 꽃에 물을 주지 아니하고 말라비틀어지도록 하는 그와 같은 죄를 지음이라 하였음이니,
13 이 뜻을 깊이 깨우쳐, 너희들이 오늘에 외롭고 고독하다 하여, 그리고 고독한 길을 간다 하여, 너희들을 버려둔다 하여, 등을 돌린다 하여 조금도 동요하지 말며, 마음 아파하지 않도록 그리하라, 사랑하는 나의 아들딸들아!

10,361 번째 하나님 말씀

2004년 4월 6일 12시 39분

1 사랑하는 나의 아들아!
2 "네, 아버님! 말씀하옵소서."
3 너희들이 구약의 성경이요, 신약의 성경이요, 그리고 지금 내가 나의 아들, 너를 통하여 내리는 이 제3의 시대의 새로운 성경이 무엇이라 말하느냐?
4 "네, 아버님! 이는 엄밀히 따져 아버님께서 내리신 편지요, 그 편지의 내용을 기록하여 보내온 그와 같은 메시지옵나이다, 아버님!
5 이 모두는 다 아버님의 편지며, 아버님의 뜻이 담겨 있는 그 편지라 그리하며, 저희들이 말하는 메시지라 그리 받아들이고 그리 생각하옵나이다."
6 그러니 나의 편지를 나의 하늘의 뜻에 의하여 너희들이 공부하고 깨우치는

길을 가야 하는 백성이거늘, 어찌하
여 너희들이 나의 뜻에 의하여, 하늘
의 뜻에 의하여 공부하고 깨우침의
길을 가는 것이 아니라,
7 인간의 생각으로써 깨우치며, 인간의
판단으로써 인간의 교육에 너희들의
모두를 바치고 그리 가고 있단 말이더
냐?
8 너희들이 하늘에서 내리는 하늘의 나
여호와의 편지를 가지고 하늘의 뜻에
너희들이 깨우치면 그 진리의 뜻을 알
거늘,
9 인간의 생각으로써 인간으로서 너희
들이 깨우치기 때문에 뭐라 말하며
성경에 기록된 내용에 너희들이 무엇
으로써 모든 것을 귀결하느냐?
10 '두드리라 그러면 열릴 것이요, 구하
라 그러면 얻을 것이라, 울라 그러면
너희들에게 젖을 줄 것이라' 그와 같
은 신앙으로 너희들이 타락되어,
11 더 큰 복이 역사하는 것, 그리하여 너
희들이 더 큰 집을 짓는 것, 더 권세를
누리는 것, 더 재물과 은화와 금화를
거둬들일 수 있는 이것을 이루기 위
하여 너희들이 오늘에 가는 믿음이
아니더냐?
12 더 높은 곳을 향하여, 그리고 나의 뜻
에 의하여, 내가 역사하는 것을 위하
여 그것을 너희들이 행하여 살아가는
것이 아니라,
13 인간 세상에 보이는 더 크고 웅장한
그와 같은 것을 얻는 것이 복이요, 근
본이라 생각하는 그 믿음이니, 그리하
여 그를 바라고 그를 믿고 가는 것이
지금 너희들이니라.
14 그러니 정녕 하늘에 오르는 길이요,
너희들이 구원을 받을 수 있는 성령은
너희들에게 임하지 못하며, 그 성령이
임할 곳이 없음이니라.
15 그러니 성령이 임하지 아니한 백성들
이 나의 편지를 가지고 가르치고 전하
니, 그 뜻을 모르기에 왜곡했으며 왜
곡되게 전하니, 그것이 바로 너희들이
오늘의 짓는 죄요, 가장 무서운 죄요,
너희들이 가장 고통스러운 것이며,
16 너희들이 받아서는 아니 되는 것이며,
절대 가서는 안 되는 그 길을 가고 있
는 것이 오늘의 나의 백성들이니라.
17 나의 편지의 내용은 무엇이겠느냐?
간단하니라.
18 바른 양심을 가지고 살라 하는 것이
요, 깨끗한 양심을 가지고 살라 하는
것이요, 너희들이 법에 저촉되지 아
니하며, 부끄러운 삶을 살지 않는 그
와 같은 삶을 살라는 것이 바로 내가
너희들에게 내린 편지의 내용이니라.
19 그러니 인간 세상에 너희들이 인간의
생각으로, 인간 상식으로 모두를 판단
함으로 모두가 무너져 있음이니라.
20 너희들이 아무리 지식이 있고 성경을
아무리 암송하는 지도자라 해도, 그
백성이 바른 양심이요, 깨끗한 양심이
아니요, 그 양심의 심보가 바르지 못
하다면,
21 그는 진리를 알 수 없으며, 변화되는
역사를 알 수 없으며, 내 뜻을 따라 그
들이 가르치고 지도할 자격이 없음이
니, 모두가 다 무너지는 그와 같은 형
국이라 함을 너희들은 알아야 될 것이
니라.

10,362 번째 하나님 말씀

2004년 4월 6일 12시 43분

1 사랑하는 나의 아들아!
2 "네, 아버님! 말씀하옵소서."
3 진정한 지도자요, 나로부터 선택된 백
성을 너희들이 구분하지 못하고 방황
하며, 이리 갈까 저리 갈까 흔들리며,
나의 법전을 보고도 너희들이 정녕 그
길을 가지 못하며 역사하지 못함이니,
4 내가 너희들이 간단한 방법으로써 진
정한 지도자요, 나의 명을 받은 백성
이요, 나의 목자요, 내 뜻에 의하여 역
사하는 참진리의 가르치는 것을 너희
들이 그저 한 번 듣고 보면 알 수 있도
록 내가 너희들에게 전하기 위하여 나
의 법전에 기록하여 나의 아들을 통하
여 내리니,
5 이것이 내가 너희들에게 내리는 상이
니라.
6 나의 아들을 따르는 제자 너희들은 알
라.
7 모든 나의 사랑하는 백성들을 가르치
고 지도하여 제 수하에 두고자 하는
것은 사탄이요, 마귀요, 이단이요, 거
짓 종교 지도자라는 것, 이것 하나로
써 너희들이 귀결을 짓도록 그리하라.
8 나의 사랑하는 백성들을 가르치고 이
끌면서 제 수하에 영원히 두고자 하는
것, 그리고 그를 두기 위하여 가는 것
이 사탄이니라.
9 제 수하에 두기 위하여 저희들이 어찌
하는가?
10 나의 백성들을 세뇌시키며 그 골을 깊
게 파고들어 가도록 하는 것이니라.
11 그리고 너희들이 그 수하에 평생 존재
할 수 있도록 그 길을 끌고 가며, 그
골을 깊이 파고 파 모든 백성들이 구
분할 수 없는 그와 같은 것으로 끌고
가는 것이, 지금의 너희들이 사탄이
요, 이단이요, 거짓 종교 지도자임을
알라.
12 가르쳐 세상에 내보내는 것, 그리고
수하에 두어 평생 종처럼 부리고자
하는 자, 그리고 제 수하요, 제 소유물
처럼 그리 가르치는 자, 그리고 그리
생각하는 자, 그것이 사탄이라는 이
한 가지 간단한 방법으로써 너희들이
깨우치도록 그리 전하라.
13 지금의 모든 종교 집단들이 나의 백성
들을 한 번 걸리면 평생 저희들에게서
떠나지 못하도록 그 골만 파고 파고
파니, 그 깊이가 너무 깊어 너희들이
헤어나지 못함이 있음이니라.
14 그러니 그것이 삯꾼들이요, 나의 이름
을 팔아 도둑질하는 자들이요, 그리고
사탄의 지도자요, 마귀의 백성이 되어
있다는 것을 너희들은 알라.
15 지금의 가는 믿음의 길이요, 지금의
신앙생활 하는 그 백성, 너희들이 종
교 지도자들의 하는 형태를 보라.
16 너희들이 한 번 잘못 가 그곳에서 '아
멘!' 소리 한 번 함으로 그들이 너희
들을 가르치고 세뇌시켜 제 수하에
평생 동안 두고 십일조요, 헌금이요,
재물을 거둬들여 이끌어 가는 것은 사
탄이요, 그들이 이단이요, 마귀의 자
식이요, 나와 관계없는 그 종교 집단
이라는 것,
17 이것으로써 평가를 하여 내가 쉽고 간

단한 방법을 나의 법전에 기록하여 전
하니,
18 이를 접한 제자들은 이를 가지고 세
상에 전하며 만백성을 깨우치며, 나의
법전을 읽고 깨닫도록 그리 전하라,
사랑하는 나의 아들아!

10,363 번째 하나님 말씀

2004년 4월 6일 12시 47분

1 사랑하는 나의 아들아!
2 "네, 아버님! 말씀하옵소서."
3 모든 믿음의 길을 가는 백성들이 잘못
흘러가며 옆길로 빠졌음이니라.
4 나 여호와의 뜻을 깨달아 참진리의 길
을 가는 그와 같은 믿음이 아니라, 제
집단의 우두머리에게 잘 보이기 위한
신앙이요, 그 믿음으로 다 흐르고 빠
져 간 것이 나의 어리석고 불쌍한 백
성들이니라.
5 나 여호와의 뜻을 따르며 내 뜻에 따
라 내 참진리의 길을 저희들이 깨우치
고 가기도 바쁘며,
6 그리한다 해도 저희들이 스스로 무너
지는 것이니, 하루에 몇 번씩 천국이
요, 지옥을 왔다 갔다 하는 것이 너희
들의 삶이라 하였거늘,
7 종교 집단이요, 목자요, 목사라는 자
들에게 잘 보이기 위한 신앙이요, 믿
음의 길을 그리 감이니, 우두머리에게
모두를 바쳐 사랑을 받고자 하는 것이
너희들의 신앙이요, 오늘의 그 믿음이
니,
8 또한 그 모든 목사라는 자들은 그와
같이 유도하며 그와 같은 신앙으로 타
락시켜 가고 있는 것이니라.
9 그리하여 그 속에서 나의 사랑하는 백
성들이 맹종 맹신하며 '아멘, 할렐루
야! 당신의 말로써 나는 구원을 받았
다.' 하여 그에게 기쁨을 전하기 위하
여 너희들의 모두를 바치니,
10 너희들이 정녕 나의 복음을 전파하는
사업에 역사하는 백성들이요, 내 뜻을
전하는 백성들이더냐?
11 인간에게 맹종 맹신하는 그와 같은 길
을 가고 있으며, 그 종교 지도자요, 목
사라는 자들은 무엇이더냐?
12 나의 백성들과 나 사이에서 중계 역할
이요, 접목 역할 하는 것이 너희들이
해야 할 길이며 역사할 길이거늘,
13 너희들이 내가 열여섯 권의 법전에 기
록하여 전했듯이, 모든 종교 집단이
요, 지도자들이 중매를 든다 하면서
신부를 중간에 가로채는 행위를 하는
자가 오늘의 종교 집단, 지도자들이니
라.
14 그러니 나의 백성, 나에게 오르고자
하는 그들을 중간에서 너희들이 너희
들에게 바치게 하며 너희들을 받들게
하며 맹종 맹신하도록 유도하는 오늘
의 믿음이요, 신앙으로 감이니,
15 이것이 잘못된 것이며 너희들이 지옥
으로 가는 믿음이라 함이니,
16 이와 같은 뜻을 읽고 깨우쳐, 너희들
이 내가 전하는 말이 맞지 않거든 나
의 법전을 태우라.
17 그러나 너희들이 그와 같은 역사 속에
서 살아간다면 거듭나는 은혜를 입도
록 그리하라.
18 그렇지 아니하면 나에게 오를 수 없

는, 너희들이 영원히 한 번 가면 나오
지 못하는 지옥 불로 가며,
19 그 지옥으로 가는 것으로써 끝나는 것
이 아니라, 너희들이 그 지옥 불에 수
천수만 가지 그 많은 고통으로 너희
들의 죄의 심판에 따라 그 대가를 치
르는 과정을 다 거쳐야 하는 것이 너
희들이라는 걸 절대 잊지 말라, 어리
석은 나의 백성들아!

10,364 번째 하나님 말씀

2004년 4월 7일 06시 32분

1 사랑하는 나의 아들아!
2 "네, 아버님! 말씀하옵소서."
3 너를 따르는 제자들이요, 그리고 나의
법전을 읽고 깨우친 백성 너희들은 이
세상에서 하늘의 뜻을 따르며 하늘의
가르침을 직접 들으며 나의 메시지를
직접 들어 너희들이 변하는 삶을 삶
이니,
4 이제는 어떠한 환경이나 여건에 따라
서 너희들이 변명하는 그와 같은 삶을
살아서도 아니 되며,
5 환경이나 여건에 의하여 너희들이 변
하는 마음 자세를 가지고 살아서도 아
니 되며,
6 환경과 여건에 따라서 너희들이 그저
거짓말로써 일관하는 그와 같은 삶을
살아서는 아니 되느니라.
7 그 순간을 모면함으로써 너희들이 아
무리 크고 큰 것을 얻는다 해도, 너희
들은 당당한 모습으로써 행함을 이제
는 행해야 될 것이요,
8 너희들이 어떠한 것의 이익을 추구할
수 있는 그 순간순간에 따라서 너희들
의 마음이 변화되는 그와 같은 마음
자세요, 그와 같이 대답할 수 있으며,
그와 같이 변명할 수 있으며, 그리고
작은 거짓말을 할 수 있는 그와 같은
삶이 되어서는 결코 아니 됨이니라.
9 이제는 너의 제자들이 그러한 마음을
바로잡아야 될 것이니라.
10 너희들이 앞에 보이는 것은 너희들 생
각으로 큰 것이요, 대단한 역사를 이
룬다 하여도,
11 그를 얻기 위하여 너희들이 내 뜻이
아니요, 내가 역사하는 것이 아닌 것
을, 그저 너희들이 거기에 적용하여
무엇인가를 이루고 역사하고자 한다
면,
12 이는 결코 너희들이 아무것도 얻을 수
없으며 이룰 수도 없음이니라.
13 그러니 아무리 큰 것을 이루고 아무리
큰 역사를 이룬다 해도, 내 뜻이 아닌
것을 내 뜻인 것같이 그리 생각해서
행동하면 절대 아니 됨이니라.
14 그러니 너희들이 살아가면서 정의로
운 것이 아니요, 진정한 길이 아니라
면, 어떠한 형태라도 너희들이 타협을
해서는 아니 됨이니라.
15 또한 그와 같은 것을 너희들이 불리한
것을 모면하기 위하여, 너희 자신이
부끄러운 행동을 하고 그를 모면하기
위하여 또 변명을 하며, 또한 너희들
이 거기에 대한 거짓 행위로써 한다면,
16 이것은 너희들이 그 원죄의, 처음에
지은 죄보다도 더 크고 무서운 죄를
다시 한 번 또 지음이니, 두 번 세 번
죄를 짓는 그와 같은 행위를 해서는

아니 되느니라.
17 그러니 너희들은 변명이나 이유를 대
는 그와 같은 삶을 살지 말며,
18 작다 하여 너희들이 거짓으로써 일관
하는 그와 같은 삶을 살지 말도록 그
리하라.
19 더욱이 너희들이 나의 법전을 이용하
여 나의 법전을 응용하여 무엇을 이루
고자 한다면,
20 내가 너희들에게 이 법전을 누구에게
전하라 하였으나, 네가 가난하고 불쌍
한 사람들에게 전하는 것보다는 능력
있는 자요, 권세 있는 자에게 전하는
것이 더 낫다 하여 그 사람에게 전하
라는 그와 같은 말을 하고 너희들이
나의 법전을 전한다면,
21 이는 너희들이 나를 욕되게 하는 것이
며, 나의 법전을 욕되게 하는 것이며,
너희들 스스로 죄를 짓는 것이요, 너
희들 스스로 파멸의 길을 감이니,
22 내가 가난한 자에게 주라 했으면 가난
한 자에게 주도록 하면 되는 것이니,
23 너희들이 가난한 자에게 나의 법전을
주고 얻는 것보다 권세 있는 자요, 부
귀요, 능력 있는 자에게 나의 법전을
주고 무엇인가를 얻을 수 있다 하여
나의 법전을 그 선생이요, 그대에게
전하라 했다 한다면 이는 너희들이 나
를 기만하는 것이요,
24 그리고 너희 자신을 기만하는 것이며,
하늘의 뜻을 기만하는 것이니,
25 이와 같은 방법으로써 무엇을 얻고자
너희들이 취하고자 하는 것은 절대 용
서할 수 없으며, 이루어지지 아니하는
것이니,
26 너희들의 모든 삶을 그와 같이 바르고
정의로운 삶에서 모두를 가라 그리 전
하는 것이며, 그와 같이 너희들이 행
하지 아니하면 아니 되며, 그와 같이
행하지 아니하면 나의 백성이 될 수
없다는 것을 알라.
27 그러니 너희들은 어떠한 형태든, 너희
들이 어떠한 이유든, 변명이든, 그리
고 너희들이 작은 거짓이든, 이와 같
은 환경에 따라서 너희들의 생각에 따
라서 변할 수 있는 그와 같은 삶을 살
아서는 결코 용서받지 못할 것이며,
그리해서는 아니 됨을 너의 제자들에
게 깨우쳐 주도록 그리하라, 사랑하는
나의 아들아!

10,365 번째 하나님 말씀

2004년 4월 7일 06시 36분

1 사랑하는 나의 아들아!
2 "네, 아버님! 말씀하옵소서."
3 사랑하는 나의 아들, 너를 통하여 나
의 성령을 세상에 내려보내는 역사를
이루고 있음이니, 내려보낸 나의 성령
을 받아서 역사하며 나의 피조물 만백
성을 구원의 길로 인도하는 것은 누구
라 했느냐?
4 나의 법전을 만들고 읽고 깨우친 너희
들이라 그리하지 아니하였더냐?
5 그러니 너희들이 나의 전사요, 하늘의
선생으로서, 지도자로서 역사한다는
것은 나의 피조물 만백성을 깨우쳐 내
품에 와 자유로운 삶을 살 수 있도록
하는 것, 그를 깨우쳐 주는 것이 너희
들이 해야 할 길이니,

6 바로 나의 피조물 만백성이 나의 법전
을 모르며, 새로운 성경을 모르며, 나
여호와가 역사하는 것을 모르니,
7 그 백성들에게 나의 법전을 전해 주며
그들을 깨우쳐 나 여호와의 품에서 자
유로운 삶이요, 풍요로운 삶을 살 수
있도록 너희들이 중간 역할을 하니,
8 인간 세상에서 너희들이 중매쟁이가
되는 그와 같은 역할을 해야 되는 것
이라는 것을 알고 있지 않으냐?
9 그러니 그와 같은 역사를 하면 되는
것을, 오늘의 종교 집단이요, 지도자
요, 그 속에 속해 있는 모든 지도자들
이 과연 어찌 행하고 어찌 역사하는가?
10 다만, 중매쟁이로서 충실히 그 임무를
끝내, 나의 백성들이 나 여호와의 뜻
을 알며 하늘에 오르는 이치를 알아
너희들이 내 품에서 자유롭고 평화롭
고 안락한 삶을 살 수 있도록 그리 인
도하고 깨우쳐 주면 되는 것을, 그들
이 지금 모두를 갈취하는 행위를 하고
있지 않으냐?
11 그러니 나의 아들을 따르는 제자, 너
희들은 내 뜻이 무엇이며 너희들이 해
야 할 일이 무엇인가를 알고 있을 것
이니,
12 그대로 행하여 나의 피조물 만백성과
나 여호와 사이에 중간 교량 역할을
하는 것에 충실히 하도록 하라.
13 그 이상도 그 이하의 것도 해서는 아
니 됨이니라, 사랑하는 나의 아들딸들
아!

10,366 번째 하나님 말씀

2004년 4월 7일 06시 41분

1 사랑하는 나의 아들아!
2 "네, 아버님! 말씀하옵소서."
3 2천 년 전 예수가 세상에 나갔음이니,
그가 모든 기적과 역사의 많은 것을
이루었다 해도,
4 그가 마지막 나의 뜻에 따라 순종하며
그 자신이 죽어 만백성을 구하고자 하
는 그와 같은 길을 선택하지 아니했더
라면,
5 정녕 나의 아들 예수가 구세주요, 그
리고 보혈로써 구원을 받았다 하는 이
와 같은 너희들의 가르침이요, 그 역
사마저도 사실은 전해지지 아니하고
묻혀 버리고 말았을 것이니라.
6 그러니 기적과 역사보다도 나의 아들
예수가 스스로 죽음으로써 나의 피조
물 만백성 너희들을 구하고자 했던 그
것이 아니면,
7 너희들이 지금 잘못 가는 믿음이요,
잘못 가는 신앙생활을 하고 있으나,
그래도 나의 아들 예수를 찾으며 나를
부르짖는 오늘의 이와 같은 형국이요,
만백성이 나 여호와를 아는 이와 같은
세상은 이루어지지 아니하였을 것이
며 모두가 묻혀 버렸을 것이니라.
8 그러니 지금 나의 피조물 만백성을 구
하기 위하여 선택된 나의 아들을 따르
는 제자 너희들은 깨우쳐야 될 것이니
라.
9 이제는 너희들도 너희 자신이 죽어 희
생하는 역사 없이는 결코 나 여호와가
이루고자 하는 하늘의 천국이 지상에

서 이루어지는 역사는 이루어질 수가
없음을 너희들은 알아야 될 것이니라.
10 너희들의 희생이요, 그 희생 없이는
아무것도 이루어질 수가 없음이니라.
11 너희들이 구약과 신약이요, 그리고 나
의 법전에 등장하는 그 소금이라는 것
이 무엇이더냐?
12 그는 양념으로써 쓰이니, 그 소금은
자신이 녹지 아니한다면 과연 그 소
금은 짠맛을 낼 수 있으며 그 가치를
가지고 있을 수 있단 말이더냐?
13 그러니 자기 자신을 녹여서 소금은 그
짠맛으로써 모든 역사를 하며 위대한
음식의 맛을 내는 것이 아니더냐?
14 그와 같은 이치를 내가 구약과 신약이
요, 나의 법전에 예를 들어 너희들에
게 수없이 전하고 가르침이니, 그 의
미는 무엇이더냐?
15 너희 자신을 희생하여 너희 자신을
버리지 아니하면, 모두가 이룰 수 없
는 것이라 함을 내가 너희들에게 깨우
쳐 줌이니라.
16 내가 너희들에게 또 뭐라 말하였느냐?
17 나의 아들 예수가 세상에 나와 밀알
로서 자기 자신이 죽고 썩어서 모든
백성들이 지금 나를 찾으며 나 여호와
가 존재함을 깨달은 오늘의 이와 같은
역사를 이루었듯이,
18 너희들이 스스로 밀알이 되어 썩지
아니하면 새로운 열매요, 그 많은 열
매를 거둘 수 없으며 역사할 수 없는
것이기에, 내가 너희들에게 너희 자신
이 존재해서는 아니 되며, 너 자신을
버리는 그와 같은 삶을 살지 아니하면,
19 너희들은 결코 너 자신도 구원을 받을
수 없으며, 내가 이루는 천국이요, 하
늘에서 이루어진 것같이 지상의 낙원
이 이루어질 수 없다는 것,
20 너희들이 녹아서 모든 맛을 내는 그
소금이 되어야 될 것이며, 너희 자신
이 죽고 썩어서 새로운 열매를 맺는
그와 같은 너희 자신의 희생과 봉사
가 아니고는 아무것도 이루어질 수 없
다는 것을 너희들은 가슴 깊이 새기며
삶을 살아야 될 것이니라.
21 이 세상에 그와 같은 백성들이 없기
에, 그와 같이 역사한 자들이 없기에
오늘의 이와 같은 험악한 세상이 되었
음이니라.
22 그러나 다만 나를 찾으며 나의 아들
예수를 찾으며 보혈로 은혜를 받았다
하든, 구원을 받았다 하든, 완벽하게
저희들이 나에게 올 수 있는 자격이
있는 백성이라 하든,
23 그들이 나의 아들 예수의 공적을 그래
도 부르짖고 있으며, 나 여호와를 찾
고 있으며, 나 여호와가 존재함을 만
백성에게 가르치고 전함이니, 그 공은
그 공대로 있되,
24 오늘의 저희들이 바로잡지 못하며 바
로 가지 못하며, 희생이요, 소금과 같
은 역사를 하는 지도자요, 그 백성이
없기 때문에,
25 너희들이 다시 시작하는 것이며, 너희
들이 이리 모든 역사를 이루며 바로잡
아야 하는 것임을 알라, 사랑하는 나
의 아들딸들아!

10,367 번째 하나님 말씀

2004년 4월 7일 06시 49분

1 사랑하는 나의 아들아!
2 "네, 아버님! 말씀하옵소서."
3 나의 법전을 만들며 나의 법전을 접한
백성, 그리고 나의 아들을 통하여 내
리는 강론을 듣는 백성, 너희들로 하
여금 내가 너희들에게 뭐라 말하였느
냐?
4 소금이 녹아 음식의 위대한 맛을 내듯
이, 너희 자신이 녹으며, 너희 자신이
희생하며, 너희 자신을 버리지 아니하
고는 모두가 역사할 수 없으며,
5 네가 죽지 아니하고는 모두를 역사할
수 없다 하였음이니라.
6 그러나 나의 아들을 따르는 제자 너희
들은 알아야 될 것이니라.
7 너희들이 죽음이요, 너희들이 죽는 희
생을 하지 아니하면 아니 된다 내가
그리 말함이니,
8 나 여호와가 너희들에게 바라는 그 죽
음의 희생은 너희들의 육의 죽음이요,
육을 던져 모두를 구원하고 역사하는
것이 아님을 알고 있어야 될 것이니라.
9 나 여호와는 육을 가지고 있는 너희들
의 그 생명이 죽는 그와 같은 희생과
봉사로써 나의 피조물 만백성을 깨우
치고 인도하라는 뜻이 아니니라.
10 너희 자신이 죽어서 만백성을 구하라
함은 너희들 가슴속에 있는 누구도 버
릴 수 없으며 나의 피조물 만백성이
지울 수 없는 욕심이요, 시기하는 마
음이요, 질투하는 마음이요, 모두를
자기 중심적으로 생각하며 자기를 앞
에 놓고 모두를 계산하는 그와 같은
마음을 죽이라 함이니라.
11 너희들이 육을 죽이는 그 희생과 봉사
로써 이루면 과연 무엇을 이룰 수 있
겠는가?
12 그는 한계가 있으며, 그는 너희들이
부서지고 파괴되는 교회를 짓는 백성
들의 역사함과 같으니라.
13 나 여호와는 너희들에게 성령을 심으
며 복음을 심되, 너희들의 손으로 지
어 부서지고 깨지는 그와 같은 방법의
교회요, 성당이요, 성막에서 나의 뜻
을 전하라 하는 것이 아니요,
14 나의 교회에 나의 복음을 전하는 것은
너희들의 마음이요, 너희 가슴속에 심
어 주는 것이니, 이는 영원히 변하지
아니하며 지울 수 없으며,
15 그는 너희들이 마음의 밑거름이 되며
아름다운 싹을 틔울 수 있는 그와 같
은 역사를 이루는 것이기에, 내가 부
서지지 않는 너희들의 마음에 교회를
세우라 했듯이,
16 너희들이 죽어 흙으로 돌아가는 그 육
이 부서지고 너희들이 죽음으로써 거
듭나는 백성으로 역사하는 것이 아니
요, 그를 보고 나의 피조물 만백성이
깨우치는 것이 아니니라.
17 너희들이 순교의 죽음으로써 나의 백
성들을 깨우치는 것은 그 시대의 하나
의 화젯거리요, 이야기로써 끝날 것이
나,
18 너희들의 마음이 변하며 욕심을 비우
며 의인이 되는 그와 같은 삶으로써
한 사람이 거듭날 때 그 가르침이요,
그로 하여금 깨우치는 만백성의 변화

는 이루 말할 수 없을 것이니,
19 너희들이 욕심이요, 시기하고 질투하
는 것, 미워하는 마음, 그리고 너희들
이 자기 자신을 중심으로 하여 살아가
는 그와 같은 마음, 그 모두를 죽여야
한다는 것이며,
20 그러니 그 모두를 뽑아 버려야 되며,
그와 같은 생각을 버리고 살아가는 나
의 백성들이 되어야 한다는 것을 너희
들은 알아야 될 것이니라.
21 사랑하는 나의 아들아!
22 "네, 아버님! 말씀하옵소서."
23 너의 제자들에게 그와 같은 백성이 될
수 있도록 모두를 다 바치라 그리하라.
24 그와 같은 너희들이 변화되는 삶을 위
해서 네 목숨을 바치는 각오보다도 더
강한 마음으로써 너희들이 거듭나지
아니하면 아니 됨이니,
25 그리 너희들이 거듭나는 자가 있을
때, 나의 피조물 만백성이 그를 보고
변하는 그 역사를 이룰 것이니,
26 내가 너희들이 목숨을 바쳐 충성을 다
하며 모두를 다 바치라는 것은 너희들
이 육을 던져서 이루라는 것이 아니
요, 재물을 던져서 이루라는 것이 아
니요, 네가 갖고 있는 모든 금화와 은
화를 바쳐서, 명예요, 권력이요, 모두
를 바쳐 이루라는 것이 아니며, 그를
다 저버리고 던져서 이 길을 오라 가
라 하는 것도 아님이니라.
27 너희들의 목숨이요, 봉사요, 충성이
요, 모두를 다 바치라는 것은 욕심이
요, 시기하고 질투하는 마음, 그리고
남을 미워하는 마음, 자기를 중심적으
로 제 앞에 더 놓고자 하는 분배의 원
칙의 계산법을 모두를 버리는 백성으
로서 거듭나라 함이니,
28 나의 뜻을 알았다면 너희들은 그 길을
갈 수 있을 것이니, 어찌하여 그 길을
가지 못하고 방황하며, 오늘은 너희들
이 천사요, 내일은 사탄과 같은 그와
같이 흔들리는 마음으로써 살아가는
가?
29 그리해서는 결코 나의 피조물 만백성
을 너희들이 깨우치는 교량의 역할을
할 수 없음이니라.
30 내가 너희들에게 명함이니라.
31 모든 백성들을 구원하기 위해 나는
나의 아들을 통하여 나의 성령을 내려
보내니, 나의 아들은 그 성령을 받아
내 뜻에 따라 지상에 만백성에게 내
려보내니, 그를 받은 백성 너희들이
뭐라 하였느냐?
32 깨닫지 못하는 것, 죄 속에 살아가는
그 백성들과 나 사이에 너희들이 교
량 역할을 한다 했음이니,
33 그 다리가 흔들리며 눈으로 봐서 무너
질 것 같으며, 눈으로 봐서 그 다리를
건널 수 없다 할 때, 나의 백성들이 과
연 무섭고 험한 그 다리를 건너려 하
겠느냐?
34 그 다리를 건너려 하는 자가 아무도
없을 것이며,
35 그 다리가 무너질 것을 알며, 자기가
섰을 때 무너진다는 느낌을 알며, 그
와 같이 흔들리는 다리를 그 누구도
건너려 하지 아니하며 넘으려 하지 아
니할 것이니라.
36 내가 나의 선택된 나의 아들딸 너희들
에게 완벽한 백성이요, 흔들리는 백성

이 되어서는 안 되며, 너희 모두를 다
뽑아 버리는 완벽한 백성이 되라 함은,
37 너희들이 완벽한 다리 역할이요, 교량
역할을 하여, 그 많은 나의 백성들이
거침없이 거기를 건널 것이며, 의심하
지 아니하고 건널 것이며, 두려움이
없이 건널 것이니,
38 바로 너희들이 튼튼하고 단단한 그 교
량 역할, 모든 사람이 거기에 그득히
차서도 넘어지지 않고 부서지지 않는
그 교량의 역할로 형태를 보여 주어야
만 됨이니,
39 그것을 보여 주는 것은 너희들이 욕
심이요, 질투하는 마음이요, 미워하는
마음이요, 시기하는 마음이요, '나'를
위주로 하는 마음, 그 모두를 다 뽑아
버리고 죽어 거듭나는 백성이 되지
아니하면 아니 됨이니,
40 그 뜻을 명심하여 행하도록 전하라,
사랑하는 나의 아들아!

10,368 번째 하나님 말씀

2004년 4월 7일 06시 58분

1 사랑하는 나의 아들아!
2 "네, 아버님! 말씀하옵소서."
3 나의 아들을 따르는 제자들이요, 나의
법전을 읽고 깨우친 백성, 너희들은
너희들 자신의 희생 없이는 아무것도
이룰 수가 없다는 것을 이제 알았을
것이니라.
4 그러니 너희들이 그와 같은 너희 자신
의 희생이 없이 이룰 수 없다면, 너희
들 자신의 모두를 던져 나 여호와의
뜻을 역사함에 주저해서는 아니 될 것
이니라.
5 자신이 죽어 거듭나는 노력이 없이는
너희들이 아무것도 이룰 수 없음이니
라.
6 내가 나 여호와는 사랑의 본체요, 너
희들이 사랑을 실천하며 베풀며 사는
그와 같은 백성이 되라 하였음이니라.
7 그러나 너희들이 자신이 죽어 가는 노
력 없이는 사랑의 실천이요, 베푸는
이 모두가 진실로써 이루어지는 것이
아니요,
8 다 거짓된 것이요, 허영된 것이요, 너
희들이 오만과 자만의 교만 속에서 사
랑을 베푼다 위선된 말을 하고 있는
것임을 알아야 될 것이니라.
9 이제 나의 아들이요, 그리고 나의 아
들을 따르는 제자들, 그리고 나의 법
전을 만드는 너희들은 들으라.
10 너희들이 너희 자신의 변화된 마음이
요, 너희 자신의 욕심이요, 시기하고
질투하는 마음, 그 마음의 모두를 다
너희들이 뽑아내지 아니하고,
11 사랑을 베풀며 사랑을 실천하는 백성
이라 하는 것은 나를 속이는 것이며,
진정 너희 자신을 속이는 것이며, 거
짓된 행위에서 이루어진다는 것을 잊
지 말라, 사랑하는 나의 아들딸들아!
12 너희들의 마음속에 욕심이 죽어야 하
고, 자신이 중심이 되는 그와 같은 욕
심이 죽어야만 하며, 진정한 믿음의
길을 가기 위해서는 모두가 죽어지는
그와 같은 백성이 되지 아니하면 아니
됨을 알라.
13 사랑의 길을 가는 백성이라 너희들이
과연 말할 수 있는가?

14 전혀 그는 말할 수 없음을 알라.
15 모두가 비워진 상태에서 순수한 마음
에서 이루어지는 것이 진정한 사랑이
요, 그 마음을 다스리지 못하며 거듭
나지 아니한 백성이 너희들이 사랑이
요, 베풀고 산다는 것은 가식이요, 위
선임을 알라.
16 내가 나의 아들을 통하여 너희들에게
전함이니, 완벽한 나의 백성들이 넘을
수 있는 교량의 역할을 역사한다면,
완벽하지 아니하면 아니 되듯이,
17 너희들이 마음의 모두를 비우지 아니
하면 사랑이요, 베풂이요, 어떠한 것
도 다 그것이 위선이요, 거짓된 것이
요, 위장된 것이라는 것을, 너희 자신
은 아니라 해도 내가 보는 너희는 위
장된 사랑이요, 베풂이라는 걸 절대
잊지 말라.
18 너희 자신이 살아 있고 너희 자신의
중심적인 욕망을 버리지 못한다면, 사
랑이라는 포장을 씌워서 너희들이 또
다시 나에게 죄를 짓는 그와 같은 행
위를 하고 있다는 것을 알아야 될 것
이니라, 사랑하는 나의 아들딸들아!
19 그러니 내가 너희들에게 죽음이요, 충
성을 다하라 함이 너희들의 육의 모
두를 바치라는 것이 아니요, 너희들의
마음속에 있는 그 욕심을 버리라는 것
이거늘,
20 그를 버리는 것이 거듭나는 것이요,
너를 죽음에서 다시 나는 네 목숨을
바쳐 모든 백성을 구하는 진정한 희
생이요, 그것이야말로 아름다운 희생
이라는 것을 알았으면 너희들이 그리
행하도록 하라, 사랑하는 나의 아들딸
들아!
21 모두가 그와 같은 거듭나는 희생이 없
이는 아무것도 이루어짐이 아니니라.
22 너희들이 소금이 녹아 음식의 맛을 내
듯이, 자신을 다 녹여 흔적이 없듯이,
너희들 마음속에 있는 욕심이요, 시기
하고 질투하는 자기 중심적인 마음,
네 앞에 더 쌓아 놓고자, 더 높고자 하
는 그 모두를 다 녹이지 아니하면 아
니 되며, 버리지 않으면 아니 됨이니,
23 내가 너희들을 사랑하기에 너희가 꼭
나에게 올 수 있도록 하기 위하여, 너
희들이 거듭나는 은혜를 입게 하기 위
하여 내가 나의 아들을 통하여 나의
법전을 이리 기록하니,
24 이를 제일 먼저 듣고 이를 행하는 백
성, 그리고 나의 아들을 따르는 제자
너희라도 바로 서는 백성이 나와야 됨
을 절대 잊지 말라.
25 명심 또 명심하도록 그리하여 행하라.
26 대충대충 너희들이 생각하는 것, 그럴
것이라는 생각, 그저 이대로 가면 되
겠지 하는 안일한 생각에서 너희들이
귀중한 그 시간을 다 버림이니,
27 너희들이 변하지 아니하고 그 귀중한
시간을 버리는 것은 무엇이더냐?
28 너희들이 육이 존재하는 세상에서만
이 나를 찾을 수 있으며, 용서를 빌 수
있으며, 거듭날 수 있으며, 모든 죄를
사할 수 있는 기회가 너희들에게 있다
하지 아니하였더냐?
29 이를 너희들이 명심해야 될 것이니라.
30 너희들은 말하느니라.
31 나의 아들 예수의 보혈로써 구원받았
다는 것을 부정하는 자, 그것으로써

구원을 받은 것이 아니라는 자는 사탄
이요, 이단이라 너희들이 그리 말하나,
32 나 여호와가 명함이니, 그와 같은 것
은 결코 있을 수 없음이니라.
33 이 세상에 너희들이 모든 종교 집단이
요, 지도자들이 그리하느니라.
34 나의 아들 예수의 보혈로써 은혜를 받
았다 하며, 그 은혜로써 너희들은 모
든 죄를 속죄하였으니,
35 속죄받지 아니하였다 말하는 자, 그것
으로써 구원을 받지 못했다는 자를
사탄이요, 이단이라 말하나,
36 나는 너희들에게 말함이니라.
37 너희들이 그 마음의 욕심의 뿌리, 그
모두를 다 버리는 자가 성령이 임하는
백성이요, 나에게 오를 수 있는 백성
이요, 나의 아들 예수의 죽음도 너희
들이 그와 같은 백성으로 거듭나라 하
였음이니,
38 내가 나의 아들 예수의 성령으로써 너
희들은 구원을 받지 못하며, 너희들이
욕심이요, 그 시기 질투하는 마음, 그
리고 자기 자신이 존재하는 것, 자기
중심으로 모두를 이루는 것,
39 그 마음을 버리는 것이 너희들이 나에
게 오르는 길이요, 구원을 받는 길이
라 가르치는 것이 과연 사탄이요, 이
단이 너희들에게 전하는 말인가 이제
너희들은 스스로 깨우칠 때가 되었으
니,
40 나의 법전을 만들어 만백성에게 전하
는 데 너희들이 이제 서둘러야 될 것
이며, 최선을 다하는 삶을 살도록 그
리해야 될 것이니라.

10,369 번째 하나님 말씀

2004년 4월 7일 07시 06분

1 사랑하는 나의 아들아!
2 "네, 아버님! 말씀하옵소서."
3 내가 너희들에게 뭐라 하였느냐?
4 너희들이 무엇인가를 역사했을 때 내
가 상을 내리며,
5 너희들이 모두를 지키고 행했을 때 그
뜻을 내가 가르쳐 주며, 왜 너희들이
지켜야 되는 것인가를 내가 깨우쳐 주
는 지혜를 내린다 하였음이니,
6 너희들이 노력한 만큼 나 여호와는 너
희들에게 모두를 내림이니, 이게 창조
주의 뜻이요, 공의의 하나님으로서 역
사하는 것이라 하지 아니하였더냐?
7 그러니 너희들이 지금까지 살아오면
서 죄 속에서 살았으며, 나의 백성들
이 죄 속에서 살다 거듭나는 그와 같
은 영광이요, 그리고 그 은혜요, 회개
의 그와 같은 대가로써 뭐라 역사했
던가?
8 너희들은 그 대가를 꼭 바쳤으며, 그
와 같은 대가로써 너희들이 거듭나는
삶을 살아오지 아니하였더냐?
9 너희들이 죄 속에서 거듭나는 그와 같
은 깨우침을 얻으며, 그와 같이 역사
할 때 그 대가를 바쳤음이니, 회개할
때 너희들이 그 대가를 또한 바쳤음이
니라.
10 그러니 구약 시대는 내가 출발의 시대
라 하였으니, 나의 백성들이 구약 시
대는 어찌하였는가?
11 그들이 지은 죄를 사함 받기 위하여
가축이라는 것을 너희들 인간이 지은

죄를 대신하여 제물로 바쳤음이니라.
12 그리하여 너희들이 인간이 지은 죄요,
인간이 지은 죄 속에서 벗어나며 회
개하기 위하여 회개의 의미로써 너희
들이 용서를 빌며 거듭 죄를 짓지 않
겠다는 그 언약의 대가로써 무엇을
했느냐?
13 너희들은 짐승으로 하여금 너희들을
대신하여 제물로 바치는 그와 같은 역
사를 했으며,
14 그리하여 그 짐승의 죽어 가는 모습
속에서 너희들이 죄의 두려움을 알며
죄를 지어서는 아니 된다는 너희들을
깨우쳐 주는 그와 같은 구약 시대가
출발의 시대라 하였음이니라.
15 신약 시대는 내가 뭐라 하였느냐?
16 중간의 시대로서, 중간 주자로서 그
역사를 함이니,
17 그리하여 중간 주자의 신약 시대는
나의 아들 예수의 죽음으로써 너희들
을 깨우쳐 주었으며,
18 그 대가로써 너희들이 거듭나는 그와
같은 삶을 살기 위하여 나의 아들을
제물로 바쳐 너희들을 구원하고자 했
으며, 그리 역사하고자 너희들이 변할
수 있는 백성이 되도록 하고자 하였음
이니라.
19 그러니 지금 너희들은 어떠한 시대인
줄 알겠느냐?
20 마지막 주자의 시대요, 마지막에 모두
가 역사하는 시대는 너희들이 짐승을
바치는 것도 아니요, 나의 아들을 제
물로 바치는 것도 아니요,
21 너희들이 마지막 시대에 죄에서 벗어
나며 거듭나는 영광을 얻기 위하여
너희들이 바치는 그 제물은 스스로
너희들 자신임을 알아야 될 것이니라.
22 이제 마지막 시대는 너희 자신들을
제물로 바치는 것이 오늘의 그 의미
임을 너희들은 알아야 될 것이니라.
23 내가 뭐라 말하였느냐?
24 십일조라는 의미는 너희 자신을 바치
는 위대한 것이라 내가 가르치지 아니
하였던가?
25 이제 마지막 시대에는 너희 자신이
거듭나는 그와 같은 삶으로써, 너희들
이 천사와 같은 삶으로써 거듭나 너희
들이 그 죄에 대한 모두를 용서를 받
는 것은 너희 자신을 제물로 바치는
것이라는 걸 알라.
26 이제 모든 백성들은 스스로 자신을
제물로 바치는 마지막 시대임을 알지
못하고, 너희들이 구약 시대요, 또한
신약 시대에 나의 아들 예수의 모두로
써 너희들이 용서받았다 그리하지 말
라.
27 중간의 시대는 나의 아들 예수를 제물
로 바쳐 너희가 바르게 살며 회개하는
그와 같은 바른 삶을 살라 했으나, 그
모두가 다 무너졌음이니라.
28 그러니 이제는 제3의 시대요, 마지막
시대는 너희들이 거듭나는 그와 같은
삶으로써 너희 자신이 제물이 되어야
한다는 걸 절대 잊지 말라.
29 이제 너희 자신이 제물이 됨이니, 그
제물이 가치가 있고 없고, 그 제물인
너희들이 나에게 용서를 받을 수 있고
없고 하는 것, 그 모두는 너희들 자신
에게 달렸기 때문이니,
30 너희들이 거듭나는 마음이요, 천사와

같은 마음으로써 너희 자신을 나에게
제물로 바칠 때 한 점의 오점이 없으
며, 한 점의 부끄러움이 없으며, 하나
의 티가 없는 그와 같은 제물이 되어
너희들이 나에게 바쳐질 때 나에게 오
를 것이요,
31 너희들이 깨끗하지 못하며 하늘을 향
하여 한 점의 부끄럼이 없는 제물이
되지 못하고, 혼탁한 제물로서 너희들
을 바친다 해도 나는 너희들을 받지
아니함이니, 바로 무엇이더냐?
32 한 번 가면 두 번 다시 나오지 못하는
그 죄의 대가를 치르는 지옥으로 간다
는 것을 잊지 말라.
33 이제 나는 너희들에게 말함이니라.
34 너희들이 거듭나는 것을 구약 시대는
가축으로써 그 죄에서 벗어나는 기회
를 주고자 하였으며,
35 신약 시대는 나의 아들 예수를 제물로
써 너희들이 그 모두의 거듭나는 백성
을 이루도록 했으며,
36 그러나 그 모두가 지금 제대로 이루어
지지 아니하였으며 나의 뜻을 모두가
거역하였으며, 그 백성들이 천사와 같
이 변하여 하늘에서 이루어진 것같이
지상의 역사를 이루지 못했음이니,
37 그리하여 내가 이제 마지막 시대를 열
어 감이니, 이 마지막 시대는 너희가
제물의 가치가 있느냐 없느냐, 제물로
서 티 하나 없이 하늘을 향하여 부끄
러움이 없는 제물이 되느냐 안 되느냐,
38 이것이 너희들이 마지막 바침이요, 마
지막 너희들에게 구원의 길에 역사하
는 것, 마지막 시대에 역사하며 이루
어지는 그것이라는 것을 너희들은 알
아야 될 것이니라.
39 심판의 시대에 너희 자신을 던져, 자
신을 제물로 바쳐 너희들이 용서받으
며, 너희들의 죄 사함을 받는 것, 이
의미를 깊이 깨우쳐 만백성에게 전하
도록 할 것이며,
40 나의 아들을 따르는 제자들이요, 나의
법전을 읽고 깨우친 백성 너희들은 이
제 이 의미를 알아야 될 것이니 그리
전하도록 하라.

10,370 번째 하나님 말씀

2004년 4월 7일 07시 10분

1 사랑하는 나의 아들아!
2 "네, 아버님! 말씀하옵소서."
3 이제는 너희들이 가축으로써 죄를 용
서받는 것도 아니요, 나의 아들 예수
의 죽음과 같이 다른 사람이 대신하여
너희 죄를 용서받는 그와 같은 기회를
얻음도 아니니라.
4 이제 마지막 시대에 이제는 너희 자신
을 제물로 바쳐 구원의 길이요, 죄에
서 벗어나는 그와 같은 거듭나는 백성
이요, 영광된 백성으로서 너희들이 다
시 태어나지 아니하면 아니 되는 시대
임을 알라 그리 전하라.
5 그러니 너희 자신이 제물이니 너희들
은 육이 살아 있음이니, 그 육이 살아
있는 속에서 너희들이 욕심과 질투와
자기 중심의 생각 모두를 다 뽑아 버
리는 것,
6 그것이 너희 자신을 제물로 던져 구원
을 받을 수 있는 것이요, 너희들이 모
두 지고 있는 그 죄를 용서받을 수 있

는 것이라는 것을 절대 잊지 말도록
그리하라.
7 그리하여 너희들이 모두를 다 뽑아 버
렸을 때 그는 무엇이더냐?
8 나의 성령이 너희들에게 임함이니, 성
령이 임하는 자, 거듭나며 한 점의 부
끄럼이 없는 그와 같은 삶을 살 수 있
는 백성으로 거듭나게 됨을 너희들은
절대 잊어서는 아니 됨이니라.
9 내가 너희들에게 다시 말하느니라.
10 이제는 너희 자신을 제물로 바치는 마
지막 시대이니, 바로 밀알이 썩어서
새로운 열매를 열어 만백성을 구할 수
있는 양식이 되듯이, 그와 같이 너희
자신이 그리 거듭나지 아니하면 절대
아니 된다는 걸 명심하고 또 명심하도
록 그리하라.
11 모든 종교 집단이요, 믿음의 길을 가
는 백성들이 어떠한 길을 가든, 어찌
역사하든 너희들은 관여치 말라.
12 다만, 너희들이 자신의 욕심이요, 시
기하는 마음, 질투하는 마음, 모두를
다 버리는 것이 너희 자신이 깨끗한
제물이 되어 나에게 바치는 것이니,
13 그것이 너희들이 죄의 용서함을 받으
며, 나에게 오를 수 있는 길이요, 지옥
과 관계없는 백성으로 거듭난다는 것
을 잊지 말도록 그리 전하라, 사랑하
는 나의 아들딸들아!

10,371 번째 하나님 말씀

2004년 4월 7일 07시 14분

1 사랑하는 나의 아들아!
2 "네, 아버님! 말씀하옵소서."
3 너의 제자들이 변하지 못하는 모습에
몸부림치며, 스스로 변하지 못하는 그
삶에 의하여 그들이 지금 지쳐 있고
힘들어 함이니라.
4 그러나 그들에게 전하라.
5 너희들이 새로운 싹이 무럭무럭 자람
이니, 그는 자라되 너희들의 눈으로
볼 수 없으며 보이지 않으나 그 나무
는 자람이니라.
6 사랑하는 너희 자식들이 자라는 것을
너희들이 볼 수 없으나, 그 아이들은
무럭무럭 자라며 성인이 되어 또한 너
희들의 대를 이어 역사하지 않더냐?
7 그와 같이 너희들이 오늘의 믿음이요,
깨달음이 바로 보이지 않는 속에서 너
희들이 무럭무럭 자라고 있음이니, 그
자라는 것을 나 여호와는 알고 있음이
니라.
8 너희들이 그리 자라지 아니하며 그리
변하지 아니한다면, 내가 너희들을 거
둬들이지 아니하며, 내 옆에 두지 아
니할 것이니 그리 알라.
9 그러니 너희들은 보이지 않으나 무럭
무럭 자라고 있으며, 보이지 않는 속
에서 너희들이 무서우리만큼 변해 가
고 있음이니,
10 너희들은 두려워하지 말며, 무서워하
지 말며, 너희 자신을 저주하지 말며,
너희 자신을 미워하지 말며, 실망하지
말며, 주저앉는 마음을 갖지 말라 그
리 전하라.
11 용기 있는 백성만이 너희들이 모두를
역사할 수 있으며 자신을 가지고 있는
백성만이 모두를 역사할 수 있음이니,
12 너희의 변함은 보이지 않으나 식물이

자라는 것처럼, 보이지 않는 속에서
너희의 어린 아들딸들이 자라는 것처
럼 너희들이 무럭무럭 지금 자라고 있
음을 나는 알고 있으며, 그것이 나의
기쁨이니 그리 알라.
13 다만, 너희들이 빨리 변하여 고통의
세월의 시간에서 벗어나기를 바라며,
흔들리지 않는 백성이 되어 너희들이
어서 변하여 나의 성령으로써 그득히
임하여,
14 세상의 이치요, 하늘의 이치요, 그 모
두를 봐 영원히 불변인 너희들이 되기
를 바라는 나 여호와이기 때문에 내
가 너희들에게 추궁함이니, 이를 알
라, 사랑하는 나의 아들딸들아!

부 록

【하나님께서 가르쳐 주신 운동】

천재지변이 일어날 때, 동물이나 미물들은 미리 알고 대피하지만, 인간은 알지 못하고 큰 화를 당합니다. 하나님께서 인간에게 가장 높은 지혜를 주시고 완벽하게 창조해 주셨기에 동물들보다 더 잘 알 수 있지만, 욕심으로 마음이 혼탁해져서 한 치 앞을 보지 못하는 것입니다.

마찬가지로, 인간은 누구나 스스로 필요한 운동을 해서 건강을 지킬 수 있도록 하나님께서 만들어 주셨습니다. 우리의 머리에서 우리 몸에 필요한 동작을 해 달라고 끊임없이 신호를 보내지만, 인간이 혼탁하게 살아서 그 신호를 알아채지 못합니다. 그러니 자연스럽게 자기 몸이 원하는 그 신호를 따라서 운동하는 것이 하나님께서 가르쳐 주신 운동 방법입니다. 바로, 우리의 영이 육을 이끄는 운동입니다.

▶ 하나님 운동법

1. 눈을 감고, 발을 어깨너비로 벌리고 바르게 선다.
2. 몸에 힘을 풀고, 허리를 숙이면서 손과 머리를 아래로 내린다.
3. 허리를 펴고 싶을 때, 천천히 펴면서 하고 싶은 동작을 하면 운동이 시작된다. (사람마다 다르다.)
4. 멈추지 말고, 어떤 동작이든지 자기 몸의 느낌대로 계속 이어서 한다.

▶ 참고 사항

① 눈을 감은 상태로 아무 생각 하지 않고, 자기 몸의 느낌대로 움직입니다.

② 마음을 비우고, 욕심을 버리고, 지난날의 잘못을 반성하면서 몇 차례 시도하다 보면, 자기도 모르게 하고 싶은 동작이 끊임없이 생깁니다.

③ 운동 장소는 방 안이든 운동장이든 관계없으며, 걷거나 달리고 싶을 때는 눈을 떠도 됩니다.

④ 매일 40분 이상, 주 4회 이상, 3개월 이상 하면 음식 조절에 들어갑니다.
- 음식으로 생긴 병은 음식으로 치료하게 되며, 어떤 음식을 먹어야 하는지 스스로 알게 됩니다.
(자기 몸에 필요한 음식만 먹고 싶어집니다.)

⑤ 사랑하는 사람과 함께 운동하면 서로 치료해 주기도 합니다.

⑥ 운동을 하다가 몸의 어느 한 부분을 계속 손으로 자극한다면 그쪽에 이상이 있는 것이니, 의사에게 상담을 받고 적절한 치료를 받으면 됩니다.

⑦ 다이어트 및 기타 건강관리에 효과적입니다.

⑧ 꾸준히 운동하여 영이 맑아지면, 자신의 과거와 미래를 스스로 보게 됩니다.

누구나 스스로 하실 수 있습니다.

간 행 사

《새로운 성경》은:

· 새로운 성경은, 하나님께서 선량하고 선한 자를 선택하여 십계명을 암송하도록 하시고, 십계명을 암송한 다음에 음성으로써 들려주시는 말씀을 듣고 그대로 카세트테이프에 녹음해서 받아쓴 책입니다.

· 90분짜리 녹음테이프 700여 개에 달하는 말씀으로, 1999년 8월부터 2004년 7월까지 총 160권(권당 288쪽)을 완성하였으며, 그 이후에도 현재까지 계속 말씀을 내려 주고 계십니다.

· 새로운 성경은 "하늘을 두루마리 삼고 바닷물을 먹물 삼아 쓰고 써도 다 못 쓴다"는, 끝없이 방대한 하나님의 말씀이 두루마리로 직접 내려오는 것입니다. 이러한 새로운 성경은 구약과 신약을 폐하려는 것이 아니라 "인봉된 성서의 비유의 뜻"을 상세히 설명하여 완성하고자 하나님께서 직접 내려 주신 말씀입니다.

《새로운 성경》의 구성:

· 제 목: 2013년, 160권 모음집을 발간하면서, 본 도서의 제목을 "하나님! 말씀하옵소서"에서 《새로운 성경》으로 명해 주셨습니다.

· 단행본: 각 권당 288쪽(신국판) 책이 160권까지 시리즈로 출판됩니다.
(모음집은 단행본을 16권씩 묶어서, 총 10부로 구성됩니다.)

《새로운 성경》의 성경적 근거:

· 신약 성경 [요한복음] 16장 13절에 "진리의 성령이 오시면 그가 너희를 모든 진리 가운데로 인도하시리니 그가 자의로 말하지 않고, 오직 듣는 것만을 말하며" 하신 말씀처럼 하나님의 음성을 들은 것만 기록하였으며,

· "장래 일을 너희에게 알리시리라" 하신 말씀과 같이 개인, 나라, 인류의 "장래"일을 하나님께서 알려 주시는 것만 기록하여 책으로 만들었습니다.

《새로운 성경》의 기록 방법:

· 1999년 8월부터 하나님께서 저에게 들려주시는 음성을 기록하였습니다. 처음에는 제가 들은 말씀을 불러 주면 저의 아내가 기록하여, 2000년 1월 29일에 1권 초판이 세상에 나왔습니다. 2000년 4월부터는 주시는 말씀을 받아 녹음기에 기록하기 시작하였습니다.

· 녹음을 시작하면서 하나님의 말씀을 받는 데 가속도가 붙었고, 2001년 5월 3일에 1부(1~16권까지)를 인쇄하여 출판하였으며, 2004년 7월까지 총 160권 분량의 말씀을 받아 기록하였습니다.

하나님께서 저에게 주신 것은:

· 첫째, 만백성을 상대로 내려 주시는 "기도", 둘째, 수시로 내려 주시는 "묵상", 셋째, 개인의 과거, 현재, 미래를 알려 주시는 "개인 기도", 넷째, 개인의 건강을 위해서 내려 주시는 "음식 처방", 다섯째, 하나님께서 가르쳐 주신 "운동"등이 있습니다. 이 중에 첫 번째, "기도"를 책으로 편찬하였습니다. 사람의 생사, 개인의 미래에 관한 천기는 수록하지 말라 하셨습니다.

강론 안내:

· 하나님께서는 지금도 매일 저에게 새로운 하늘의 비밀의 말씀을 내려 주고 계십니다. 수시로 내려 주시는 말씀을 정리해서 제자를 육성하라는 말씀에 따라 매주 강론을 하고 있습니다. 누구나 무료로 들으실 수 있습니다. (book160.com)

《새로운 성경》을 읽는 분들에게 드리는 선물:

· 개인 기도: 개인의 과거, 현재, 미래에 관하여 말씀을 내려 주십니다.

· 음식 처방: 사람은 음식을 먹고살다가 건강을 잃으니, 음식과 운동으로 건강을 되찾는 방법을 알려 드립니다. 단, 하나님이 계심을 믿고, 십계명을 지키겠다고 진실로 서약하는 분들께 알려드립니다.

《새로운 성경》의 은혜와 기적:

· 새로운 성경 전160권은 16권씩 묶어서 총 10부의 모음집으로 구성됩니다. 모음집 한 부를 읽고 깨우치는 자에게 하나님께서 다음과 같은 기적이 있다고 하셨습니다.

· "첫째, 그가 죽어 하늘에 갔을 때 그의 죄를 묻지 아니하며, 구원을 받는 위대한 은혜가 있으며, 둘째, 그의 소원과 소망이 이루어지고, 셋째, 죽은 자(부모, 형제, 자식, 사랑하고 은혜 입은 분)의 이름으로 구입한 책을 읽고 누군가 한 사람이 깨우칠 때, 그 죽은 자가 지옥에서 천국으로 구원을 받게 되며, 넷째, 유산, 중절 수술 등으로 태어나지 못한 아이를 위하여 구입한 책을 보고 한 명이 깨우쳤을 때, 그 아이가 사람으로 다시 한 번 태어나는 은혜를 받는다."

· "새로운 성경"을 3회 이상 정성을 다해 정독하는 자, 성서의 비밀을 알게 되고, 세상의 이치를 알게 되며, 세상을 지배하고 통제할 수 있는 지혜를 다 얻게 된다고 하셨습니다. 이 책은 만백성이 정독하고 이웃에게 전하여, 평생 가슴에 묻은 슬픔과 고통의 짐을 벗고 미래를 위한 힘찬 삶을 살아가도록 하는 책입니다.

끝으로

· 하나님께서는 흰 눈이 세상을 덮듯이 새로운 성경을 온 세상에 전하라고 하셨습니다. 《새로운 성경》을 각국어로 번역해서 온 인류에게 구원의 길을 깨우쳐 주고, 그 수익으로 가난하고 어려운 백성을 구제하여, 만백성의 영과 육을 함께 구원하는 선지자의 임무를 수행하라고 저에게 명하셨습니다.

· 하늘에서 내려 주신 말씀의 보화를 만백성에게 나누어 주는 것이 선지자의 임무라고 하셨습니다. 새로운 성경을 통해서 얻는 재물을 사용할 곳도 하나님께서 일일이 명해 주십니다. 모든 재물은 저의 자의로 쓸 수 없고, 하나님께서 명하시는 대로만 쓰여집니다.

· 어떤 명분으로든 십일조나 각종 헌금을 거두어들이지 말라 하셨으며, 국내뿐 아니라 각국에 성전과 단독 서점을 운영하며, 한국의 많은 젊은이들을 전 세계에 지도자로 내보내라고 하셨습니다.

· 우리는 세계적으로 새로운 성경을 보급하며 어려운 이들을 돕는 역사를 해 나갈 것입니다. 지금까지 비록 몇 명 안 되는 제자들과 함께 이러한 일을 역사했지만, 앞으로도 계속 하나님께서 기뻐하시는 일들을 해 나갈 것입니다. 부족한 저희에게 여러분들의 지혜와 성원을 보내 주시기를 바랍니다. 많은 분들의 참여와 도움을 간절히 기다립니다. 감사합니다.

한국어로 내려온 《새로운 성경》 단행본을 출간하며
2016년 4월 10일

발행인 **김 용 철**

한국어로 내려온

새로운 **성 경** · 9부 · 제138권

지은이 하나님 말씀
대역자 김용철

초판인쇄 1쇄 2017년 4월 3일

펴낸 곳 도서출판 하얀마음
등록번호 제 10-2107호 (2001년 2월 14일)
주소 서울시 노원구 덕릉로86길 5, 2층
전화번호 02) 313-1114
팩스 02) 393-5554
전자우편 book160@hanmail.net
편집위원 조나영 김미향 이석교
제작지원 이기종

도서상담 1600-7527
ISBN 978-89-5875-238-7 (04230)
978-89-5875-100-7 (세 트)

값 10,000원
잘못된 책은 구입하신 곳에서 바꾸어 드립니다.

※이 책은 10부로 제작되며, 각 부 16권씩 총160권으로 구성됩니다.※

1부	2부	3부	4부	5부	6부	7부	8부	**9부**	10부
1권	17권	33권	49권	65권	81권	97권	113권	129권	145권
2권	18권	34권	50권	66권	82권	98권	114권	130권	146권
3권	19권	35권	51권	67권	83권	99권	115권	131권	147권
4권	20권	36권	52권	68권	84권	100권	116권	132권	148권
5권	21권	37권	53권	69권	85권	101권	117권	133권	149권
6권	22권	38권	54권	70권	86권	102권	118권	134권	150권
7권	23권	39권	55권	71권	87권	103권	119권	135권	151권
8권	24권	40권	56권	72권	88권	104권	120권	136권	152권
9권	25권	41권	57권	73권	89권	105권	121권	137권	153권
10권	26권	42권	58권	74권	90권	106권	122권	138권	154권
11권	27권	43권	59권	75권	91권	107권	123권	139권	155권
12권	28권	44권	60권	76권	92권	108권	124권	140권	156권
13권	29권	45권	61권	77권	93권	109권	125권	141권	157권
14권	30권	46권	62권	78권	94권	110권	126권	142권	158권
15권	31권	47권	63권	79권	95권	111권	127권	143권	159권
16권	32권	48권	64권	80권	96권	112권	128권	144권	160권